절취선

하루 한 장 공부하는 습관을 기르는

# 학습 계획표 11권

* 매일매일 공부할 수 있도록 부모님이 아이와 함께 계획을 세우고, 학습 여부를 확인해 주세요.

| 읽기 목표 | 주요 학습 내용 | 학습 계획일 | 확인 | 목표 달성도 |
|---|---|---|---|---|
| 1. 신문 기사와 뉴스에 대한 자신의 의견 정리하기 | • 신문 기사와 뉴스의 내용 요약하기<br>• 신문 기사와 뉴스의 관점 파악하기<br>• 신문 기사와 뉴스에 대한 자신의 의견 정리하기 | 월 일<br>월 일<br>월 일<br>월 일 | | ♡♡♡♡♡ |
| 2. 토론의 주제에 알맞은 자료를 들어 토론하기 | • 토론 주제에 대한 양측의 입장 확인하기<br>• 토론 주제에 알맞은 자료 찾아 제시하기<br>• 주장에 대한 근거와 자료의 타당성 평가하기 | 월 일<br>월 일<br>월 일<br>월 일<br>월 일<br>월 일 | | ♡♡♡♡♡ |
| 3. 관용 표현의 의미 알기 | • 관용 표현의 뜻과 종류 알기<br>• 상황에 적절한 관용 표현 사용하기<br>• 관용 표현을 사용하면 좋은 점 알기 | 월 일<br>월 일<br>월 일<br>월 일 | | ♡♡♡♡♡ |
| 4. 작품에서 말하는 이 알기 | • 작품에서 말하는 이 찾기<br>• 말하는 이가 처한 상황 이해하기<br>• 말하는 이의 관점에 따라 내용이 달라짐을 알기 | 월 일<br>월 일<br>월 일<br>월 일<br>월 일<br>월 일 | | ♡♡♡♡♡ |
| 5. 작품에 나타난 비유적 표현 알기 | • 비유적 표현의 의미와 종류 알기<br>• 비유적 표현의 특성과 방법 알기<br>• 비유적 표현을 사용하면 좋은 점 알기 | 월 일<br>월 일<br>월 일<br>월 일 | | ♡♡♡♡♡ |
| 6. 문학 작품의 갈래 알기 | • 시의 갈래 특성을 알고 감상하기<br>• 동화의 갈래 특성을 알고 감상하기<br>• 희곡의 갈래 특성을 알고 감상하기 | 월 일<br>월 일<br>월 일<br>월 일 | | ♡♡♡♡♡ |
| 7. 읽기의 과정 이해하기 | • 아는 내용이나 겪은 일과 관련지어 읽기<br>• 글의 특성에 따라 적절한 읽기 방법 적용하기<br>• 글을 읽고 중심 내용 요약하기 | 월 일<br>월 일<br>월 일<br>월 일<br>월 일<br>월 일 | | ♡♡♡♡♡ |
| 8. 글쓴이의 관점 파악하기 | • 글쓴이의 관점이 드러난 부분 찾기<br>• 같은 제재에 대한 다른 관점의 글 읽기<br>• 글쓴이의 관점을 파악하고 나의 관점 비교하기 | 월 일<br>월 일<br>월 일<br>월 일<br>월 일<br>월 일 | | ♡♡♡♡♡ |
| 9. 광고의 설득 전략 파악하기 | • 광고의 목적과 표현 특성 알기<br>• 광고의 의도와 설득 전략 파악하기<br>• 광고의 신뢰성 평가하기 | 월 일<br>월 일<br>월 일<br>월 일 | | ♡♡♡♡♡ |
| 10. 주제 파악하기 | • 글을 읽고 주된 이야깃거리 찾기<br>• 글쓴이가 글을 쓴 의도 짐작하기<br>• 글의 주제 파악하여 정리하기 | 월 일<br>월 일<br>월 일<br>월 일<br>월 일<br>월 일 | | ♡♡♡♡♡ |

하루 한장 독해

# 1권 ~ 12권 읽기 목표 한눈에 보기

## 1권 1학년 1학기

| | |
|---|---|
| 1 | 글자가 비슷한 낱말 읽기 |
| 2 | 받침이 있는 글자 읽기 |
| 3 | 설명하는 대상 찾기 |
| 4 | 마음을 나타내는 말 알기 |
| 5 | 등장인물 관계 알기 |
| 6 | 누가 무엇을 하였는지 알기 |
| 7 | 인물의 처지와 마음 짐작하기 |
| 8 | 알맞은 목소리로 읽기 |
| 9 | 등장인물의 모습 상상하기 |
| 10 | 띄어 읽기 |

## 2권 1학년 2학기

| | |
|---|---|
| 1 | 이어 주는 말 알기 |
| 2 | 시간에 따라 일이 일어난 차례 알기 |
| 3 | 바른 말 알기 |
| 4 | 가리키는 말을 찾으며 읽기 |
| 5 | 장소의 변화에 따라 일이 일어난 차례 알기 |
| 6 | 바른 맞춤법 알기 |
| 7 | 설명하는 대상 짐작하기 |
| 8 | 주변의 읽을거리에서 정보 얻기 |
| 9 | 주제 파악하기 |
| 10 | 제목 정하기 |

## 3권 2학년 1학기

| | |
|---|---|
| 1 | 인물의 모습과 행동 상상하기 |
| 2 | 인물의 처지나 마음 헤아리기 |
| 3 | 중심 낱말 찾기 |
| 4 | 말놀이하기 |
| 5 | 소리가 같거나 비슷한 낱말 읽기 |
| 6 | 차례대로 이야기 정리하기 |
| 7 | 바른 맞춤법 알기 |
| 8 | 주요 내용 찾기 |
| 9 | 일이 일어난 차례를 생각하며 이야기 예측하기 |
| 10 | 읽은 내용 다시 말하기 |

## 4권 2학년 2학기

| | |
|---|---|
| 1 | 중심 문장 찾기 |
| 2 | 글쓴이의 의견 파악하기 |
| 3 | 소개하는 내용 알기 |
| 4 | 이야기의 중간 부분 짐작하기 |
| 5 | 의견에 대한 까닭 알기 |
| 6 | 원인과 결과에 따라 사건 정리하기 |
| 7 | 중심 문장 만들기 |
| 8 | 그림 읽기 |
| 9 | 주제 파악하기 |
| 10 | 이야기 바꾸어 보기 |

## 5권 3학년 1학기

| | |
|---|---|
| 1 | 표지어를 찾으며 읽기 |
| 2 | 낱말의 뜻 짐작하며 읽기 |
| 3 | 사실과 의견 구별하기 |
| 4 | 말과 행동을 통해 인물의 성격 파악하기 |
| 5 | 글을 읽고 글쓴이의 마음 짐작하기 |
| 6 | 문단의 구성 유형 알기 |
| 7 | 이야기 구성 요소 알기 |
| 8 | 인물과 배경의 관계 알기 |
| 9 | 사건에 주목하며 이야기 읽기 |
| 10 | 주제 파악하기 |

## 6권 3학년 2학기

| | |
|---|---|
| 1 | 문장의 짜임을 생각하며 띄어 읽기 |
| 2 | 감각적 표현 찾으며 읽기 |
| 3 | 의견과 까닭 파악하며 읽기 |
| 4 | 상황에 알맞은 의견 마련하기 |
| 5 | 낱말 사이의 의미 관계 알기 |
| 6 | 글의 중심 생각 파악하기 |
| 7 | 문장을 읽고 글쓴이의 의도 파악하기 |
| 8 | 인물의 마음 변화 파악하기 |
| 9 | 알맞은 근거 제시하기 |
| 10 | 주제 파악하기 |

## 7권 4학년 1학기

| | |
|---|---|
| 1 | 문맥과 배경지식을 이용하여 읽기 |
| 2 | 중심 문장과 뒷받침 문장 파악하기 |
| 3 | 일의 순서가 드러나는 글 읽기 |
| 4 | 인물의 성격 파악하기 |
| 5 | 전기문 요약하기 |
| 6 | 설명하는 글의 내용 간추리기 |
| 7 | 주장하는 글의 내용 간추리기 |
| 8 | 이야기 간추리기 |
| 9 | 비판적으로 이해하기 |
| 10 | 주제 파악하기 |

## 8권 4학년 2학기

| | |
|---|---|
| 1 | 사건이나 행동이 드러나게 간추리기 |
| 2 | 이야기를 읽고 자신의 생각 정리하기 |
| 3 | 제목과 차례 보고 내용 예측하기 |
| 4 | 훑어 읽기와 자세히 읽기 |
| 5 | 온라인 대화하기 |
| 6 | 주장의 적절성 판단하기 |
| 7 | 근거의 적절성 판단하기 |
| 8 | 합리적인 의견 찾기 |
| 9 | 문제 해결을 위한 의견 제시하기 |
| 10 | 주제 파악하기 |

## 9권 5학년 1학기

| | |
|---|---|
| 1 | 주장과 근거의 타당성 평가하기 |
| 2 | 낱말의 뜻 짐작하며 읽기 |
| 3 | 인물과 배경을 바탕으로 이어질 내용 추론하기 |
| 4 | 여러 가지 설명 방법 알기 |
| 5 | 문장의 호응 관계를 고려하며 읽기 |
| 6 | 작품 속 인물의 갈등 파악하기 |
| 7 | 질문 만들며 글 읽기 |
| 8 | 글쓴이의 관점 파악하기 |
| 9 | 한글 맞춤법, 띄어쓰기에 유의하며 글 읽기 |
| 10 | 제목 정하기 |

## 10권 5학년 2학기

| | |
|---|---|
| 1 | 글자가 같은 낱말 뜻 파악하며 읽기 |
| 2 | 관점의 차이 파악하기 |
| 3 | 다른 사람이 쓴 글 바르게 고치기 |
| 4 | 어휘의 적절성 판단하며 글 읽기 |
| 5 | 사건 전개와 인물의 마음 변화 이해하기 |
| 6 | 문장의 구조 파악하며 읽기 |
| 7 | 작품 속 다양한 삶의 모습 이해하기 |
| 8 | 비판적으로 읽기 |
| 9 | 문제 해결 방법 찾으며 읽기 |
| 10 | 주제 파악하기 |

## 11권 6학년 1학기

| | |
|---|---|
| 1 | 신문 기사와 뉴스에 대한 자신의 의견 정리하기 |
| 2 | 토론의 주제에 알맞은 자료를 들어 토론하기 |
| 3 | 관용 표현의 의미 알기 |
| 4 | 작품에서 말하는 이 알기 |
| 5 | 작품에 나타난 비유적 표현 알기 |
| 6 | 문학 작품의 갈래 알기 |
| 7 | 읽기의 과정 이해하기 |
| 8 | 글쓴이의 관점 파악하기 |
| 9 | 광고의 설득 전략 파악하기 |
| 10 | 주제 파악하기 |

## 12권 6학년 2학기

| | |
|---|---|
| 1 | 차이가 드러나는 의견 평가하기 |
| 2 | 작품 속 다양한 삶의 모습 이해하기 |
| 3 | 타당성 평가하며 자료 읽기 |
| 4 | 감상문에 드러난 글쓴이의 평가와 근거 찾기 |
| 5 | 글의 중요한 내용 요약하기 |
| 6 | 인터넷 게시 글과 댓글의 내용 비판적으로 읽기 |
| 7 | 건의하는 글의 내용 평가하기 |
| 8 | 역사적 상황이 드러난 문학 작품 이해하기 |
| 9 | 표현의 적절성 평가하기 |
| 10 | 작품에 반영된 가치 이해하기 |

# 독해 실력으로 키우는 ______________ 의 은행나무

↑이름을 쓰세요.

**책상 앞에 붙여 놓고 은행나무를 키우세요.**

❶ 하루 한 장 학습지 공부를 한 후에 1쪽 아랫부분에 있는 은행잎을 절취선대로 따라 자릅니다.

❷ 잘라 낸 은행잎을 읽기 목표별 일차에 맞추어 붙입니다.

**읽기 목표 1**
신문 기사와 뉴스에 대한 자신의 의견 정리하기
1일차 2일차 3일차 4일차

**읽기 목표 2**
토론의 주제에 알맞은 자료를 들어 토론하기
5일차 6일차 7일차 8일차 9일차 10일차

**읽기 목표 3**
관용 표현의 의미 알기
11일차 12일차 13일차 14일차

**읽기 목표 4**
작품에서 말하는 이 알기
15일차 16일차 17일차 18일차 19일차 20일차

**읽기 목표 5**
작품에 나타난 비유적 표현 알기
21일차 22일차 23일차 24일차

**읽기 목표 6**
문학 작품의 갈래 알기
25일차 26일차 27일차 28일차

**읽기 목표 7**
읽기의 과정 이해하기
29일차 30일차 31일차 32일차 33일차 34일차

**읽기 목표 8**
글쓴이의 관점 파악하기
35일차 36일차 37일차 38일차 39일차 40일차

**읽기 목표 9**
광고의 설득 전략 파악하기
41일차 42일차 43일차 44일차

**읽기 목표 10**
주제 파악하기
45일차 46일차 47일차 48일차 49일차 50일차

은행나무를 완성했을 때의 엄마와의 약속

읽기 목표

# 1 신문 기사와 뉴스에 대한 자신의 의견 정리하기 ❶

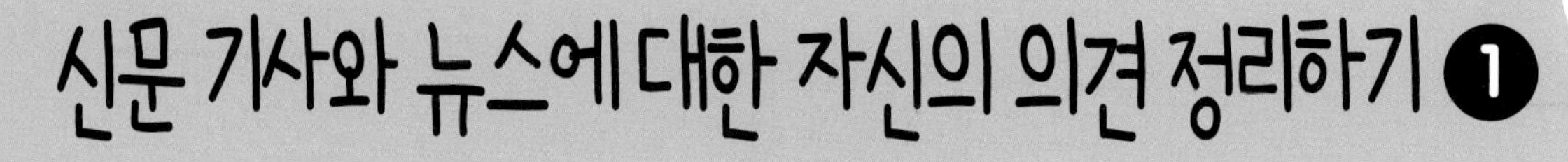

신문 기사와 뉴스의 내용 요약하기 / 신문 기사와 뉴스의 관점 파악하기 / 신문 기사와 뉴스에 대한 자신의 의견 정리하기

공부한 날 월 일

1일

신문에 실린 기사문을 읽거나 텔레비전에서 뉴스를 본 적이 있나요? 기사문과 뉴스에는 그것을 만든 사람의 관점이 반영되어 있어요. 관점이란 사물이나 현상에 대하여 생각하는 태도나 방향을 뜻해요. 같은 사물이나 현상에 대해 바라보는 사람에 따라 관점이 다를 수 있어요.

자, 이제 기사문과 뉴스에 나타난 관점을 파악하고, 그에 대한 자신의 의견을 정리하는 방법에 대해 좀 더 자세하게 공부해 볼까요?

점선대로 자르세요

## 다음 기사문을 읽고 물음에 답해 봅시다.

|  |
| --- |

작은 벌레로 인한 멸종 가능성 제기

거대한 공룡은 운석의 충돌이 아닌 작은 벌레 때문에 멸종에 이르렀다는 ㉠새로운 주장이 나왔다.

미국 오리건 주립 대학교 조지 파이나-로베르타 파이나 부부 교수는 중생대 공룡이 전염병을 퍼뜨리는 모기와 진드기 같은 작은 벌레에 물려 서서히 멸종하였다고 주장하고 있다고 영국 인디펜던트 신문이 7일 보도하였다.

벌 같은 꽃가루를 옮기는 곤충들로 인하여 꽃식물들이 급속히 번성하면서 공룡의 먹잇감인 양치류 등의 식물이 줄어들자 초식 공룡이 생존하기 어렵게 되었고, 초식 공룡과 육식 공룡이 차례로 멸종하게 되었다고 파이나 교수는 설명하였다.

지금까지 과학자들은 6천 500만 년 전 운석 또는 혜성이 멕시코 연안 지구를 강타함에 따라 공룡이 멸종하였다는 이론과 인도에서 화산의 대폭발로 기후 변화가 야기되어 공룡이 멸종되었다는 이론을 유력한 공룡 멸종설로 받아들여 왔으나 공룡이 수십, 수백만 년에 걸쳐 서서히 멸종한 경위를 설명하는 데 미흡하였다.

-『연합 뉴스』, 2008. 1. 7. 기사 중에서

### 1 ㉠에서 공룡은 무엇 때문에 멸종에 이르렀다고 하였나요?

① 작은 벌레 때문에
② 짧은 빙하기 때문에
③ 인도의 화산 폭발 때문에
④ 갑자기 지구의 온도가 올랐기 때문에
⑤ 멕시코 연안에 떨어진 운석 때문에

### 2 이 기사문의 제목으로 가장 어울리는 것은 무엇인가요?

① 멕시코에 커다란 운석 떨어져
② 공룡의 먹잇감 자세하게 알려져
③ 중생대 공룡이 멸종한 순서 밝혀져
④ 공룡 멸종에 대한 새로운 주장 나와
⑤ 모기와 진드기를 박멸할 새로운 방법 나와

### 3 다음은 이 기사문을 요약한 것입니다. 빈칸에 들어갈 알맞은 말을 써 보세요.

공룡이 (                    ) 때문에 멸종되었다는 새로운 주장이 나왔다. 파이나 부부 교수에 따르면, 공룡은 모기와 진드기 같은 작은 벌레에 물려 서서히 멸종하였다고 한다. 또 꽃가루를 옮기는 곤충으로 인하여 꽃식물들이 급속히 번성하면서 공룡의 먹잇감인 양치류 식물이 줄어들었고, 이에 따라 (                    )과/와 (                    )이/가 차례로 멸종하게 되었다고 한다.

## 다음 텔레비전 뉴스의 내용을 읽고 물음에 답해 봅시다.

| | |
|---|---|
| 진행자의 도입 | 진행자: 자녀들이 게임에만 몰두하면 걱정부터 되는 분이 많으실 텐데요, 국내에서 일명 교육에 좋다는 게임이 개발되었습니다. 보도에 ○○○ 기자입니다. |
| 기자의 보도 | 기자: 초등학생들이 게임에 한창 빠져 있습니다. 괴물들을 한 번 공격할 때마다 한자의 뜻과 음이 반복됩니다. 한 시간 게임을 하고 나면 10여 개의 한자를 익히게 됩니다.<br>학생: 예전에 한자 공부할 때는요, 지루하고 재미없었는데요, 지금 이렇게 게임을 하면서 한자 공부를 하니까요, 재미있고 머릿속에 잘 들어오는 것 같아요.<br>기자: 게임을 이용한 이와 같은 한자 학습 효과 덕분에 이 게임 가입자는 한 달 만에 30만 명을 돌파하였습니다. 게임과 교육을 접합한 이른바 '에듀테인먼트' 게임으로서는 국내에서 이례적인 성공입니다. 이에 따라 주요 게임 업체들은 재테크 교육을 위한 게임 등 성인들을 위한 교육용 콘텐츠도 준비하고 있습니다.<br>업체 관계자 1: 취업 또는 육아와 관련된 여러 가지 새로운 정보나 지식을 습득할 수 있는 게임을 지속적으로 서비스해 나갈 계획입니다.<br>기자: 이미 ㉠온라인 게임에서 저력을 보여 준 국내 게임 업계에 교육 게임 시장은 새로운 동력이 될 수 있다는 것이 전문가들의 분석입니다.<br>업체 관계자 2: 일본의 온라인 게임 업체인 □□□가 한때 우리나라의 △△전자보다 시가 총액이 더 커진 적이 있습니다. 온라인 게임 산업이 한 단계 도약하기 위해서도 교육 서비스로의 진출은 필수적입니다. |
| 기자의 마무리 말 | 기자: 이를 위해서는 게임과 접목될 수 있는 교육 소재를 개발하고, 오프라인 교재 시장과 접합을 시도하는 등 다양한 전략을 세울 필요가 있습니다. ◇◇◇ 뉴스 ○○○입니다. |

- 『KBS 뉴스 광장』, 한국방송공사, 2009. 5. 18. 뉴스 중에서

### 4 이 뉴스의 내용을 참고하여, 텔레비전 뉴스에 대하여 바르게 설명한 것에 ○표 하세요.

(1) 인터뷰는 보통 기자의 마무리 말에 포함된다. ············ (　　)

(2) 텔레비전 뉴스는 사실만 전달하므로 관점이 드러나지 않는다. ············ (　　)

(3) 텔레비전 뉴스는 '진행자의 도입 - 기자의 보도 - 기자의 마무리 말' 순서로 이루어진다. ·········· (　　)

### 5 이 뉴스의 내용 중 사실인 것에는 '사', 의견인 것에는 '의'라고 써 보세요.

(1) 교육 게임 시장은 국내 게임 업계에 새로운 동력이 될 것이다. ············ (　　)

(2) 주요 게임 업체들이 성인을 위한 교육용 게임을 개발하고 있다. ············ (　　)

(3) 한자 학습을 위한 게임의 가입자가 한 달 만에 30만 명을 돌파하였다. ············ (　　)

(4) 온라인 게임 산업이 한 단계 더 도약하기 위해서는 교육 서비스로의 진출이 필수적이다. ···(　　)

6 ㉠의 반대말을 기자의 마무리 말에서 찾아 써 보세요.

( )

7 이 뉴스에서 가장 중요한 내용을 바르게 말한 친구의 이름을 써 보세요.

우민: 초등학생들이 한참 게임에 빠져 있다는 내용이야.

소미: 교육용 게임이 주목받고 있다는 내용이야.

( )

## 컴퓨터와 관련된 낱말

주어진 문장에서 밑줄 친 낱말의 뜻을 찾아 알맞게 선으로 이어 보세요.

영우는 인터넷을 활용하여 조사할 때 주로 사용하는 브라우저가 정해져 있다.

○○회사는 ◇◇회사의 인터넷 사이트 콘텐츠를 허락 없이 사용하였다.

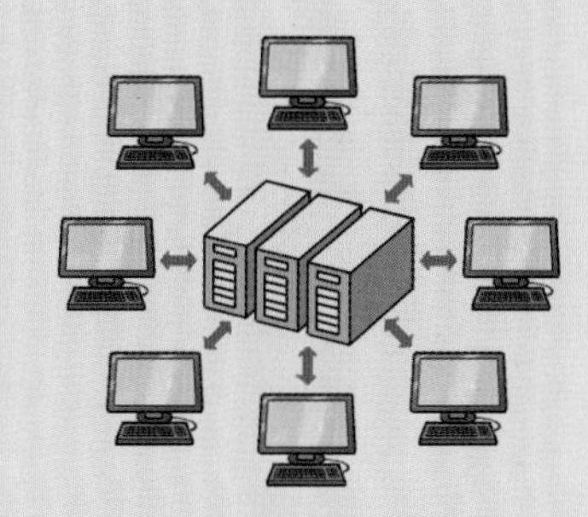

우리 학교 컴퓨터실의 컴퓨터는 모두 네트워크로 연결되어 있다.

•   •   •

•   •   •

인터넷이나 컴퓨터 통신 등을 통하여 제공되는 각종 정보나 그 내용물

통신 설비를 갖춘 컴퓨터를 이용하여 서로 연결시켜 주는 조직이나 체계

인터넷을 검색할 때 문서나 영상, 음성 등의 정보를 얻기 위하여 사용하는 프로그램

### 왜 그럴까?

컴퓨터나 스마트폰을 사용할 때에 주어진 낱말을 활용해 본 경험을 떠올려 봅니다. '브라우저'는 어떤 내용을 검색하려 할 때, '콘텐츠'는 웹 페이지의 내용을 나타낼 때, '네트워크'는 컴퓨터끼리 연결할 때 등의 상황에서 활용하였던 적이 있을 것입니다. 컴퓨터가 외국에서 들어온 것이기 때문에, 컴퓨터와 관련된 낱말 중에는 외래어가 많습니다. 요즘에는 이러한 낱말들을 우리말로 순화하려는 노력이 많이 이루어지고 있습니다. 예를 들어, '네트워크'는 '통신망'으로 순화하여 쓸 수 있답니다.

# 1 신문 기사와 뉴스에 대한 자신의 의견 정리하기 ❷

2일

파이팅!

신문 기사와 뉴스의 내용 요약하기 | 신문 기사와 뉴스의 관점 파악하기 | 신문 기사와 뉴스에 대한 자신의 의견 정리하기

공부한 날 월 일

## 다음 뉴스의 내용을 읽고 물음에 답해 봅시다.

| | |
|---|---|
| 진행자의 도입 | 진행자: 백두산 호랑이로 알려진 시베리아 호랑이가 멸종 위기에 놓여 있다고 합니다. 보도에 ○○○ 기자입니다. |
| 기자의 보도 | 기자: 호랑이는 한국인에게 친숙한 동물 가운데 하나입니다. 이야기나 예술 작품 속에 많이 나옵니다. 백두산 호랑이라고 불리며 민족의 혼을 나타내기도 합니다. 그런데 최근 백두산 호랑이가 속한 시베리아 호랑이가 멸종 위기에 놓여 있다고 합니다. 영국의 유명 방송국 인터넷판에 따르면, 야생 동물 보호 협회가 시베리아 호랑이 개체 수를 조사하였는데, 56마리만 남은 것으로 파악되었다고 합니다. 야생 동물 보호 협회는 시베리아 호랑이 서식 지역에 16개의 관찰 지점을 정하여 두고, 해마다 눈 위에 남은 흔적을 바탕으로 하여 개체 수를 조사하였습니다. 4년간 시베리아 호랑이 수는 급격히 감소하였으며, 2005년에는 500여 마리였던 것으로 추정된다고 분석하였습니다. 야생 동물 보호 협회 데일 미켈 박사는 이와 관련하여 "현재 시베리아 호랑이 보호 능력이 충분하지 않다는 사실을 냉정하게 보여 준다."라고 지적하고 있습니다. |
| 기자의 마무리 말 | 기자: 시베리아 호랑이에 대한 관심과 보호가 시급합니다. ◇◇◇뉴스 ○○○입니다. |

**1** 이 뉴스에서 알 수 있는 사실로 알맞은 것에 ○표 하세요.

(1) 시베리아 호랑이의 수는 호랑이를 직접 세어 조사한다. ··························( )

(2) 지난 4년간 시베리아 호랑이의 수는 크게 변하지 않았다. ··························( )

(3) 2005년에는 지금보다 시베리아 호랑이의 수가 더 많았다. ··························( )

**2** 다음 빈칸에 알맞은 낱말을 이 뉴스에서 찾아 써 보세요.

> 기자는 (　　　　　　)에서 시베리아 호랑이에 대해 조사한 결과를 뉴스에 넣어 시베리아 호랑이를 (　　　　)해야 함을 강조하였다.

절취선대로 자르세요.

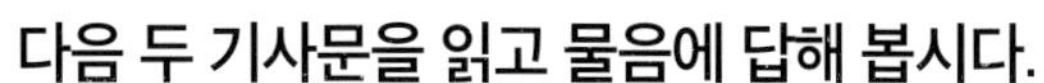
다음 두 기사문을 읽고 물음에 답해 봅시다.

가

### 대한민국, 우주 시대 열렸다

1월 30일 오후 4시, 전남 고흥군 나로 우주 센터에서 한국의 첫 우주 발사체 나로호가 힘차게 날아올랐다. ㉠우주를 향한 대한민국의 꿈이 실현되는 순간이었다. ㉡나로호 발사의 성공은 두 번의 실패와 결함 발견으로 인하여 무려 열 번의 연기 끝에 이루어졌다. ㉢2009년 8월 25일에 나로호 첫 발사 실패, 2010년 6월 10일에 2차 발사 실패를 딛고 이룬 성공이다. 어려움 끝에 이룬 이번 성공의 가장 큰 의미는 우리나라가 스스로 우주 과학 기술의 발전을 이루어 냈다는 것이다. 우리나라 과학자들은 발사장을 직접 짓고, 발사체를 설계하고, 발사를 조종하는 것까지 전체 과정을 주도하였다. 전문가들은 이 과정을 통하여 얻은 기술과 경험이 앞으로 우리 스스로의 기술로 만든 완전한 우주 발사체를 만들어 성공시키는 데 큰 도움이 될 것으로 보고 있다.

-『중앙일보』, 2013. 1. 31. 기사 중에서

나

### 나로호 성공, 러시아의 성공?

㉣나로호가 3차 도전에서 마침내 성공하였다. ㉤그러나 전문가들은 나로호 발사 성공으로 우리가 이룬 것이 별로 없다고 지적한다. 나로호는 중력을 이기고 우주로 나가는 힘의 대부분을 내는 1단 액체 연료 로켓을 러시아에서 들여왔다. 2단 소형 고체 연료 로켓만 우리가 개발하였다. 하지만 우주 개발의 핵심은 1단 액체 로켓이다. 한국 항공 우주 연구원은 "㉥1단 로켓을 개발하지는 않았지만 러시아 연구진으로부터 비공식적으로 많은 기술을 전수받았다."라고 주장한다. 하지만 한 전문가는 "미국이든 러시아든 핵심 기술을 비공식적으로 준다는 것은 있을 수 없는 일"이라고 잘라 말하였다. 우주 개발은 긴 연구의 과정과 실패 속에서 배운다. 단지 멋진 모습만 보여 주려다 보면 거짓말을 할 수밖에 없지 않을까.

-『조선일보』, 2013. 1. 31. 기사 중에서

**3** 두 기사문에서 알 수 있는 사실로 알맞은 것은 무엇인가요?

① 나로호는 3차 발사 시도에서 성공하였다.
② 나로호의 발사장 건설은 러시아의 도움을 받았다.
③ 나로호의 1단 액체 연료 로켓은 우리나라에서 개발하였다.
④ 우주 발사체가 우주로 나갈 때에는 2단 소형 고체 연료 로켓이 중요하다.
⑤ 러시아는 우리나라로의 로켓 발사 핵심 기술 이전을 공식적으로 발표하였다.

**4** 두 기사문에서 모두 다루고 있는 주요 내용은 무엇인가요?

① 나로호 발사의 성공
② 한국 항공 우주 연구소 건설
③ 나로호 발사에 실패한 원인
④ 러시아 우주 과학 기술의 발전
⑤ 러시아의 로켓 발사 핵심 기술 이전

**5** ㉠~㉢ 중 가의 관점을 가장 잘 보여 주는 표현을 찾아 기호를 써 보세요.

( )

**6** ㉣~㉥ 중 나의 관점을 가장 잘 보여 주는 표현을 찾아 기호를 써 보세요.

( )

**7** 각 기사문의 관점과 같은 관점을 가진 사람을 찾아 선으로 바르게 이어 보세요.

(1) 가 기사문 •

(2) 나 기사문 •

• **태형**: 나로호 발사 성공으로 우리나라의 우주 과학 기술을 러시아에 수출할 수 있을 거야.

• **소미**: 나로호 발사 성공으로 우리나라 국민 모두가 우주여행을 할 수 있게 되었어.

• **우민**: 나로호 발사는 핵심 기술을 다른 나라에 의존했기 때문에 완전한 성공이라고 볼 수 없어.

• **은아**: 나로호 발사 과정의 대부분을 주도한 우리나라 과학자들이 자랑스러워.

**8** 이 기사문을 읽고 할 수 있는 생각으로 알맞지 않은 것은 무엇인가요?

① 앞으로 완전한 우주 발사체를 만들어 성공시키기 위해 노력해야 한다.
② 나로호 발사 과정에서 얻은 기술과 경험을 앞으로 더 발전시켜야 한다.
③ 외국으로부터 우주 발사체와 관련한 핵심 기술을 배운 것은 큰 소득이다.
④ 우리나라는 우주 발사체의 1단 액체 연료 로켓 제작 기술을 개발해야 한다.
⑤ 어려움이 있었지만 포기하지 않고 나로호 발사에 성공한 것이 자랑스럽다.

체크 체크 정답 확인   오늘의 읽기 실력은? 

9 나로호 발사 성공에 대한 두 가지 관점을 정리할 때 빈칸에 알맞은 까닭을 써 보세요.

나로호 발사 성공이 우리나라 우주 과학 발전에

- 도움이 될 것이라고 생각한다. 왜냐하면 ______________________________
- 큰 도움이 안 될 것이라고 생각한다. 왜냐하면 ______________________________

## 이런 '연기', 저런 '연기'

다음 문장에서 밑줄 친 낱말의 뜻을 보기 에서 찾아 번호를 써 보세요.

우민이는 냄비에서 검은 연기가 나는 것을 보고 깜짝 놀랐다. ············ (　　)

나로호는 발사하는 날을 여러 번 연기하였다. ························ (　　)

저 아이는 화난 연기를 실감 나게 한다. ································ (　　)

보기

① 정해진 기한을 뒤로 물려서 늘림.
② 무엇이 불에 탈 때에 생겨나는 흐릿한 기체나 기운
③ 배우가 배역의 인물, 성격, 행동 등을 표현해 내는 일

**왜 그럴까?**

우리말에는 모양은 같지만 뜻이 다른 낱말이 많습니다. '연기'는 무려 13가지나 되는 뜻을 가지고 있습니다. 이와 같이 모양은 같지만 뜻이 다른 낱말의 뜻을 알아보기 위해서는, 앞뒤 문맥을 살펴 정확한 뜻을 짐작하여야 합니다. 첫 번째 문장에서는 '검은 연기'라는 내용을 통해, 두 번째 문장에서는 '발사하는 날'이라는 부분을 통해, 세 번째 문장에서는 '연기가 실감 난다'는 내용을 통해 뜻을 짐작해 보세요.

# 1 신문 기사와 뉴스에 대한 자신의 의견 정리하기 ③

신문 기사와 뉴스의 내용 요약하기 | 신문 기사와 뉴스의 관점 파악하기 | 신문 기사와 뉴스에 대한 자신의 의견 정리하기

공부한 날 월 일

## 다음 기사문을 읽고 물음에 답해 봅시다.

**휴지통 없는 화장실, 화장실 전체가 휴지통**

변기 막히고 쓰레기가 바닥에 넘쳐흘러

휴지를 변기에 넣고 물을 흘려보내 보기에도 좋지 않고 냄새도 나는 휴지를 없애자는 의도로 올해부터 공중화장실에 휴지통을 두지 않게 되었다. 그러나 실제 공중화장실은 변기가 막히고 쓰레기가 바닥에 마구 버려지는 등 문제가 발생하고 있다.

실제로 공중화장실에 가 보니 변기 한쪽에 휴지가 수북이 버려져 있었다. 또 여성 위생 용품 수거함은 온갖 쓰레기로 가득 차 있었다. 청소 관계자는 "휴지를 변기에 너무 많이 넣어서 변기가 막히는 일이 자주 생기고 있다."며 어려움을 토로했다. 더러운 휴지가 화장실을 점령하여 냄새도 이전보다 심해졌다. 깨끗한 화장실을 만들자는 뜻으로 시작한 일이 오히려 더 더럽고 냄새나는 화장실을 만들고 있다.

**1** 공중화장실에 휴지통을 두지 않으려는 의도는 무엇인가요?

① 휴지통을 살 예산이 부족해서
② 화장실에서 나온 쓰레기를 재활용하기 위해서
③ 휴지통이 필요 없다는 시민들의 건의가 있어서
④ 용변을 본 후 휴지 대신 물로 처리하게 하기 위해서
⑤ 더 깨끗하고 냄새가 나지 않는 화장실을 만들기 위해서

**2** 이 기사문과 반대되는 관점을 가진 친구를 찾아 ○표 하세요.

(1) **은아**: 휴지통을 없앤 뒤에 오히려 냄새가 심각해진 것이 문제야. ·························( )
(2) **태형**: 휴지통을 없앤 뒤에 변기가 자주 막혀 시민들이 불편을 겪을 것 같아. ···············( )
(3) **소미**: 휴지통을 없앤 뒤에 화장실 청소 관계자가 휴지통을 비우지 않아도 되어 편해졌어. ···( )

**3** 공중화장실에 휴지통을 없애는 것에 대해 반대할 때, 빈칸에 알맞은 까닭을 써 보세요.

나는 공중화장실에 휴지통을 없애는 것을 반대한다. 왜냐하면 휴지통을 없앤 뒤에 오히려 공중화장실이 더 ( ) 때문이다.

절취선대로 자르세요

### 다음 뉴스의 내용을 읽고 물음에 답해 봅시다.

| | |
|---|---|
| 진행자의 도입 | 진행자: 날씨가 추워 사과 재배가 불가능하였던 강원도 ㉠최전방 지역에서도 고품질의 사과가 생산되고 있습니다. 지구 온난화로 고랭지 채소를 대체하여 심은 고랭지 늦사과가 시범 재배에 성공한 것입니다. ○○○ 기자의 보도입니다. |
| 기자의 보도 | 기자: 탐스럽게 익은 빨간 사과가 주렁주렁 달린 강원도 최전방 지역의 한 사과 농원. 수확이 한창인 이 양구 사과는 큰 ㉡일교차로 당도가 높고 과육이 단단하여 맛있다는 입소문이 나면서 추석 선물로 인기를 얻고 있습니다.<br>사과 재배 농민 1: 양구 지역은 청정 지역으로서 밤낮의 일교차가 크다 보니 사과의 맛이 좋습니다. 당도로 보면 전국 최고라고 자부할 수 있습니다.<br>기자: 과수 농가들은 일손을 덜고 다수확이 가능한 초밀식 터널형으로 사과나무를 재배하여 생산성을 높이고 있습니다. 그런가 하면 휴전선 아래 최전방 민북 마을인 해안 지역에서도 사과 재배가 가능해지면서 이처럼 먹음직스러운 양구 사과가 수확을 앞두고 있습니다. 기온이 낮아 사과 재배는 엄두도 내지 못하였던 해안 지역 주민들이 작목반까지 구성하여 처음으로 사과나무를 심은 것은 3년 전. 삶의 터전인 고랭지 채소밭에 과일나무를 심어 흙탕물 ㉢저감 사업에 동참한 것이 맞아떨어지면서 사과 풍년을 맞았습니다.<br>사과 재배 농민 2: 무, 배추를 몇십 년 심어 보아야 수익이 없었는데 사과나무를 심고 보니 나무도 잘 크고, 열매도 많이 달리고, 당도도 높고, 흙탕물도 저감이 되고…….<br>기자: 최전방 지역의 큰 일교차가 만들어 낸 양구 사과. 당도가 높아 맛이 좋은 데다가 ㉣저장성도 좋아 최고의 품질로 인정받고 있습니다.<br>양구군 농업 기술 센터 원예 특작 담당자: 고랭지 채소 대체 작물로 사과를 선택하였습니다. 흙탕물 저감 사업 효과가 매우 좋고 과실의 품질도 좋아 앞으로 특화 단지로 육성할 계획입니다. |
| 기자의 마무리 말 | 기자: 양구 지역 40여 농가들은 올해 50.4헥타르에서 600여 톤의 사과를 생산하여 23억 6천여 만 원의 높은 소득을 기대하고 있습니다. 이처럼 사과 재배의 불모지였던 강원도가 지구 온난화로 농산물 재배 한계선이 북상하면서 사과 ㉤주산지로 거듭나고 있습니다. △△뉴스 ○○○입니다. |

- 『YTN』, 2009. 09. 22. 뉴스 중에서

이 뉴스를 보고 알 수 있는 사실로 알맞은 것에 ○표 하세요.

(1) 사과 농사는 흙탕물을 줄이는 효과가 있다. ……………………………… (　　)

(2) 휴전선과 가까운 지역에서는 아직까지 사과 재배가 불가능하다. ……………… (　　)

(3) 강원도 지역 농민들은 최근 고랭지 배추 농사로 큰 소득을 거두었다. ……………… (　　)

## 5 이 뉴스의 내용에서 밑줄 친 ㉠~㉤의 뜻이 잘못 연결된 것은 무엇인가요?

① ㉠최전방 - 가장 최근에 만들어진 곳
② ㉡일교차 - 기온, 습도, 기압 등이 하루 동안에 변화하는 차이
③ ㉢저감 - 낮추어 줄임.
④ ㉣저장성 - 오래 보관하여도 상하지 아니하는 성질
⑤ ㉤주산지 - 어떤 물건이 주로 생산되는 지역

## 6 다음은 이 뉴스의 내용을 요약한 것입니다. 빈칸에 들어갈 알맞은 말을 써 보세요.

( )(으)로 농산물 재배 한계선이 북상하면서, 날씨가 추워 사과를 재배하지 못했던 강원도 지역에서 고품질의 ( )을/를 생산할 수 있게 되었다.

## 7 이 뉴스의 내용을 통해 추측할 수 있는 사실로 알맞지 않은 것은 무엇인가요?

① 일교차가 큰 곳에서 자란 사과의 당도가 뛰어나다.
② 좋은 품질의 사과는 맛도 좋고 오래 보관할 수 있다.
③ 지구 온난화의 영향으로 강원도의 기온이 높아졌다.
④ 사과 재배보다 채소 농사가 농가 소득을 올리는 데에 유리하다.
⑤ 날씨가 따뜻한 곳에서 자라는 식물을 재배할 수 있는 지역이 점차 늘어나고 있다.

## 8 다음은 신문에 실린 다른 기사문의 제목입니다. 이 뉴스와 관점이 가장 비슷한 기사문은 무엇인가요?

① 지구 온난화로 완전히 잠기게 된 섬
② 지구 온난화로 남극 빙하 녹아내려
③ 살인적인 추위의 원인은 지구 온난화
④ 지구 온난화로 과일 재배 지역 늘어나
⑤ 지구 온난화로 인한 비극, 앙상해진 북극곰

 이 뉴스의 내용과 다음 글을 참고하여 빈칸에 알맞은 말을 써서 우민이의 생각을 완성하세요.

지구 온난화는 이산화 탄소와 같은 온실가스로 인하여 지구의 기온이 높아지는 현상을 뜻합니다. 지구 온난화는 여러 가지 문제점을 만들어 냅니다. 첫째, 빙하가 녹아 해수면이 상승하여 해안 지역이 침수됩니다. 둘째, 강추위와 태풍, 홍수, 가뭄 같은 자연재해가 생깁니다. 이 외에도 여러 동물과 식물이 멸종되는 등 다양한 문제가 생깁니다.

우민: 지구 온난화로 추운 지역에서도 과일 재배가 가능해졌다. 이처럼 지구 온난화는 추운 지역에 사는 사람들에게 (          ) 영향을 주기도 하지만, 해안 지역 침수, 자연재해, 동·식물의 멸종 등 여러 가지 (          )을/를 만들어 내기도 한다. 따라서 이산화 탄소와 같은 (          )를 줄여 지구 온난화가 더 이상 진행되지 않도록 노력해야 한다.

## 일교차와 연교차

그림에 어울리는 낱말이 들어 있는 문장을 찾아 선으로 바르게 이어 보세요.

- 요즘과 같이 일교차가 클 때에는 감기를 조심해야 한다.
- 지구 온난화로 인하여 우리나라의 연교차가 점차 줄어들고 있다.

**왜 그럴까?**

'일교차'는 '기온, 습도, 기압 등이 하루 동안에 변화하는 차이'를 뜻합니다. '연교차'는 '일교차'와 비슷한 듯 보이지만, '1년 동안에 각 달의 기온, 습도 중에서 최고 측정값과 최저 측정값의 차이'를 뜻합니다. 두 낱말의 뜻에서 다른 점을 찾아내어 구분하며, 낱말의 뜻을 정확하게 파악해 보세요.

마무리~

# 4일

읽기 목표 1

# 신문 기사와 뉴스에 대한 자신의 의견 정리하기 ❹

신문 기사와 뉴스의 내용 요약하기 / 신문 기사와 뉴스의 관점 파악하기 / 신문 기사와 뉴스에 대한 자신의 의견 정리하기

공부한 날 월 일

정리 다음 설명 중 옳은 것을 모두 찾아 ○표 하세요.

- 글에는 글쓴이의 관점이 나타나 있다. ☐
- 사물이나 현상에 대하여 생각하는 태도나 방향을 관점이라고 한다. ☐
- 어떤 대상에 대한 관점은 한 가지만 있다. ☐
- 글쓴이의 관점을 파악하는 것은 글을 이해하기 어렵게 한다. ☐
- 기사문과 뉴스에는 만든 사람의 관점이 나타난다. ☐

- 기사문의 제목은 독자의 눈을 끌 수 있는 것이어야 한다. ☐
- 텔레비전 뉴스는 '진행자의 도입-기자의 보도-기자의 마무리 말' 순서로 이루어진다. ☐

- 텔레비전 뉴스에서 가장 자세한 내용이 드러나는 부분은 진행자의 도입 부분이다. ☐
- 기사문에는 의견만 나타나 있고, 사실은 나타나지 않는다. ☐

절취선대로 자르세요.

## 다음 기사문을 읽고 물음에 답해 봅시다.

### 초등학교 3~4학년, 내년부터 증강 현실 기술을 활용한 수업 가능해져

교육부, 개정 교육 과정에 맞춰 내년부터 디지털 교과서 사용 확대 방침 밝혀

가 내년부터 초등학교 3~4학년 학생들이 증강 현실 기술이 접목된 '디지털 교과서'로 수업을 하게 될 전망이다. 디지털 교과서는 사회와 과학, 영어 과목에 먼저 도입될 것으로 보인다.

나 교육부에 따르면, 4차 산업 혁명 시대를 대비한 창의적 인재를 길러 내기 위하여 내년부터 증강 현실 기술이 적용된 디지털 교과서를 사회와 과학, 영어 과목에 보급한다. 디지털 교과서는 서책형 교과서의 내용과 더불어 용어 사전, 멀티미디어 자료, 평가 문항, 보충·심화 학습 등 다양한 학습 자료를 제공하는 디지털화된 형태의 교과서이다. 디지털 교과서는 인터넷을 활용하여 다운받은 후 스마트 기기만 있다면 언제 어디서나 활용할 수 있으며 한정된 크기의 종이에는 담을 수 없는 다양한 이미지와 동영상을 담을 수 있다는 장점이 있다.

다 특히 이번 디지털 교과서에 더해지는 증강 현실 기술은 사용자가 눈으로 보는 현실 세계에 가상의 물체를 겹쳐 보여 주는 기술을 뜻한다. 증강 현실 기술을 사용하면 학생들은 우주 공간이나 역사 속 모습 등을 간접 체험할 수 있을 것으로 보인다.

라 디지털 교과서를 활용한 수업을 먼저 경험한 ㉠디지털 교과서 연구 학교의 ◇◇◇ 학생은 "디지털 교과서로 수업을 하면 종이 교과서로 수업을 할 때에는 이해하지 못했던 부분이 쉽게 이해돼요. 그리고 방과 후에 친구들과 모여서 공부할 때에 컴퓨터만 있으면 따로 교과서를 챙기지 않아도 되어서 편리해요."라고 말하였다.

마 디지털 교과서가 도입된다고 해서 종이 교과서가 사라지지는 않는다. 교육부는 각 학교가 자율적으로 두 종류의 교과서를 함께 사용할 수 있도록 할 계획이다.

1 가 ~ 마 중 이 기사문에서 가장 중요한 내용을 간략히 담고 있는 문단의 기호를 써 보세요.

(                    )

2 이 기사문을 읽고 알 수 있는 사실로 알맞은 것은 무엇인가요?

① 서책형 교과서는 더 이상 사용하지 않는다.
② 디지털 교과서는 국어 과목에 먼저 도입된다.
③ 디지털 교과서는 서책형 교과서보다 내용이 적다.
④ 서책형 교과서에는 멀티미디어 자료와 평가 문항 등이 포함되어 있다.
⑤ 증강 현실 기술이 더해진 디지털 교과서를 활용하면 다양한 간접 체험이 가능해진다.

**3** 이 기사문에 제시된 디지털 교과서의 장점으로 바른 것을 모두 고르세요. (정답 3개)

① 서책형 교과서보다 생산 비용이 저렴하다.
② 다양한 이미지와 동영상 자료를 담을 수 있다.
③ 학생들이 우주 공간을 간접 체험할 수도 있다.
④ 스마트 기기가 없어도 최신의 자료를 볼 수 있다.
⑤ 방과 후 친구들과 공부할 때 컴퓨터만 있으면 교과서를 따로 챙기지 않아도 되어 편리하다.

**4** 증강 현실 기술에 대하여 바르게 설명한 것에 ○표 하세요.

(1) 증강 현실 기술은 서책형 교과서에만 접목할 수 있다. ·············································· (   )
(2) 증강 현실 기술을 사용하면 학생들은 역사 속 모습을 직접 체험할 수 있게 된다. ·············· (   )
(3) 사용자가 눈으로 보는 현실 세계에 가상의 물체를 겹쳐 보여 주는 기술을 뜻한다. ············ (   )

**5** 디지털 교과서에 대한 ㉠ 학생의 관점으로 알맞은 것에 ○표 하세요.

| 디지털 교과서를 사용하는 것에 대해 ( 긍정적인 관점 / 부정적인 관점 )을 지니고 있다. |
|---|

**6** 디지털 교과서에 대한 친구들의 다음 대화를 읽고, 관점이 가장 다른 친구 한 명의 이름을 써 보세요.

**은아:** 다양한 시청각 학습이 가능해져 재미있게 공부할 수 있을 것 같아.
**태형:** 하지만 스마트 기기의 과도한 사용으로 인한 학생들의 시력 저하가 걱정되는걸.
**소미:** 학생들의 시력을 보호할 방법을 찾으면 되지 않을까? 무거운 교과서를 들고 다니지 않아도 언제 어디서나 배운 내용을 복습할 수도 있어 좋다고 생각해.
**은아:** 맞아. 언제 어디를 가더라도 궁금한 내용이 생각나면 스마트 기기로 곧바로 공부할 수 있잖아.
**태형:** 모든 학생들이 값비싼 스마트 기기를 마련하기는 어려울 거야.

(   )

정답 확인

오늘의 읽기 실력은?   

7 다음 보기 는 디지털 교과서를 활용하였을 때 일어날 수 있는 일들입니다. 디지털 교과서에 대한 자신의 관점을 골라 ○표 하고, 관점을 뒷받침할 수 있는 내용을 보기 에서 두 가지 골라 넣어, 빈칸에 간단한 글을 써 보세요.

디지털 교과서를 활용한 수업이 전 학년으로 ( 확대되기를 / 확대되지 않기를 ) 바란다. ( ________

________

________ )

보기
- 시력 저하
- 언제든 학습 가능
- 학습에 대한 흥미 증가
- 인터넷 중독, 게임 중독

## 증강 현실과 가상 현실

'증강 현실'과 '가상 현실'을 구분하여, 주어진 그림에 어울리는 문장을 찾아 선으로 바르게 이어 보세요.

• 가상 현실 기술을 이용하면 집에서도 가상 현실 안경을 쓰고 비행기 조종 훈련을 할 수 있다고 한다.

• 증강 현실 기술을 적용하면 스마트폰 화면상에서 우리 집 거실에 여러 개의 소파를 배치해 보고 가장 어울리는 소파를 고를 수 있다고 한다.

**왜 그럴까?**

'증강 현실'과 '가상 현실'은 앞으로 우리 생활에서 점차 자주 쓰이게 될 말입니다. 증강 현실은 가상 현실의 한 분야에 속합니다. 가상 현실 기술은 현실에 존재하지 않는 환경을 스마트 기기를 통하여 사용자가 볼 수 있도록 해 줍니다. 증강 현실 기술은 사용자가 현재 보고 있는 현실 세계에 가상의 물체를 겹쳐서 보여 줍니다. 두 가지 기술을 구분하고, 실제로 사용한 경험이 있는지도 떠올려 보세요.

힘내! 5일

읽기 목표

# 2 토론의 주제에 알맞은 자료를 들어 토론하기 ❶

토론 주제에 대한 양측의 입장 확인하기 | 토론 주제에 알맞은 자료 찾아 제시하기 | 주장에 대한 근거와 자료의 타당성 평가하기

공부한 날 월 일

토론은 어떤 문제에 대하여 찬성하거나 반대하는 의견을 내어 상대편을 설득하는 말하기예요. 토론할 때에는 주장에 대한 근거와 근거에 대한 자료를 적절하게 제시해야 상대방을 설득할 수 있어요.

자, 이제 토론에서 자신의 주장을 뒷받침하는 근거와 그에 대한 자료를 마련하여 상대방을 설득하는 방법에 대해 좀 더 자세하게 공부해 볼까요?

절취선대로 자르세요.

## 다음 대화를 읽고 물음에 답해 봅시다.

영민: 얘들아, 선생님께서 다음 주 수요일에 우리 반에 도움이 되는 일과 관련된 주제로 토론을 하자고 하셨지?
지영: 맞아. 어떤 주제로 토론을 하면 좋을까?
수민: '자리를 어떻게 앉는 것이 좋은가'는 어떨까?
지훈: 그건 토론의 주제가 되기 어려워. 토론 주제는 찬성이나 반대로 의견을 나눌 수 있어야 하거든.
영민: 그런데 너희 수요일 급식 식단이 뭔지 아니?
수민: 그럼 '키 순서대로 앉는 것이 좋은가'는 어때?
지영: 그런 주제는 너무 식상해. 넌 왜 그렇게 재미없는 주제로 정하자고 하니?
지훈: 난 수민이 의견이 좋은데. 지영이 넌 왜 그렇게 감정적으로 말하니?
지영: 미안해, 수민아. 내가 항상 뒤에 앉다 보니 예민해졌나 봐.
수민: 괜찮아. 지영이 넌 토론하고 싶은 주제가 있니?
지영: [ ㉠ ]는 어때?

**1** 이 대화를 읽고 알 수 있는 내용으로 알맞은 것은 무엇인가요?

① 지영이는 자신의 의견을 끝까지 주장하였다.
② 영민이네 반에서는 이번 주 목요일에 토론을 한다.
③ '자리를 어떻게 앉는 것이 좋은가'는 좋은 토론 주제이다.
④ 영민이네 반 선생님께서는 토론 주제를 구체적으로 정해 주셨다.
⑤ 토론에서는 주제에 대한 자신의 의견을 찬성 또는 반대로 제시한다.

**2** 이 대화에서 대화 예절을 지키지 않은 친구 두 명의 이름을 써 보세요.

( , )

**3** ㉠에 들어갈 토론의 주제로 알맞은 것은 무엇인가요?

① 선의의 거짓말은 해도 좋은가
② 체육 시간에 무슨 운동을 하는 것이 좋을까
③ 친구 사이에 지켜야 할 대화 예절은 무엇인가
④ 아침 독서 시간에 조용히 하려면 어떻게 해야 하는가
⑤ 교실을 깨끗하게 쓰기 위해 지켜야 할 규칙은 무엇인가

## 다음 토론을 읽고 물음에 답해 봅시다.

사회자: 지금부터 '체육 시간에 반드시 학교 체육복을 입어야 하는가'라는 주제로 찬반 토론을 시작하겠습니다. 토론 규칙을 잘 지키면서 이야기하여 주시기 바랍니다. 먼저, 학교 체육 시간에 반드시 학교 체육복을 입어야 한다는 데에 찬성하는 쪽 토론자께서 의견을 말씀하여 주십시오.

찬성편 토론자 1: 저는 체육 시간에 반드시 학교 체육복을 입는 것이 좋다고 생각합니다. 학교 체육복을 입으면 운동하기에 편하기 때문입니다.

반대편 토론자 1: 저는 학교 체육복을 입으면 운동하기에 편하다는 생각은 잘못된 것 같습니다. 꼭 학교 체육복이 아니더라도 체육복만 입으면 운동하는 데에는 문제가 없습니다. 학교 체육복은 디자인이 별로 예쁘지 않고 여름에 입으면 덥습니다. 기능성 소재로 된 체육복을 입는 것이 훨씬 시원합니다.

찬성편 토론자 2: 학교 체육복의 디자인이 예쁘지 않다는 것은 개인적인 의견이라고 생각합니다. 우리 학교 체육복은 여러 가지 디자인 중에 학생과 부모님들의 설문 조사 결과에 따라 결정된 체육복입니다. 그리고 우리 학교 체육복을 입으면 여름에 덥다고 하는데 다른 체육복을 입었을 때보다 우리 학교 체육복을 입었을 때 더 덥다는 구체적인 근거 자료가 없습니다.

반대편 토론자 2: 저는 그렇게 생각하지 않습니다. 우리 학교 체육복이 많은 사람의 의견에 따라 결정된 것이기는 하지만 제 의견은 그것과 다릅니다. 저는 저의 개성을 드러낼 수 있는 다른 체육복을 입고 운동을 하고 싶습니다. 또 키가 자랄 때마다 새로 학교 체육복을 사는 것은 낭비라고 생각합니다. 그리고 땀을 많이 흘려서 세탁한 학교 체육복이 다음 체육 시간까지 안 마를 때도 있습니다. 그러므로 꼭 학교 체육복을 입어야 할 필요는 없다고 생각합니다.

찬성편 토론자 1: 저는 자신의 개성만큼이나 소속감도 중요하다고 생각합니다. 함께 학교 체육복을 입으면 같은 학교 학생이라는 소속감을 느낄 수 있습니다. 또 개인적으로 구입한 체육복을 입는다면 유명 브랜드의 비싼 체육복을 사 입는 친구도 있을 것이고, 비싼 체육복을 사고 싶어도 사지 못하는 친구의 마음이 상할 수도 있을 것입니다.

사회자: 그럼 판정인께서는 판정을 내려 주시기 바랍니다.

### 4 토론의 내용과 일치하는 것에 ○표 하세요.

(1) 토론의 주제는 '체육 시간에 무엇을 할까'이다.······( )

(2) 반대편에서는 자신의 개성을 드러낼 수 있는 체육복을 입고 싶다고 하였다.······( )

(3) 찬성편에서는 학교 체육복을 입었을 때 다른 체육복을 입었을 때보다 덥다고 하였다. ······( )

### 5 위의 토론을 보고 알 수 있는 토론의 특성으로 알맞은 것을 모두 고르세요. (정답 2개)

① 토론에서는 규칙을 지킬 필요가 없다.

② 토론에는 사회자, 토론자, 판정인의 역할이 있다.

③ 토론에서 주장을 말할 때에는 근거를 들어 말해야 한다.

④ 토론은 문제에 대한 여러 가지 의견 중에 최선을 찾고자 한다.

⑤ 토론자들은 토론의 주제에 대하여 모두 같은 의견을 갖고 있다.

 이 토론에 참여하여 의견에 대한 근거가 될 자료를 제시하려고 합니다. 찬성편의 근거에 어울리는 자료에는 '찬', 반대편의 근거에 어울리는 자료에는 '반'이라고 써 보세요.

(1) 지난주 상담 선생님께 들었는데 브랜드 용품을 사지 못하는 친구들이 소외감을 느끼는 경우가 많다고 하였다. ……………………………………………………………………………………( )

(2) 우리 학교 6학년 168명에게 조사한 결과, 학교 체육복으로 인해 불편을 겪은 적이 있는 학생이 99명이나 되었다. ……………………………………………………………………………………( )

(3) 인터넷으로 신문 기사를 찾아 보니 유명 브랜드 체육복들이 학교 체육복보다 높은 가격에도 불구하고 보풀이 많이 생기거나 잘 쪼그라드는 문제가 있다고 하였다. ……………………………( )

## 외래어 바로 쓰기

다음 그림에서 바르게 쓰인 외래어를 찾아 ○표 하세요.

**왜 그럴까?**

외국에서 들어온 말로 국어처럼 쓰이는 낱말을 '외래어'라고 합니다. 외래어는 외래어 표기법에 맞게 써야 합니다. '액세서리'를 '장식물'로 바꾸어 쓸 수 있는 것처럼, 외래어 중에는 순우리말로 바꾸어 쓸 수 있는 것도 있고, '초콜릿'과 같이 순우리말로 바꾸어 쓰지 못하는 것도 있습니다.

읽기 목표

# 2 토론의 주제에 알맞은 자료를 들어 토론하기 ❷

토론 주제에 대한 양측의 입장 확인하기 · 토론 주제에 알맞은 자료 찾아 제시하기 · 주장에 대한 근거와 자료의 타당성 평가하기

공부한 날 월 일

## 다음 토론을 읽고 물음에 답해 봅시다.

사회자: 요즘 우리 반에서 친구들끼리 별명을 불러서 다투는 일이 자주 일어나고 있습니다. 그래서 오늘은 '친구의 이름 대신 별명을 불러도 좋은가'라는 주제로 토론을 하도록 하겠습니다. 토론 규칙과 예의를 지키며 토론해 주시기 바랍니다.

찬성편: 저는 별명을 부르는 것에 찬성합니다. 별명은 그 사람에 대한 관심의 표현이기 때문입니다.

반대편: 저는 별명은 듣는 이에게 불쾌감을 줄 수도 있으므로 부르지 않는 것이 좋다고 생각합니다. 지난번에도 원석이가 민희를 '꽃돼지'라고 불러서 민희가 울었습니다.

**1** 이 토론의 주제를 찾아 써 보세요.

( )

**2** 다음 보기 에서 찬성편과 반대편의 근거를 찾아 기호를 써 보세요.

(1) 찬성편: ( ) (2) 반대편: ( )

보기
㉠ 별명은 그 사람에 대한 관심의 표현이다.
㉡ 별명은 듣는 이에게 불쾌감을 줄 수 있다.
㉢ 토론 규칙과 예의를 지키며 토론해야 한다.

**3** 다음은 이 토론에서 말할 내용을 준비한 것입니다. 반대편의 의견을 뒷받침할 수 있는 자료를 찾아 ○표 하세요.

(1) 우리 반 친구들 20명 중 별명을 부르는 것이 싫다고 답한 친구는 15명이었다. ················( )

(2) 최근 우리 반에서 유행하는 말을 조사하여 1위부터 5위까지 순위를 매겨 보았다. ············( )

절취선대로 자르세요.

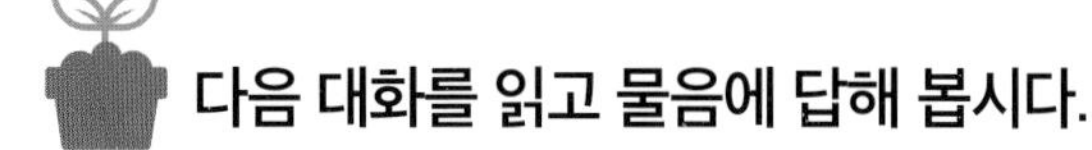

가

사회자: 지금부터 '학예회에서는 학교에서 배운 것만 발표해야 한다'는 주제로 토론을 시작하겠습니다. 토론 규칙과 예절을 지켜 토론하여 주십시오. 먼저, 찬성편이 주장을 펼치겠습니다. 시간은 1분입니다. 시작하여 주십시오.

찬성편: 저는 찬성하는 입장입니다. 학예회에서는 학교에서 배운 것만 발표하여야 합니다. 학예회는 학습 발표회입니다. 학예회의 취지에 맞게 학교에서 배운 내용을 발표해야 한다고 생각합니다. 만약 멋진 공연을 한 친구가 학원에서 배워 온 것이라고 말하면 가정 형편상 학원을 다니지 못하는 친구는 속이 상할 것입니다. 우리 반 친구들에게 설문 조사를 한 결과 학원에서 배운 내용을 발표하지 않았으면 좋겠다는 친구가 더 많았습니다.

사회자: 이어서 반대편이 주장을 펼치겠습니다. 시작하여 주십시오.

반대편: 저는 학교에서 배우지 않은 것도 학예회에서 발표하는 것이 좋다고 생각합니다. 학예회에서 신나는 음악에 맞추어 평소에 연습했던 춤을 추면 발표하는 친구들도 즐겁고 보는 사람도 좋아할 것입니다. 또 학교에서 배우지는 않았지만 평소 자신의 꿈을 이루기 위하여 연습해 온 악기 연주나 운동 솜씨를 선보이면 매우 뿌듯할 것입니다. 제가 읽은 어떤 동화책에서 주인공은 학교 학예회에서 자신의 장기인 춤을 선보이고, 친구들과 주인공 모두 즐거워하며 누구도 기분 나빠하지 않았습니다. 학교에서 배우지 않은 노래와 춤을 학예회에서 발표한다고 하더라도 이 책에서처럼 모두가 함께 즐겁고 행복할 수 있습니다.

사회자: 이제 1분간 협의 시간을 가지겠습니다. 찬성편, 반대편은 상대방의 주장과 근거에 대한 반론을 준비하여 주십시오.

나

사회자: 상대편의 주장을 듣고 잘못된 점이나 궁금한 점을 지적하고 이에 답하는 시간입니다. 먼저, 반대편이 반론을 펴고 이에 대하여 찬성편이 반박하도록 하겠습니다. 시작하여 주십시오.

반대편: 찬성편에서 제시한 설문 조사 결과를 좀 더 구체적으로 제시해 주면 좋겠습니다. 더 많다는 것이 몇 명이나 많다는 것입니까?

찬성편: 저는 우리 반 친구 25명에게 설문지를 돌렸습니다. 25명 중 17명이 학예회에서는 학교에서 배운 것만 발표하면 좋겠다고 하였습니다.

반대편: 네, 잘 알겠습니다.

사회자: 이번에는 찬성편이 반론을 펴고, 이에 대하여 반대편에서 반박하여 주시기 바랍니다.

찬성편: [ ㉠ ]

**4** 토론의 순서를 정리하려고 합니다. 이 토론의 내용을 참고하여 빈칸에 들어갈 내용을 보기 에서 골라 알맞게 써 보세요.

( ) → ( ) → 주장 다지기 → 판정하기

보기 반론하기 주장 수정하기 주장 펼치기 마무리하기

**5** 이 토론의 내용으로 보아 '주장 펼치기' 단계에서 해야 할 일로 알맞은 것을 모두 고르세요. (정답 2개)

① 근거를 들어 주장을 펼친다.
② 상대편의 질문에 대하여 답을 한다.
③ 근거에 대한 구체적인 자료를 제시한다.
④ 찬성편과 반대편의 잘한 점과 부족한 점을 정리한다.
⑤ 상대편이 펼친 주장을 듣고 궁금한 점이나 잘못된 점을 질문한다.

**6** 찬성편과 반대편이 각각의 주장에 대한 근거로 제시한 것을 찾아 선으로 바르게 이어 보세요.

(1) 찬성편 •

(2) 반대편 •

• 학예회는 학습 발표회이므로 학교에서 배운 것만 발표해야 한다.

• 신나는 춤과 노래를 선보이면 하는 사람도 즐겁고 보는 사람도 좋아할 것이다.

• 자신의 꿈을 이루기 위하여 평소 준비해 온 내용을 보여 주면 매우 뿌듯할 것이다.

• 학원에서 배운 내용을 발표하면 학원을 다니지 못하는 친구는 속이 상할 것이다.

**7** 찬성편에서 근거를 뒷받침하기 위해 제시한 자료는 무엇인지 빈칸에 알맞은 말을 써 보세요.

반 친구들을 대상으로 한 ( ) 결과

**8** ㉠에 들어갈 말로 알맞은 것은 무엇인가요?

① 말씀하신 동화에서 주인공의 꿈은 무엇이었습니까?
② 작년 학예회에서 가장 기억에 남는 발표는 무엇이었습니까?
③ 동화는 꾸며 낸 이야기이므로 적절한 근거가 아니라고 생각합니다.
④ 학교에서 배우지 않은 내용을 학예회에서 발표할 수 있다고 생각하는 이유는 무엇입니까?
⑤ 학예회에서는 학교에서 배운 내용을 발표해야 합니다. 그렇지 않으면 많은 부작용이 생깁니다.

9 이 토론에서 사용할 자료로 다음 신문 기사를 활용하려고 합니다. 찬성편과 반대편 가운데 어느 쪽에서 활용하는 것이 좋을지 써 보세요.

미래일보 20○○년 3월 17일

**인기 정상의 가수 김미래, 초등학교 학예회에서부터 꿈 키워**

지난 수요일, 가요 프로그램에서 김미래가 1위를 수상하였다. 한 앨범에서 두 곡의 노래가 1위를 수상한 것이다. 김미래의 인기가 대단함을 보여 준다.

이날 김미래는 수상 소감을 밝히면서 초등학교 시절 친구들에게 고마움을 전했다. 가수가 되고 싶었지만 부끄럼이 많아 나서지 못했던 초등학교 시절, 학예회에서 춤을 추며 노래를 한 경험과 친구들의 긍정적인 반응이 그에게 큰 힘이 되었다고 한다.

(　　　　　　　　)

## 재미있는 낱말 놀이터 '부끄럼'과 '미끄럼'

다음 그림과 문장에 어울리는 낱말에 ○표 하세요. (답이 2개인 것에는 모두 ○표 하세요.)

소미는 어려서부터 ( 부끄럼 / 부끄러움 )을 많이 탔다.

우민이는 놀이터에 가면 미끄럼틀에서 ( 미끄러움 / 미끄럼 ) 타는 놀이를 가장 많이 한다.

겨울에 얼어붙은 내리막을 걸어갈 때에는 ( 미끄러움 / 미끄럼 ) 을 조심해야 한다.

**왜 그럴까?**

'부끄럼'은 '부끄러움'을 줄인 말로, '부끄러움'과 같이 널리 쓰이게 되어 두 낱말 모두 표준어로 인정되며, 뜻도 같답니다. 그러나 '미끄럼'은 '미끄러움'의 준말이 아닌, '미끄러운 곳에서 미끄러지는 일. 또는 그런 놀이'라는 뜻을 나타내는 말로 쓰이기 때문에, '미끄러움'과는 뜻과 쓰임이 다르답니다.

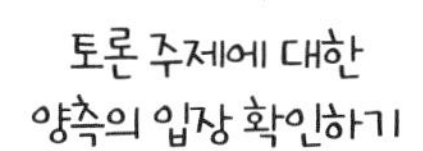

읽기 목표

# 2 토론의 주제에 알맞은 자료를 들어 토론하기 ③

파이팅! 7일

토론 주제에 대한 양측의 입장 확인하기 · 토론 주제에 알맞은 자료 찾아 제시하기 · 주장에 대한 근거와 자료의 타당성 평가하기

공부한 날 월 일

**다음 글을 읽고 물음에 답해 봅시다.**

"ㅇㅇ ㅇㅈ"

요즈음 친구들과 채팅을 할 때에 몇 번씩 보는 말이다. 처음에는 장난으로 하는 것인 줄 알았고, 무슨 뜻인지도 몰랐다. 무슨 뜻인지 묻기도 쑥스러워서 물어보지도 못하고 가만히 있다가 얼마 전 이 말이 '응응 인정'이라는 뜻이라는 걸 알게 되었다. 그런데 이런 식의 말을 많은 친구들이 사용하고 있었다.

아버지의 직업 때문에 3년간 태국에서 살다 온 나는 도대체 이해할 수가 없다. 아기가 말장난하는 것 같은 이런 이상한 말을 친구들은 왜 사용하는 걸까? 내가 짐작하기로는 요즈음 인터넷 문화가 발달하면서 많은 사람들이 좀 더 빠르고 재미있게 자신의 생각을 전달하기 위해 이런 줄임말을 쓰는 것 같다. 이러다 보니 줄임말을 모르는 사람은 대화에 참여하기가 어려워졌다. 점차 우리말이 줄어들고 오염되어 가고 있는 것 같아 안타깝다. 따라서 나는 친구들이 더 이상 줄임말을 사용하지 않는 것이 좋겠다고 생각한다.

**1** 글쓴이는 친구들이 'ㅇㅇ ㅇㅈ'과 같은 말을 왜 쓴다고 생각하나요?

① 'ㅇ'의 모양이 예뻐서
② 맞춤법에 맞는 말이어서
③ 타자를 칠 때 손이 아파서
④ 비밀스러운 내용을 전달하기 위해서
⑤ 좀 더 빠르고 재미있게 자신의 생각을 전달하기 위해서

**2** 이 글의 내용에 어울리는 토론 주제, 그에 대한 글쓴이의 주장, 주장에 대한 근거를 보기 에서 골라 기호를 써 보세요.

(1) 토론 주제: ( ) (2) 글쓴이의 주장: ( ) (3) 주장에 대한 근거: ( , )

보기
㉠ 인터넷 채팅을 하면 안 된다고 생각한다.
㉡ 인터넷 채팅을 할 때 줄임말을 사용해도 되는가
㉢ 인터넷 채팅을 할 때 줄임말을 사용하지 않는 것이 좋다.
㉣ 인터넷 채팅을 할 때 줄임말을 사용해도 된다고 생각한다.
㉤ 줄임말을 사용하는 사람끼리 유대감이 생기기 때문이다.
㉥ 줄임말을 모르는 사람과 의사소통이 잘 안 되기 때문이다.
㉦ 줄임말을 사용하면 우리말이 줄어들고 오염되기 때문이다.

절취선대로 자르세요.

## 다음 토론을 읽고 물음에 답해 봅시다.

사회자: 지금부터 '초등학생이 컴퓨터 게임하는 것을 제한하여야 한다'는 주제로 토론을 시작하겠습니다. 찬성편과 반대편에서 각각 두 명씩 토론에 참여하여 주셨습니다. 토론자들께서는 발언권을 얻으신 뒤에 말씀하여 주시기 바랍니다. 그리고 토론 주제에서 벗어난 말은 피하여 주셨으면 합니다. 먼저, 찬성편 의견부터 듣겠습니다. 찬성편, 발표하여 주십시오.

찬성편 토론자 1: 저는 학생들이 컴퓨터 게임을 하지 못하도록 제한하여야 한다고 생각합니다. 컴퓨터 게임을 많이 하면 눈이 나빠집니다. 눈이 나빠…….

반대편 토론자 1: (찬성편 토론자 1의 말을 가로채며) 잠깐만요, 컴퓨터 게임을 많이 하면 눈이 나빠진다고 할 수 있습니까? 제가 알기로는 책이나 텔레비전을 볼 때의 잘못된 자세가 눈을 나빠지게 한다고 들었습니다.

사회자: 반대편은 찬성편이 말을 끝낸 뒤에 발언권을 얻어서 말씀하여 주십시오. 찬성편, 계속하여 주시겠습니까?

찬성편 토론자 1: 네, 컴퓨터 게임을 많이 하면 눈이 나빠진다는 것은 이미 연구를 통하여 밝혀진 사실입니다. 미리 나누어 드린 자료를 참고하여 주십시오. 그렇기 때문에 지금처럼 지나치게 컴퓨터 게임을 하는 것을 제한하여야 합니다.

사회자: 반대편에서 말씀하여 주시겠습니까?

반대편 토론자 2: 네, 저는 컴퓨터를 통하여 많은 것을 배울 수 있다고 생각합니다. 멀리 떨어진 나라의 정보를 쉽게 찾을 수 있게 해 주는 인터넷도 결국 컴퓨터가 있기에 가능한 것입니다. 컴퓨터에 친숙해지기 위해서라도 컴퓨터 게임을 제한해서는 안 된다고 생각합니다.

사회자: 찬성편 토론자는 어떻게 생각하십니까?

찬성편 토론자 2: 네? 저요? 지금 무슨 말씀을 하셨죠?

사회자: 찬성편 토론자께서는 토론에 집중해 주셨으면 좋겠습니다. 왜 컴퓨터 게임이 제한되어야 한다고 생각하십니까?

찬성편 토론자 2: 아, 그거요? 컴퓨터 게임을 시작하면 시간 가는 줄도 모를 만큼 푹 빠져 있을 때가 많습니다. 그래서 저는 컴퓨터 게임이 공부를 하는 데 방해가 된다고 생각합니다.

사회자: 그러면 이번에는 반대편 토론자가 말씀하여 주십시오.

반대편 토론자 2: 이제는 컴퓨터 게임 분야에서도 자신의 재능을 충분히 발휘할 수 있습니다. 컴퓨터 게임 대회에 나가 상을 받으면 대학에 들어갈 때에도 도움이 된다고 들었습니다. 그리고 컴퓨터 게임을 하는 일을 직업으로 삼을 수도 있습니다.

사회자: 지금까지 찬성편과 반대편의 말씀을 들어 보았습니다. 양쪽 모두 열심히 토론하여 주셨습니다. 기회가 된다면 이 주제로 다시 한번 토론을 하기로 하고 오늘은 이것으로 마치겠습니다.

**3** '찬성편 토론자 1'이 다른 토론자들에 비하여 잘한 점으로 가장 알맞은 것은 무엇인가요?

① 발언권을 얻고 말하였다.
② 더 오랫동안 토론에 참여하였다.
③ 근거에 대한 자료를 제시하였다.
④ 순서를 지키며 토론에 참여하였다.
⑤ 다른 토론자에 비하여 예의 바르다.

**토론자들의 토론 자세에 대한 설명으로 적절한 것을 모두 고르세요. (정답 2개)**

① 찬성편 토론자 2는 토론에 집중하지 않았다.
② 찬성편 토론자 1은 발언 순서를 지키지 않았다.
③ 찬성편 토론자 1은 구체적인 자료 없이 주장만을 내세웠다.
④ 반대편 토론자 1은 다른 사람의 말을 끊고 끼어들었다.
⑤ 반대편 토론자 2는 토론 주제에서 벗어난 말을 하였다.

**반대편의 근거가 아닌 것은 무엇인가요?**

① 눈이 나빠진다.
② 컴퓨터를 통해 많은 것을 배울 수 있다.
③ 게임 분야에서 자신의 재능을 발휘할 수 있다.
④ 컴퓨터 게임을 하는 일을 직업으로 삼을 수도 있다.
⑤ 컴퓨터 게임 대회에서 상을 받으면 대학에 갈 때에 도움이 된다.

**6 다음 대화에 참여한 친구들 중 찬성편이나 반대편과 의견이 같은 친구를 구분하여 빈칸에 이름을 써 보세요.**

**소미**: 난 공부를 하다가 지쳤을 때 게임을 하면 스트레스가 풀려서 나중에 공부에 더욱 집중할 수 있었어.
**태형**: 하지만 어떤 친구들은 게임에 몰두하다가 숙제나 공부를 미루는 일도 많다고 해.
**은아**: 맞아. 그리고 게임을 하면 한 자리에 오래 앉아 있게 되어, 목이 비뚤어지거나 손목이 아프기도 한다고 뉴스에서 보았어.
**우민**: 나는 다른 뉴스를 보았어. 게임을 즐기다가 새로운 게임을 직접 만들고, 그 프로그램을 팔아 큰 수익을 얻은 고등학생 형에 대한 뉴스였어. 정말 멋지다는 생각이 들었어.

(1) 찬성편: (            )　　(2) 반대편: (            )

**다음은 이 토론에 참여하기 위해 마련한 근거 자료입니다. 찬성편이 쓸 수 있는 것에 ○표 하세요.**

(1) 우리 반 학급 홈페이지 게시판에 '컴퓨터를 하다가 해야 할 일을 못한 적이 있나요?'라는 질문으로 설문 조사를 한 결과, 20명의 친구 중 14명의 친구가 그런 경험이 있다고 하였다. 구체적으로는 게임을 하다가 숙제를 밤늦게까지 했다거나 준비물을 미리 챙겨 두지 않아 다음 날 당황했다는 친구들이 있었다. ……………… (      )

(2) 2017년 11월 27일 문화 체육 관광부와 한국 콘텐츠 진흥원이 공개한 '2017년 e스포츠 실태 조사 보고서'에 따르면 우리나라의 e스포츠 산업 규모는 2016년 기준 830억 3000만 원이다. 이것은 전년의 723억 대비 14.9퍼센트 증가한 것이다. 국내 e스포츠 프로 선수들의 평균 연봉은 2017년 현재 9770만 원으로 조사되었다. 이는 지난해 6406만 원 대비 52.5퍼센트나 늘어난 것이다. ……………… (      )

**8** 다음은 이 토론에서 사회자의 역할을 정리한 내용입니다. 빈칸에 알맞은 말을 써 보세요.

> 사회자는 토론 ( )를 소개하고, 토론할 때에 지켜야 할 점, 말하는 ( )를 안내하였고, 토론 ( )이/가 바르지 않은 사람을 지적하여 올바른 방향으로 토론을 이끌었다.

재미있는 낱말 놀이터

# 순화어

다음 만화의 ㉠~㉢과 바꾸어 쓸 수 있는 말을 보기 에서 찾아 써 보세요.

| 보기 | 재구성 | 누리집 | 음식 찌꺼기 |
|---|---|---|---|

㉠ 홈페이지: ( ) ㉡ 리메이크: ( ) ㉢ 잔반: ( )

**왜 그럴까?**

지나치게 어렵거나 규범에 맞지 않는 말, 외래어 등을 알기 쉬운 말 또는 고유어로 순화한 말을 '순화어'라고 합니다. 요즈음 외국어와 외래어의 사용이 점차 늘고 있습니다. 이런 말들을 우리 고유의 말로 순화하여 쓴다면, 우리말을 아름답게 가꾸고 빛낼 수 있을 것입니다. 만화에 쓰인 ㉠~㉢의 자리에 보기 의 낱말을 넣어 보고 자연스럽게 연결되는 것을 골라 보세요.

읽기 목표

# 2 토론의 주제에 알맞은 자료를 들어 토론하기 ④

파이팅!

8일

토론 주제에 대한 양측의 입장 확인하기 | 토론 주제에 알맞은 자료 찾아 제시하기 | 주장에 대한 근거와 자료의 타당성 평가하기

공부한 날 월 일

**다음은 '초등학생의 스마트폰 사용 시간을 제한하여야 한다'는 주제로 토론을 하기 위해 수집한 면담 자료입니다. 잘 읽고 물음에 답해 봅시다.**

가

질문: 스마트폰을 많이 사용하면 건강이 나빠진다고 생각하나요?

답변: 저는 초등학교 6학년 학생이에요. 저는 스마트폰으로 동영상을 보거나 친구들과 채팅하는 걸 좋아해요. 하루에 세 시간은 하는 것 같아요. 그래도 저는 아주 건강하답니다.

나

질문: 선생님께서는 청소년들이 스마트폰을 어떻게 사용하고 있는지에 대하여 오랫동안 조사해 오셨지요? 스마트폰 중독이 청소년들에게 어떤 영향을 미치는지 알려 주세요.

답변: 저는 학생들의 스마트폰 이용 습관을 조사하고 그 결과를 알리는 일을 하고 있습니다. 2017년 인터넷과 스마트폰 이용 습관에 대한 여성 가족부의 조사에 따르면 초등학교 4학년과 중학교 1학년, 고등학교 1학년 학생 가운데 인터넷과 스마트폰을 과다 이용하여 전문 기관의 도움이나 각별한 주의가 요구되는 학생은 20만 2,000여 명인 것으로 나타났습니다. 이것은 국내 청소년의 14퍼센트에 해당하는 수치입니다. 스마트폰을 오래 사용하게 되면 불안하거나 우울한 증세가 나타날 확률이 높고 어깨 통증을 호소하는 경우가 늘어납니다. 또 수면 부족이 될 가능성이 높아집니다.

1 가에서 면담 대상자는 누구인지 써 보세요.

( )

2 가와 나를 다음 평가 기준에 맞게 평가해 보고, '그렇다'와 '그렇지 않다'로 그 결과를 빈칸에 써 보세요.

| 평가 기준 | 가 | 나 |
|---|---|---|
| 면담 내용이 토론 주제와 관련되어 있는가? | | |
| 면담 자료가 믿을 만한가? | | |

3 가와 나 중 토론의 근거 자료로 더 적절한 것의 기호를 써 보세요.

( )

점선대로 자르세요.

## 다음 토론을 읽고 물음에 답해 봅시다.

사회자: 지금부터 '학습 만화는 유익하다'는 주제로 토론을 시작하겠습니다. 먼저 찬성편에서 주장을 펼쳐 주십시오.

찬성편: 학습 만화는 유익하다고 생각합니다. 왜냐하면 어려운 개념을 만화로 쉽고 재미있게 설명해 주어서 모르는 내용을 알게 되는 경우가 많기 때문입니다. 우리가 조사한 자료에 따르면 학습 만화를 보면서 새로운 지식을 알게 된 학생이 많음을 알 수 있습니다.

사회자: 네, 이번에는 반대편에서 말씀하여 주시겠습니까?

반대편: 저는 학습 만화가 유익하지 않다고 생각합니다. 왜냐하면 만화는 흥미 위주로 이야기가 전개되고 짧은 대사가 많아 깊이 생각하는 습관을 기르기 어렵기 때문입니다.

이 대화에서 찬성편과 반대편이 각각 주장에 대해 근거로 든 것을 찾아 선으로 바르게 이어 보세요.

(1) 찬성편 — 학습 만화는 유익하다. •

(2) 반대편 — 학습 만화는 유익하지 않다. •

• 만화는 흥미 위주로 이야기가 전개되고 짧은 대사가 많아 깊이 생각하는 습관을 기르기 어렵다.

• 어려운 개념을 만화로 쉽고 재미있게 설명해 주어서 모르는 내용을 알게 되는 경우가 많다.

**5** 다음은 상대편의 주장을 반박하는 내용입니다. 이 토론에서 찬성편과 반대편을 각각 반박한다고 할 때 사용하기에 알맞은 것을 골라 번호를 써 보세요.

① 흥미 위주로 이야기가 전개되기 때문에 학습 내용에 대한 흥미를 유발할 수 있습니다.
② 조사한 자료의 출처가 어디인지, 언제 조사된 것인지, 조사한 내용이 구체적으로 무엇인지 밝히지 않았으므로 제시한 자료를 믿을 수 없습니다.
③ 주장한 내용에 대한 근거 자료는 무엇인가요?

(1) 찬성편의 주장을 반박하기에 알맞은 내용: (                )
(2) 반대편의 주장을 반박하기에 알맞은 내용: (        ,        )

## 6 다음은 이 토론을 하기 위해 준비한 자료입니다. 주어진 항목에 해당하는 글을 찾아 빈칸에 기호를 써 보세요.

가 저는 도서관 사서 선생님과 면담을 하였습니다. 학습 만화에 대하여 우리 학교 사서 선생님은 이렇게 말씀하셨습니다.

"요즈음 학습 만화는 수준이 매우 높아졌습니다. 만화의 내용도 재미가 있으면서 유용한 정보를 담고 있는 책들이 많습니다. 만화라고 무조건 좋지 않게 볼 필요는 없습니다. 학습 만화를 재미있게 읽고 새로운 지식과 정보를 읻어 가는 친구들을 많이 볼 수 있습니다."

나 학급 누리집에 우리 반 친구들의 부모님을 대상으로 '학습 만화는 유익한가?'라는 주제에 대한 설문 조사를 하였습니다. 총 38명의 학부모님께서 설문에 참여해 주셨습니다. 설문 조사는 '학습 만화는 재미있고 학습에 도움이 된다, 학습 만화는 재미는 있지만 학습에 도움이 별로 안 된다, 학습 만화는 재미가 없지만 학습에 도움이 된다, 학습 만화는 재미도 없고 학습에 도움도 되지 않는다.'의 네 가지 중 한 가지를 고르는 방식으로 하였습니다. 그 결과 22명의 학부모님께서 '학습 만화는 재미는 있지만 학습에 도움이 별로 안 된다.'고 하셨습니다. 그 이유로는 '학습 만화를 본 후 아이들이 내용을 기억하고 있는 것을 별로 보지 못했기 때문이다.'가 20명으로 가장 많이 나타났습니다.

다 저는 '학습 만화는 유익한가?'에 대하여 제 짝과 이야기를 해 보았습니다. 제 짝은 학습 만화가 재미도 있고 읽은 내용이 기억에 오래 남기도 해서 유익하다고 하였습니다. 저도 어린 시절 공룡과 관련한 학습 만화를 아주 재미있게 읽었던 경험이 있습니다. 그러므로 학습 만화는 유익합니다.

(1) 토론의 근거 자료로 사용하기에 적절하지 않은 것 ······································ (　　　　　)

(2) 찬성편에서 반대편을 반박하기 위하여 쓸 수 있는 자료 ······································ (　　　　　)

(3) 반대편에서 찬성편을 반박하기 위하여 쓸 수 있는 자료 ······································ (　　　　　)

## 7 ㉮ 자료에 비하여 ㉯ 자료를 이 토론에서 활용하기에 더 적절한 까닭은 무엇인가요? (정답 2개)

㉮ 해부학 학습 만화는 학생들의 해부학 지식을 높이는 데에 효과가 있는 것으로 나타났다.

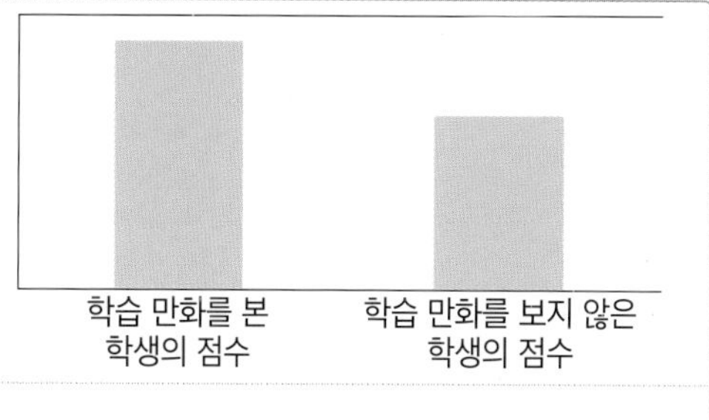


㉯ ○○ 대학교 의과 대학 △△△ 교수는 초등학생, 고등학생, 의과 대학 학생 215명을 대상으로 해부학 학습 만화를 보도록 하고 학생들의 반응을 조사하였다. 퀴즈를 통해 학습 결과를 살펴보니 만화를 미리 본 학생의 평균 점수가 63점, 그렇지 않은 학생의 점수가 평균 45점으로, 만화를 미리 본 학생의 평균 점수가 18점 높았다.

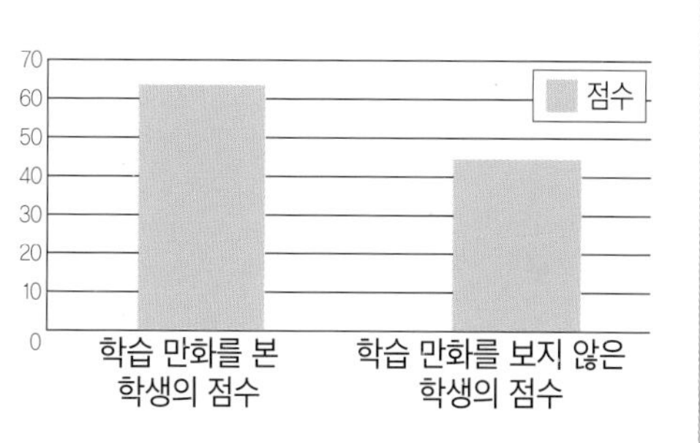


① 출처가 명확하여서　② 설문 대상이 더 많아서　③ 점수가 분명하게 제시되어서
④ 토론의 주제와 관련이 되어서　⑤ 내용이 간단해 이해하기 쉬워서

**8** 다음 대화에 참여한 친구들 중 찬성편, 반대편과 의견이 같은 친구를 구분하여 빈칸에 이름을 써 보세요.

> **소미:** 나는 평소에 과학이 너무 어려웠는데, 과학 지식이 담긴 학습 만화를 읽으니까 내용도 잘 이해되고 과학이 재미있게 느껴져.
>
> **은아:** 나도 과학에 관한 학습 만화를 읽어 보았는데, 내용이 재미있어서 금세 읽긴 했지만 한 권을 다 읽어도 내가 기억하는 과학 지식은 별로 없더라고.

(1) 찬성편: (　　　　　　　　)　　(2) 반대편: (　　　　　　　　)

## 재미있는 낱말 놀이터 — 다양한 뜻의 '주의'

다음 그림을 참고하여 주어진 문장에 쓰인 '주의'의 뜻을 찾아 선으로 바르게 이어 보세요.

| 이전에 우민이는 <u>주의</u>가 산만하였으나 지금은 그렇지 않다. | 도서관을 이용할 때에는 <u>주의</u> 사항을 잘 지켜야 한다. | 준비 운동 없이 수영장에 들어가려다가 안전 요원의 <u>주의</u>를 받았다. |
|---|---|---|
| • | • | • |
| • | • | • |
| 마음에 새겨 두고 조심함. | 경고나 훈계의 뜻으로 일깨움. | 어떤 한 곳이나 일에 관심을 집중하여 기울임. |

**왜 그럴까?**

'주의'는 여러 가지 뜻을 가지고 있는 낱말입니다. 첫 번째 그림에서 우민이는 집중하지 않았다가 나중에는 집중하는 모습을 보였고, 두 번째 그림에는 도서관을 이용할 때 조심해야 할 일에 대한 내용이 나타나 있으며, 세 번째 그림에서는 안전 요원이 규칙을 지키지 않은 아이에게 훈계를 하는 모습이 나타나 있으므로, 그림을 참고하여 알맞은 뜻을 찾아 보세요.

읽기 목표

# 2 토론의 주제에 알맞은 자료를 들어 토론하기 ⑤

토론 주제에 대한 양측의 입장 확인하기 · 토론 주제에 알맞은 자료 찾아 제시하기 · 주장에 대한 근거와 자료의 타당성 평가하기

공부한 날 월 일

**다음은 '초등학생들은 학원에 가지 않는 것이 좋다'는 주제로 토론을 하기 위해 수집한 자료입니다. 글을 읽고 물음에 답해 봅시다.**

2017년 4월 19일 경제 협력 개발 기구(OECD)가 발표한 '학생 행복도' 조사에 따르면 만 15세 한국 학생의 삶에 대한 만족도는 10점 만점에 6.36점으로, 6.12점을 기록한 터키에 이어 OECD 국가 중 두 번째로 낮은 수치를 기록했다. 또 한국 학생의 23.2퍼센트는 주당 60시간 이상 공부하고 있었다. 이 수치는 네 명 중 한 명의 학생이 주중 5일간만 공부한다면 하루에 12시간, 주말까지 포함하여 7일 동안 공부한다면 하루에 8시간 이상 공부하고 있다는 뜻이 된다.

**1** 이 자료를 사용하는 토론자가 제시할 주장과 근거로 가장 알맞은 것을 보기 에서 하나씩만 찾아 기호를 써 보세요.

(1) 주장: (　　　　　　)　　　　(2) 근거: (　　　　　　)

보기

㉠ 초등학생들이 학원에 가야 한다고 생각합니다.
㉡ 초등학생들이 학원에 가지 않는 것이 좋다고 생각합니다.
㉢ 학원에서는 부족한 공부를 보충해서 할 수 있어 공부에 대한 자신감이 생깁니다.
㉣ 학교에서 배울 내용을 미리 학원에서 배우면 학교 공부에 흥미가 떨어지게 됩니다.
㉤ 학원을 가면 하루 중 공부에 쓰는 시간이 너무 많아져서 자신이 좋아하는 일을 할 시간이 적어집니다.

**2** 이 자료를 제시하며 내세우는 주장에 대해 반박할 말로 알맞은 것을 모두 고르세요. (정답 2개)

① 이 자료는 꾸며 낸 이야기이므로 적절한 예가 아니라고 생각합니다.
② 개인적인 경험을 자료로 제시한 것이라 신뢰할 수 없다고 생각합니다.
③ 자료의 출처가 분명하지 않습니다. 어느 기관에서 조사한 내용입니까?
④ 공부하는 시간이 많다는 것이 꼭 학원에서 공부한다는 뜻은 아니지 않습니까?
⑤ 만 15세라면 중학교 3학년에 해당합니다. 초등학생과는 차이가 있다고 생각합니다.

절취선대로 자르세요.

**다음은 '초등학생은 화장을 해서는 안 된다'는 주제로 토론을 하기 위해 모은 자료입니다. 글을 읽고 물음에 답해 봅시다.**

가 2016년 녹색 소비자 연대가 조사한 결과에 따르면, 초등학생의 24.2퍼센트가 화장을 한 경험이 있는 것으로 나타났다. 그리고 매일 색조 화장을 한다고 밝힌 초등학생이 12.1퍼센트였다.

나 여성 환경 연대에서 시중에 판매 중인 립스틱의 성분을 검사한 결과 80퍼센트의 제품에서 알루미늄, 코발트, 크롬 등의 중금속이 검출되었다. 향수와 매니큐어에서는 4종류 이상의 프탈레이트 유해 화학 물질이 검출되었다. 프탈레이트는 암을 일으킬 수 있는 성분이다. 또한 현기증과 피부염을 일으킬 수 있는 성분도 포함되어 있었다. 중금속과 프탈레이트 같은 화학 물질은 성장기 어린이들에게 축적되면 정상적인 성장을 방해할 뿐 아니라 성조숙증을 유발할 수 있다.

다 미래 화장품의 책임 연구원 박지원 씨는 "문구점 등에서 파는 싼 가격의 불량 화장품은 인증을 받지 않은 것이 많습니다. 이러한 화장품은 비위생적일 수 있고 피부가 약한 학생들에게 좋지 않은 영향을 줍니다."라고 말했다. 또 "높은 품질의 어른용 화장품을 쓰더라도 파라벤 등과 같은 화학 물질은 유방암 등의 병을 유발할 수 있고, 여학생의 경우 성조숙증을 불러올 가능성도 있어 조심해야 합니다."라고 말했다.

라 미래 대학교 윤미래 교수는 10대의 화장에 대하여 "다른 사람에게 예쁘게 보이고 싶고 잘 보이고 싶은 생각은 당연한 것입니다. 그러므로 화장을 하려는 행동을 강제로 막아서는 안 됩니다. 하지만 다른 사람의 시선 때문에 화장을 하고 싶지 않은데도 화장을 한다거나 지나치게 화장을 하는 데에 집착한다면 문제가 될 수 있습니다. 자신의 사정에 맞게, 자신에게 어울리는 화장을 하는 것이 좋습니다."라고 말했다.

마 초등학생의 화장과 관련하여 설문 조사를 하였습니다. 우리 학교 6학년 학생 125명 중 75명은 화장을 하는 것을 긍정적으로 생각하고 있었습니다. 화장을 하는 이유로는 62명이 더 예뻐지고 자신감이 생겨서라고 대답하였고, 다음으로 11명이 다른 친구들이 화장을 하니까 자신도 한다고 하였습니다. 2명은 자신의 꿈이 메이크업 아티스트이기 때문이라고 답하였습니다. 이 설문 조사는 지난 주 수요일 급식소 앞에 설문 조사를 하기 위한 공간을 마련하여 이루어졌습니다.

바

## 3 이 글의 내용과 일치하는 것은 무엇인가요?

① 매일 색조 화장을 하는 초등학생은 거의 없다.
② 대부분의 화장품에는 방부제가 들어 있지 않다.
③ 어른들이 쓰는 화장품을 사용하면 별 문제가 없다.
④ 우리 학교 학생들은 대부분 다른 사람을 따라 화장을 한다.
⑤ 중금속과 프탈레이트 등의 화학 물질은 성장 발달을 방해하고 성조숙증을 일으킨다.

## 4 나 ~ 바의 자료를 찬성편에서 쓸 수 있는 것과 반대편에서 쓸 수 있는 것으로 구분하여 빈칸에 기호를 써 보세요.

| 찬성편 | | 반대편 | |
|---|---|---|---|

## 5 가 ~ 마의 자료를 다음에 맞게 구분하여 선으로 이어 보세요.

## 6 바의 자료를 제시하였을 때에 상대편 토론자가 할 수 있는 질문으로 알맞은 것은 무엇인가요?

① 자료가 충분히 흥미로운가요?
② 통계 수치는 의미가 있는 것인가요?
③ 면담의 대상을 잘못 선정한 것은 아닌가요?
④ 예의를 지키면서 토론에 참여하고 계신가요?
⑤ 광고에 과장되거나 거짓된 내용이 포함되어 있지는 않은가요?

이 자료와 보기 의 내용을 활용하여 토론에 참여하려고 합니다. 다음의 주장에 따라 알맞은 근거를 보기 에서 찾아 토론에서 할 말을 간단히 정리하여 써 보세요.

나는 초등학생이 화장을 해서는 안 된다는 생각에 반대한다. 왜냐하면 (

)

이를 뒷받침하는 자료로는 우리 학교 6학년 학생들을 대상으로 한 설문 조사의 결과를 들 수 있다. 이 설문 조사 결과를 보면, 125명 중 62명이 학생들이 화장을 하면 더 예뻐지고 자신감이 생긴다고 생각하였다.

보기
- 사람은 누구나 예뻐지고 싶어 한다.
- 화장품은 어린이의 성장을 방해한다.
- 화장품은 여러 가지 병을 일으킬 수 있다.
- 화장을 하면 하기 전에 비하여 자신감이 높아지는 사람이 있다.

## '조숙', '성숙', '미숙'의 뜻 구분하기

다음 그림과 문장에 어울리는 낱말을 만들기 위해 빈칸에 들어갈 낱자를 오른쪽 낱자 카드에서 찾아 빈칸에 써 보세요.

우민이는 이제 열 살이지만 상당히 ☐숙해서 마치 어른처럼 보였다.

올해 대학교에 들어가는 사촌 언니에게 어머니는 "어느새 ☐숙한 숙녀 같구나."라고 하셨다.

우민이는 조리 실습 시간에 칼질이 ☐숙해서 손을 베었다.

낱자 카드

성

미

조

**왜 그럴까?**

'조숙', '성숙', '미숙'은 똑같이 '숙'으로 끝나는 낱말이지만, 뜻은 조금씩 다릅니다. '조숙'은 나이에 비하여 정신적·육체적으로 발달이 빠르다는 뜻이고, '성숙'은 몸과 마음이 자라서 어른스럽게 된다는 뜻입니다. '미숙'은 일에 익숙하지 못하여 서투르다는 뜻입니다. 주어진 문장에 낱자를 넣어 보며 낱말을 만들어 어울리는지 살펴보세요.

# 2 토론의 주제에 알맞은 자료를 들어 토론하기 ❻

마무리~

10일

토론 주제에 대한 양측의 입장 확인하기 · 토론 주제에 알맞은 자료 찾아 제시하기 · 주장에 대한 근거와 자료의 타당성 평가하기

공부한 날 월 일

**정리 토론에 대해 내용을 정리하면서 빈칸에 알맞은 말을 보기 에서 찾아 써 보세요.**

**토론**

- **토론의 의미**
  - □□ 편과 □□ 편으로 나뉘어 상대를 설득하기 위하여 말하는 것이다.
- **토론의 방법**
  - □□를 들어 주장을 펼친다.
  - 근거에 대한 구체적인 □□를 제시한다.
- **자료의 종류**
  - 면담 자료, □□ 조사 자료, 관련 도서 자료, 신문 기사 자료 등이 있다.
- **자료 평가의 기준**
  - □□ 자료: 말한 사람이 믿을 만한지, 말한 내용이 객관적인지 확인한다.
  - 설문 조사 자료: 설문 문항이 적절한지, 설문 조사 기관과 설문 대상이 명확한지, 통계 수치가 의미가 있는지 확인한다.

| 보기 | 설문 | 면담 | 자료 | 찬성 | 반대 | 근거 |
|---|---|---|---|---|---|---|

절취선대로 자르세요.

## 다음 토론을 읽고 물음에 답해 봅시다.

사회자: 지금부터 '동물원을 폐지하여야 한다'는 주제로 찬반 대립 토론을 시작하겠습니다. 먼저, 찬성편이 주장을 펼치겠습니다.

찬성편 1: 동물원 폐지에 찬성합니다. 자연스러운 생태계를 유지해야 동물들이 안정적으로 살 수 있는데 지금의 동물원은 그렇지 않습니다. 좁은 곳에 동물을 가두어 놓거나 자신이 살던 환경과 다른 곳에서 사느라 스트레스를 받는 동물이 많습니다.

반대편 1: 저는 동물원을 폐지해서는 안 된다고 생각합니다. 환경 파괴가 심각해진 요즘 동물들의 서식지가 줄어들고 있습니다. 또 어린이들은 동물을 보는 것을 매우 좋아합니다. 그러므로 환경이 개선된 동물원을 만들어야지 폐지해서는 안 된다고 생각합니다.

찬성편 2: ㉠

반대편 2: ㉡

**1** 이 토론에서 찬성측이 동물원 폐지에 찬성하며 든 근거는 무엇인가요?

① 환경이 개선된 동물원을 만들어야 하기 때문이다.
② 동물들의 서식지가 점점 줄어들고 있기 때문이다.
③ 동물원을 운영하는 데에 너무 많은 돈이 들기 때문이다.
④ 어린이들은 동물원에 가서 동물을 볼 권리가 있기 때문이다.
⑤ 좁거나 자신이 살던 환경과 다른 곳에서 사느라 스트레스를 받는 동물들이 많기 때문이다.

**2** 다음 내용이 이 토론의 ㉠과 ㉡ 중 어디에 들어가는 것이 알맞을지 빈칸에 기호를 써 보세요.

| 내용 | 기호 |
| --- | --- |
| 동물도 행복하게 살아갈 권리가 있습니다. 만약 여러분이 좁은 공간에 갇혀 있고 다른 사람이 구경을 온다면 어떤 기분이 들겠습니까? | (　　) |
| 동물원은 어린이들이 동물에 대하여 재미있고 생생하게 배울 수 있는 기회를 줍니다. 만약 동물원이 없다면 어린이들은 동물을 사진이나 그림으로만 보아야 할 것입니다. | (　　) |

**3** 이 토론의 토론자들에게 부족한 점을 알려 주는 충고로 적절한 말은 무엇인가요?

① 주장을 뒷받침할 근거를 제시해야 해.
② 토론 순서를 지켜 토론에 참여해야 해.
③ 토론 주제에서 벗어난 말을 해서는 안 돼.
④ 구체적인 자료를 근거로 제시하는 것이 좋아.
⑤ 다른 사람이 말하는 중간에 끼어들지 않는 것이 좋아.

다음 기사문 가, 나를 이 토론의 참가자가 자료로 활용하려고 합니다. 찬성편과 반대편 중 어느 쪽에서 활용하는 것이 알맞을지 빈칸에 써 보세요.

가 동물로 태어난 게 죄인가요?

○○시의 ◇◇동물원에는 반달곰 '반달이'가 산다. 반달이는 자신의 짝인 '초롱이'와 하루 종일 4평짜리 방에 갇혀 있다. 이 방조차 바닥은 시멘트이고 전면은 통유리로 되어 있어 반달이가 원래 살던 곳과는 전혀 다른 환경이다.

반달이는 요즘 벽과 유리를 마구 할퀴는 일이 잦아졌다. 사람들은 유리를 통해 반달이를 구경하기가 편해졌지만 차가운 시멘트 바닥에 누워 사방에서 구경을 당하는 반달이는 스트레스가 심해졌기 때문이다. 낮에는 계속해서 지나치게 밝은 불빛에 시달리고, 밤이 되면 달도 없이 깜깜한 어둠에 갇힌다.

수의사인 김△△씨는 반달이의 행동을 관찰한 후 "반달이의 스트레스 수치가 상당히 높은 것으로 보인다. 이런 상황이라면 평균 수명보다 일찍 죽을 수 있다."고 말했다.

(                    )

나 몽골 야생말, 동물원에서 멸종 위기 넘겨

몽골에는 원래 많은 야생말이 살았다. 그러나 1968년 이후 완전히 멸종되었다. 이때가 되어서야 야생말 보호에 대한 관심이 생기기 시작하였다.

다행히 유럽의 동물원에 몽골 야생말 54마리가 남아 있었다. 이때부터 특별 번식 프로그램을 활용하여 순수한 혈통의 몽골 야생말을 얻기 시작하였다. 1992년에 처음으로 15마리를 후스타이 국립 공원에 방사한 이래, 2016년에는 총 350마리의 몽골 야생말이 살고 있는 것으로 알려졌다.

몽골 야생말의 사례는 동물원이 해야 할 일이 무엇인가를 잘 보여 준다. 지구에서 영원히 사라질 뻔했던 몽골 야생말은 동물원 덕에 남아 있었고, 종을 보전하여 이제는 많은 개체가 살아남게 되었다. 이것이 동물원이 해야 할 역할이다.

(                    )

5 다음은 이 토론의 뒷부분에서 찬성편이 한 말입니다. 반대편의 입장에서 반박할 말로 알맞은 것은 어느 것인가요?

동물원은 폐지되어야 합니다. 동물원에 갇힌 동물들이 매우 스트레스를 받을 것이기 때문입니다. 제가 어제 제 동생 2명에게 동물원의 동물에 대해 어떻게 생각하는지를 물어본 결과, 2명 모두 동물들이 너무 불쌍하여 원래 살던 곳에 풀어 주고 싶다고 하였습니다. 그러므로 동물원은 없어져야 합니다.

① 설문 조사의 문항이 잘못되었습니다.
② 설문 대상이 명확하게 드러나지 않습니다.
③ 설문 조사를 한 사람이 누구인지 알 수 없습니다.
④ 최근의 자료가 아니라서 지금은 어떤지 알 수 없습니다.
⑤ 설문 대상이 2명이라서 결과가 타당하다고 볼 수 없습니다.

6 다음은 이 토론의 뒷부분에서 반대편이 제시한 면담 자료입니다. 찬성편의 입장에서 반박할 때 빈칸에 들어갈 알맞은 말을 써 보세요.

안녕하세요. 저는 동물원에서 10년간 사육사로 일해 온 김○○입니다. 제가 근무 중인 동물원은 환경이 매우 좋습니다. 저는 이 동물원에서 여러 종류의 원숭이들을 돌보고 있는데, 원숭이들이 스트레스를 받는 일이 별로 없습니다. 동물원에서 질 좋은 먹이를 공급하여 주고 청소를 잘해 주니 동물들이 모두 좋아합니다.

면담에 응한 사육사가 일한 동물원에만 해당되는 내용이어서 (　　　　　)하기가 어렵습니다. 다른 동물원들은 (　　　　　)이 열악한 곳도 많다고 들었습니다.

## '-원'이 붙은 낱말들

다음 그림이 표현하는 낱말들을 비슷한 뜻을 가진 것끼리 나누어 보려고 합니다. 주어진 뜻에 따라 낱말들을 분류하여 빈칸에 알맞게 써 보세요.

공무원

유치원

동물원

식물원

회사원

| '그 일에 종사하는 사람'의 뜻을 가진 낱말들 | '보육 또는 생육을 위한 시설'의 뜻을 가진 낱말들 |
| --- | --- |
| | |

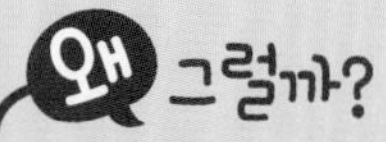


'-원'으로 끝나는 낱말은 '그 일에 종사하는 사람'이라는 뜻과 '보육 또는 생육을 위한 시설'이라는 뜻이 있습니다. 주어진 그림을 참고하고, 낱말을 사용했던 경험을 떠올려 빈칸에 낱말을 분류해 보세요.

읽기 목표

# 3 관용 표현의 의미 알기 ❶

| 관용 표현의 뜻과 종류 알기 | 상황에 적절한 관용 표현 사용하기 | 관용 표현을 사용하면 좋은 점 알기 |
|---|---|---|

공부한 날 월 일

원래의 뜻과는 다른 새로운 뜻으로 굳어져 쓰이는 표현을 관용 표현이라고 합니다. 관용 표현에는 속담과 관용어 등이 있습니다. 관용 표현을 사용하면 듣는 이의 관심을 불러일으킬 수 있고 자신의 생각을 짧지만 정확하게 표현할 수 있습니다.

자, 이제 관용 표현이 무엇인지 살펴보고 글에서 사용된 관용 표현이 어떤 뜻인지 짐작해 볼까요?

절취선대로 자르세요.

다음 글을 읽고 물음에 답해 봅시다.

관용 표현이란 일정 시간 동안 반복적, 지속적으로 사회에서 두루 사용되어 온 표현을 말한다. 관용 표현에는 속담, 격언, 관용어 등이 있다. 속담은 예로부터 민간에 전하여 오는 말로, 생활 속에서 얻게 된 생각이나 교훈을 간결하게 나타내는 표현이다. 속담은 대체로 완결된 문장 형식으로 나타나며, 평범한 사람들의 지혜를 담고 있다. 격언은 오랜 역사적 체험을 통해 이루어진 교훈을 짧게 표현한 것으로 '실패는 성공의 어머니다'와 같은 표현이 그 예이다.

관용어는 속담이나 격언과는 형성된 배경이 조금 다르다. 관용어는 둘 이상이 결합하여 원래의 뜻과는 다른 특별한 의미를 담아내는 표현을 말한다. 예를 들어 '시치미 떼다'라는 말을 살펴보자. 고려 시대에는 길들인 매로 꿩이나 새를 잡는 '매사냥'을 많이 하였다. 그러다 보니 사냥을 잘하는 매를 슬쩍 훔쳐 가는 사람들이 생겼다. 그래서 매의 주인들은 자신이 길들인 매의 꽁지 속에다 이름표를 매어 두었는데, 이것이 바로 '시치미'이다. 이 시치미를 통해 주인이 있는 매를 구별할 수 있게 되었지만, 시치미를 보고도 매를 훔쳐가는 사람들이 있었다. 매를 훔친 후 시치미를 떼어서 매의 주인을 알 수 없게 하는 것이다. 여기에서 '시치미를 떼다'라는 말이 생겨났다.

1 일정 시간 동안 반복적, 지속적으로 사회에서 두루 사용되어 온 표현을 무엇이라고 하는지 이 글에서 찾아 써 보세요.

( )

2 관용 표현의 종류와 그 예를 선으로 알맞게 이어 보세요.

| | | |
|---|---|---|
| (1) 속담 • | | • 발이 넓다. |
| (2) 격언 • | | • 시간은 금이다. |
| (3) 관용어 • | | • 벼는 익을수록 고개를 숙인다. |

3 다음 중 '시치미 떼다'의 뜻을 가장 바르게 추측한 것은 무엇인가요?

① 자기가 하고도 아닌 체하다.
② 매우 기뻐하거나 즐거워하다.
③ 다른 사람에게 누명을 씌우다.
④ 여러 사람의 비밀을 알고 있다.
⑤ 거드름을 피우며 남을 깔보는 태도를 취한다.

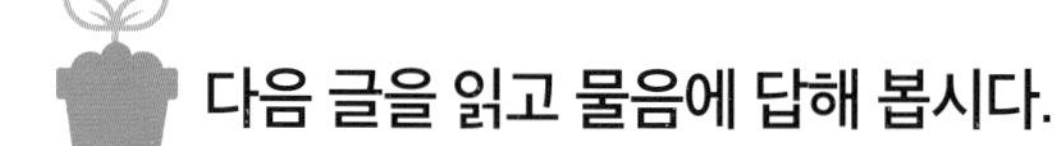

다음 글을 읽고 물음에 답해 봅시다.

1 김치는 주로 주재료나 추가로 들어가는 재료에 따라 이름이 달라져요. 그런데 재료를 떠올리기는커녕 "정말로 김치 맞아?"하는 이름들도 있어요. 이번에는 김치 같지 않은 김치의 별난 이름과 김치에 관련된 이야기들에 대해 살펴봐요.

2 김치는 담그는 방법에 따라서 달리 부르기도 해요. 배추나 상추, 무를 살짝 절여서 곧바로 무쳐 신선한 양념 맛으로 먹는 김치를 '겉절이', 채 썬 무를 김치 양념으로 버무려 먹는 것은 '생채', 넓적하고 큼직하게 썬 무와 배추를 소금에 절인 후 김치 양념으로 버무려 담근 김치는 '섞박지', 무를 통째로 또는 썰어서 국물을 흥건하게 부어 담근 하얀 물김치를 '싱건지', 절인 배추에 온갖 과일과 채소, 해산물을 넣고 고춧가루로 연분홍빛을 낸 쇠고기 육수를 자박자박하게 부어 담근 김치를 '반지'라고 해요.

3 수천 년 동안 우리 민족과 함께해 온 김치는 속담에서도 그 쓰임이 잘 나타나고 있어요. 못난 사람은 제때에 익지 않아 맛없는 김치로, 하찮고 못난 사람이나 그 행동거지는 김치를 먹고 남은 김칫국으로 비유하기도 해요.

㉠열무김치 맛도 안 들어서 군내부터 난다.

사람이 어른이 되기도 전에 못된 버릇부터 배우는 경우를 비꼬는 말이에요. 실제로 열무김치는 완전히 익지 않으면 군내가 나서 먹을 수가 없어요. 여기서 덜 익은 열무김치는 어른답지 않게 못된 버릇만 든 사람을 말해요.

㉡떡 줄 사람은 꿈도 안 꾸는데 김칫국부터 마신다.

해 줄 사람은 생각지도 않는데 미리부터 다 된 일로 알고 행동한다는 말이에요. 우리의 전통적인 먹을거리인 떡은 김치와 먹으면 목이 메지도 않고 쉽게 질리지도 않아요. '떡' 하면 '김치'를 떠올릴 정도로 서로 궁합이 잘 맞지요. 비슷한 말로 "떡방아 소리 듣고 김칫국 찾는다.", "앞집 떡 치는 소리 듣고 김칫국부터 마신다."가 있어요.

- 이영란, 『한국의 김치 이야기』 중에서

4 김치를 부르는 이름이 무엇에 따라 달라질 수 있는지 모두 찾아 써 보세요.

( , )

5 다음 설명에 해당하는 김치의 이름을 찾아 선으로 알맞게 이어 보세요.

| | 설명 | | 이름 |
|---|---|---|---|
| (1) | 배추나 상추, 무를 살짝 절여서 곧바로 무쳐 신선한 양념 맛으로 먹는 김치 | • • | 겉절이 |
| (2) | 넓적하고 큼직하게 썬 무와 배추를 소금에 절인 후 김치 양념으로 버무려 담근 김치 | • • | 생채 |
| (3) | 채 썬 무를 김치 양념으로 버무려 먹는 것 | • • | 섞박지 |

㉠과 비슷한 뜻을 가진 말은 무엇인가요?

① 김칫국 먹고 수염 쓴다.
② 시지도 않아서 군내부터 먼저 난다.
③ 가지 많은 나무에 바람 잘 날이 없다.
④ 늦게 배운 도둑이 날 새는 줄 모른다.
⑤ 콩 심은 데 콩 나고 팥 심은 데 팥 난다.

7 ㉡을 말할 수 있는 상황으로 가장 알맞은 것을 찾아 ○표 하세요.

| 같은 가격의 옷을 두고, 더 예쁜 옷을 고르는 상황 | 바로 옆에 물건이 있는데도 알아차리지 못하고 그 물건을 찾는 상황 | 대회가 열린다는 소식을 듣고, 자신이 상을 받으면 친구들 앞에서 어떤 수상 소감을 말할지 생각하는 상황 |
|---|---|---|
| (　　　) | (　　　) | (　　　) |

재미있는 낱말 놀이터

## 나누다? 나뉘다?

다음 그림을 나타내는 두 문장이 모두 자연스러워지도록 알맞은 낱말에 ○표 하세요.

케이크를 다섯 조각으로 (나누었다 / 나뉘었다).

케이크는 우리 숫자에 맞게 다섯 조각으로 (나누어 / 나뉘어) 있었다.

공책에 글자를 (쓰고 / 쓰이고) 있다.

공책에 글자가 (쓰여 / 쓰어) 있다.

**왜 그럴까?**

자기 힘으로 어떤 일을 할 때 사용하는 말과 남의 행동에 따라 행해지는 동작을 표현하는 말은 모양이 조금 다릅니다. '나'가 케이크를 자르는 상황을 표현할 때, '나'는 케이크를 여러 조각으로 '나눈다'고 합니다. 그러나 케이크의 입장에서는 '나'에 의해 '나뉘고' 있다고 표현하게 됩니다. 상황에 따라 모양이 달라지는 낱말을 정확히 구분해 보세요.

읽기 목표

# 3 관용 표현의 의미 알기 ❷

관용 표현의 뜻과 종류 알기 | 상황에 적절한 관용 표현 사용하기 | 관용 표현을 사용하면 좋은 점 알기

공부한 날 월 일

**다음 글을 읽고 물음에 답해 봅시다.**

콜럼버스는 대서양을 횡단하여 인도로 갈 계획을 세우고 포르투갈에 자신을 후원하여 줄 것을 요청하였다. 포르투갈이 요청을 거절하자 다시 에스파냐에 후원을 부탁하였고, 마침내 산타 마리아호에 몸을 싣고 항해를 나서는데, 그때가 1492년이다.

그는 신대륙에 도착하였지만 죽는 날까지 그곳을 인도로 알았다. ㉠그러나 그곳은 인도가 아니라 아메리카 대륙이었으니 향료가 있을 리 없었고 황금 또한 구할 수가 없었다. 그 후 세 번이나 더 그곳으로 항해하였지만 허사였기 때문에 에스파냐의 경제적 후원도 끊어지게 되었다.

콜럼버스에 대한 기대가 실망으로 바뀌면서 사람들은 그를 야유하였고, 콜럼버스는 자신을 비웃는 사람에게 달걀을 세울 수 있느냐고 물었다. 그러나 자신 있게 대답하는 사람은 없었다. 그때 콜럼버스는 달걀의 뾰족한 부분을 살짝 깨뜨려서 세워 보인다. 그렇게는 누가 못 하느냐고 사람들이 떠들어 댈 때, 다음과 같이 말하였다고 한다.

"앞서 누가 세운 뒤엔 누구라도 쉽게 세울 수 있듯 탐험도 마찬가지지요. 누군가 열어 놓은 길은 아무라도 갈 수 있지만 남이 하지 못한 일을 처음으로 하는 것, 그것이 가장 어려운 것이오."

- 이경수, 『세계사 눈뜨기』 중에서

**1** 콜럼버스가 신대륙에서 향료나 황금을 구할 수 없었던 까닭은 무엇인가요?

① 항해에 단 한 번만 성공했기 때문에
② 원주민들이 거세게 저항했기 때문에
③ 다른 사람들이 이미 모두 가져가 버렸기 때문에
④ 원주민들과 의사소통이 전혀 되지 않았기 때문에
⑤ 신대륙이 인도가 아닌 아메리카 대륙이었기 때문에

**2** ㉠의 상황을 빗대어 표현하기에 알맞은 말을 모두 고르세요. (정답 2개)

① 엎친 데 덮치다.
② 눈 위에 서리 친다.
③ 핑계 없는 무덤이 없다.
④ 까마귀 날자 배 떨어진다.
⑤ 가랑잎이 솔잎더러 바스락거린다고 한다.

절취선대로 자르세요.

## 다음 글을 읽고 물음에 답해 봅시다.

허준이 마을에 있는 병자들을 고쳐 주고 과거 시험장에 나타난 시각은 이미 시험이 끝날 무렵이었다. 8백 리를 달려왔다며 간청하여 보지만 헛수고이다.

한편, 병자를 모른 체하고 과거 시험을 본 유도지는 과거에 합격한다. 유도지는 감격스러운 마음으로 허준을 불러 술을 권하였고, 지금의 심정을 이해하겠다면서도 매사 ㉠작은 일에 얽매이다 보면 큰일을 그르치기 쉬운 법이라며, 허준의 행동은 실수였다고 훈계한다.

농악대의 요란한 풍악 소리와 함께 내의원에 합격한 유도지가 마을로 돌아온다. 허준이 낙방하였다는 소식을 들은 허준의 아내는 암담해지고, 허준의 어머니는 정신을 잃고 쓰러진다.

잔치 준비에 한창이던 유도지의 어머니는 거만한 자태로 허준의 아내에게 허준의 근황을 물으며, ㉡오르지 못할 나무는 쳐다보지도 말라고 하였다며 품삯을 후하게 줄 테니 거들라고 한다. 이때, 사또가 잔치에 올 것이라는 전갈을 받은 유도지의 어머니는 들떠서 유의태와 유도지에게 전한다. 유도지는 기뻐하지만 유의태는 담담해하고, 마당 한쪽에서 잔치를 지켜보던 허준의 아내 눈에 눈물이 맺힌다.

잔치가 무르익을 무렵, 사또에게 진천 현감으로부터 파발이 도착한다. 서찰 내용인즉, 산음 사는 허준이라는 의원이 가난한 백성을 돌보느라 과거장에 들어가지 못한, 세상에 둘도 없는 의원이라는 것이다. 허준의 의로운 행동에 감격한 허준의 아내는 하염없이 눈물을 흘리며 집으로 달려가고 심각한 유의태의 표정을 살피는 유도지의 표정은 굳어 간다.

허준은 다시 과거 시험 공부를 열심히 한 뒤에 드디어 내의원 과거를 보게 된다. 과거에서 답안지를 모두 작성한 허준은 먼저 제출하고 빠져나가고 유도지를 비롯한 감독관들은 놀라 쳐다본다. ㉢답안을 분류하던 내의원들은 허준의 답안을 보며 경악을 금치 못한다.

1차 합격자 이후에 배강(의서를 보지 않고 암기) 시험에서 허준은 거침없이 대답을 이어 가고, "동인경"을 제외한 다른 의서들은 보고 읽는 것이 허용된다는 말에도 배강으로 모두 하겠다고 한다.

모든 시험을 훌륭히 치른 허준은 드디어 내의원 과거에 수석으로 합격한다. 한양으로 이사를 와 허준이 내의원으로 등원하는 날 모두들 감격하며 허준을 배웅한다.

③ 허준이 시험이 끝날 무렵 과거 시험장에 도착한 이유를 빈칸에 써 보세요.

(　　　　　　　　　　　　　　　　)을/를 돌보느라 늦었기 때문이다.

④ 다음 중 이 글에서 가장 나중에 일어난 일의 기호를 써 보세요.

㉮ 허준이 병자들을 치료하였다.　　㉯ 유도지가 과거에 합격하였다.
㉰ 유도지의 집에서 잔치가 열렸다.　　㉱ 유도지가 허준에게 훈계를 하였다.

(　　　　　　)

5 이 글에 등장하는 다음 두 인물의 마음이 상황에 따라 어떻게 변하였는지 차례대로 선으로 이어 보세요.

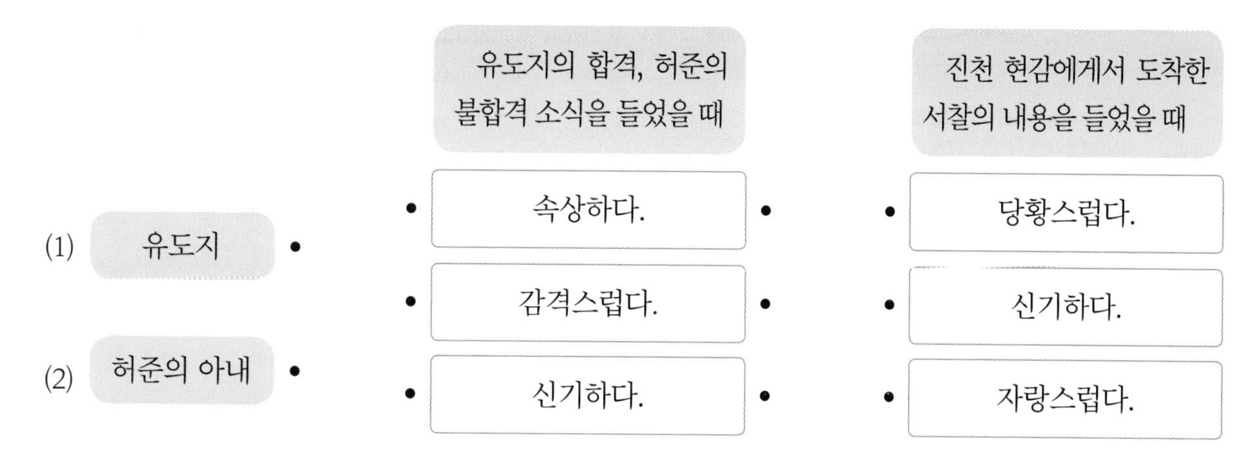


6 ㉠과 바꾸어 쓸 수 있는 관용 표현은 무엇인가요?

① 티끌 모아 태산
② 쇠귀에 경 읽기
③ 고생 끝에 낙이 온다.
④ 밑 빠진 독에 물 붓기
⑤ 쥐 잡으려다가 쌀독 깬다.

7 ㉡과 반대되는 뜻을 가진 관용 표현은 무엇인가요?

① 되로 주고 말로 받는다.
② 사촌이 땅을 사면 배가 아프다.
③ 구슬이 서 말이라도 꿰어야 보배다.
④ 열 번 찍어 아니 넘어가는 나무 없다.
⑤ 될성부른 나무는 떡잎부터 알아본다.

8 ㉢에서 내의원들이 경악을 금치 못한 까닭은 무엇일까요?

① 허준의 답안이 매우 우수하여서
② 허준의 답안이 매우 형편없어서
③ 허준의 글씨를 읽을 수가 없어서
④ 허준이 다른 사람의 답안을 베껴서
⑤ 허준이 과거 시험에 또 떨어질 것 같아서

## 9

관용 표현을 사용하면 좋은 점으로 알맞지 않은 것은 무엇인가요?

① 말을 길게 하지 않아도 된다.
② 자신의 생각을 효과적으로 표현할 수 있다.
③ 듣는 이의 기분을 상하지 않게 표현할 수 있다.
④ 재미있는 표현을 통해 듣는 이의 관심을 불러일으킬 수 있다.
⑤ 친구들끼리만 알아들을 수 있으므로 비밀 얘기를 할 수 있다.

## '헛-'이 붙는 여러 가지 낱말

다음 그림에 어울리는 '헛-'이 붙는 낱말을 만들려고 합니다. 알맞은 낱말을 오른쪽 낱말 카드에서 찾아 빈칸에 써서 '헛-'이 붙는 낱말을 만들어 보세요.

**왜 그럴까?**

'헛-'은 '걸음', '고생', '소문', '수고' 등의 앞에 붙어 '이유 없는', '보람 없는'의 뜻을 더해 주거나, '살다', '디디다', '보다', '먹다' 등의 앞에 붙어 '보람 없이', '잘못'의 뜻을 더해 줍니다. '헛-'만으로는 낱말이 될 수 없지만, 다른 낱말의 앞에 붙어 새로운 낱말을 만들어 주지요. 그림 속 인물의 말을 참고하여 '헛-'이 붙어 만들어진 낱말의 뜻을 정확히 파악해 보세요.

읽기 목표

# 3 관용 표현의 의미 알기 ❸

관용 표현의 뜻과 종류 알기 | 상황에 적절한 관용 표현 사용하기 | 관용 표현을 사용하면 좋은 점 알기

공부한 날 월 일

다음 만화를 보고 물음에 답해 봅시다.

1 장면 3과 4에서 우민이를 대하는 태형이의 태도를 표현하기에 가장 알맞은 관용 표현은 무엇인가요?

① 가뭄에 콩 나듯 하다.
② 가까운 남이 먼 친척보다 낫다.
③ 개구리 올챙이 적 생각 못 한다.
④ 구슬이 서 말이라도 꿰어야 보배다.
⑤ 콩으로 메주를 쑨다 하여도 곧이듣지 않는다.

2 우민이에 대한 설명으로 알맞은 말에 ○표 하세요.

(1) 친구들과의 관계가 좋지 않다. ( )
(2) 평소에 거짓말을 자주 하는 습관을 가지고 있다. ( )
(3) 초콜릿이나 사탕을 선물하는 기념일을 지키지 않아도 된다고 생각한다. ( )

절취선대로 자르세요.

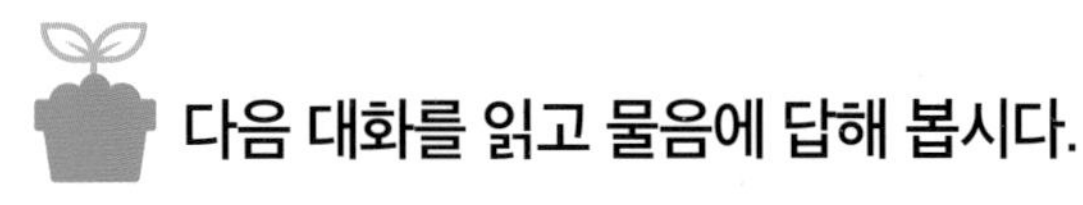

## 다음 대화를 읽고 물음에 답해 봅시다.

사회자: 지금부터 '밸런타인데이나 화이트데이와 같은 각종 기념일에 친구끼리 선물을 주고받는 것이 좋은가'라는 주제로 찬반 토론을 시작하겠습니다. 양쪽 토론자께서는 토론 규칙을 잘 지키면서 이야기하여 주시기 바랍니다. 먼저, 각종 기념일에 선물을 주고받는 것을 찬성하는 쪽 토론자께서 의견을 말씀하여 주십시오.

찬성편 토론자 1: 저는 밸런타인데이, 화이트데이 등의 기념일에 친구들끼리 선물을 주고받는 것이 좋다고 생각합니다. 평소 좋아하는 친구에게 내 마음을 자연스럽게 표현할 수 있기 때문입니다.

반대편 토론자 1: 저는 좋아하는 마음을 어른들 흉내를 내면서 선물로 표현한다는 것은 잘못된 생각인 것 같습니다. 게다가 기념일마다 초콜릿이나 사탕 같은 선물을 사느라고 초등학생 신분에 맞지 않는 돈을 쓰는 경우가 많습니다.

찬성편 토론자 2: ㉠선물 비용이 그렇게 많이 드는 것은 아닙니다. 초등학생들에게 인기가 많은 기념일인 밸런타인데이에는 초콜릿, 화이트데이에는 사탕을 선물하게 됩니다. 이런 선물은 큰돈이 드는 것이 아니어서 조금만 용돈을 아끼면 얼마든지 준비할 수 있습니다.

반대편 토론자 2: 저는 그렇게 생각하지 않습니다. 이런 선물들이 점점 ㉡포장값이 더해져서 비싸졌을 뿐만 아니라 선물을 받지 못한 친구들은 섭섭함을 느끼게 되기 때문에 좋지 않다고 생각합니다. 사실 이런 기념일들은 어른들이 만들어 낸 장삿속일 뿐 순수하고 소박한 의미는 없고 상품 소비만 있을 뿐입니다. 이런 기념일마다 가게에 화려한 포장의 비싼 상품들이 가득 진열되어 있는 모습을 볼 때마다 기분이 좋지 않습니다.

찬성편 토론자 1: 저는 이런 기념일을 꼭 어른들 장삿속으로만 볼 필요는 없다고 생각합니다. 이러한 기념일에 사탕이나 작은 초콜릿 하나로 소중한 마음을 주고받으면서 친구들과의 우정을 예쁘게 만들어 가는 것은 이다음에 좋은 추억으로 남을 것입니다.

사회자: 그럼 판정인께서는 판정을 내려 주시기 바랍니다.

### 3 이 글의 참가자들이 하고 있는 대화를 무엇이라고 하는지 두 글자로 써 보세요.

( )

### 4 이와 같은 대화의 특성으로 알맞지 않은 것은 무엇인가요?

① 사회자의 안내에 잘 따르며 대화에 참여해야 한다.
② 토론자들은 자신의 주장과 그에 대한 근거를 제시해야 한다.
③ 어떤 문제에 대해 서로 다른 생각을 가진 사람들이 대화를 한다.
④ 판정에서 이기기 위해서는 꾸며 낸 내용을 근거로 제시해도 괜찮다.
⑤ 다른 사람의 의견을 존중하는 태도를 가지고 대화에 참여해야 한다.

5 이 대화의 주제는 무엇인가요?

① 기념일이란 무엇인가?
② 기념일에 주는 선물의 비용은 얼마가 적절한가?
③ 친구를 좋아하는 마음을 표현하는 것이 바람직한가?
④ 각종 기념일에 나들이 가기에 좋은 장소는 어디인가?
⑤ 각종 기념일에 친구끼리 선물을 주고받는 것이 좋은가?

다음 중 찬성편에서 제시한 근거를 두 가지 찾아 기호를 써 보세요.

㉮ 초등학생 신분에 맞지 않는 돈을 쓰는 경우가 많다.
㉯ 선물을 받지 못한 친구들은 섭섭함을 느낄 수 있다.
㉰ 조금만 용돈을 아끼면 얼마든지 선물을 준비할 수 있다.
㉱ 평소 좋아하는 친구에게 내 마음을 자연스럽게 표현할 수 있다.

( , )

이 대화를 통해 알 수 있는 반대편 토론자들의 생각으로 알맞지 않은 것은 무엇인가요?

① 기념일들은 어른들이 만들어 낸 장삿속일 뿐이다.
② 기념일마다 선물을 사느라고 돈을 많이 쓰게 된다.
③ 좋아하는 마음을 선물로 표현한다는 것은 잘못된 생각이다.
④ 기념일에 선물을 받지 못한 친구들은 섭섭함을 느끼게 된다.
⑤ 기념일 선물을 초콜릿이나 사탕으로 정해 두는 것은 옳지 않다.

8 ㉠은 이 대화에서 어떤 역할을 하나요?

① 졌음을 인정하고 상대편을 칭찬하기
② 상대편의 주장을 반박하는 반론하기
③ 상대편의 주장에서 궁금한 점 질문하기
④ 나의 주장을 뒷받침할 수 있는 자료 제시하기
⑤ 나와 상대편의 주장 중 누구의 주장이 더 타당한지 판정하기

ⓛ과 같은 상황을 표현하기에 알맞은 관용 표현은 무엇인가요?

① 게 눈 감추듯 한다.
② 배보다 배꼽이 더 크다.
③ 구렁이 담 넘어가듯 한다.
④ 개똥도 약에 쓰려면 없다.
⑤ 고슴도치도 제 새끼가 제일 곱다고 한다.

## 'ㅔ'와 'ㅐ' 구별하기

다음 그림에서 모음 'ㅔ'나 'ㅐ'를 잘못 쓴 낱말이 있는 부분 세 군데를 찾아 ○표 하세요.

**왜 그럴까?**

'ㅔ'와 'ㅐ'는 글자도 비슷하고 소리도 거의 비슷합니다. 그래서 소리만 듣고서는 글자를 정확히 쓰기 어려울 수도 있습니다. 그러나 두 모음을 혼동하여 바꾸어 쓰면 전하고자 하는 말을 정확히 전달하지 못하게 될 수도 있으므로, 둘을 잘 구별하여야 합니다. 국어사전이나 맞춤법 사전을 찾아보면 낱말을 정확히 표기한 것과 그렇지 않은 것을 그림에서 찾아낼 수 있답니다.

읽기 목표

# 3 관용 표현의 의미 알기 ④

관용 표현의 뜻과 종류 알기 | 상황에 적절한 관용 표현 사용하기 | 관용 표현을 사용하면 좋은 점 알기

공부한 날 월 일

정리 관용 표현에 대한 내용을 정리하면서 빈칸에 알맞은 말을 보기 에서 찾아 써 보세요.

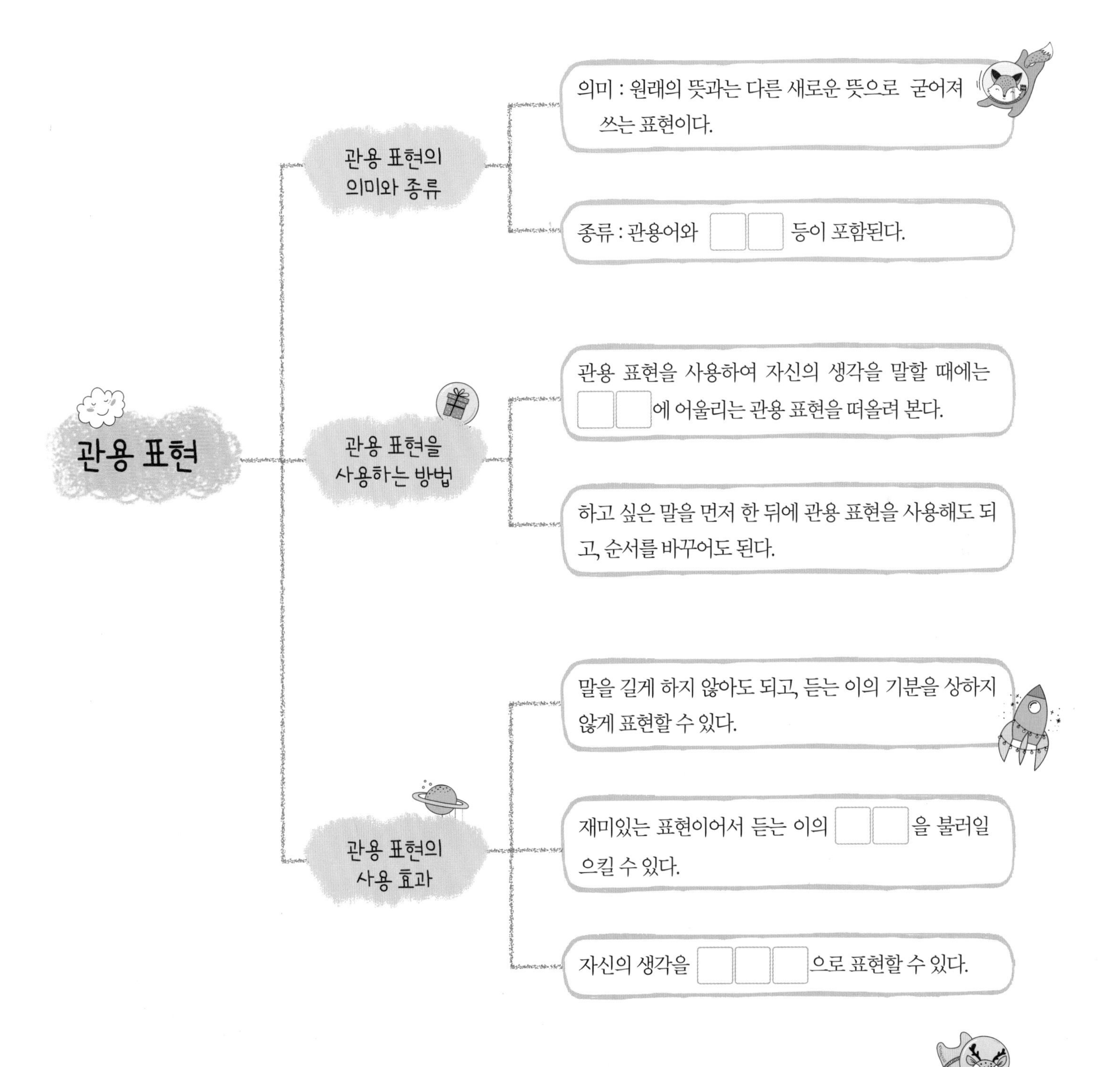


보기 희망 속담 사전 상황 관심 사랑 효과적 능동적 일방적

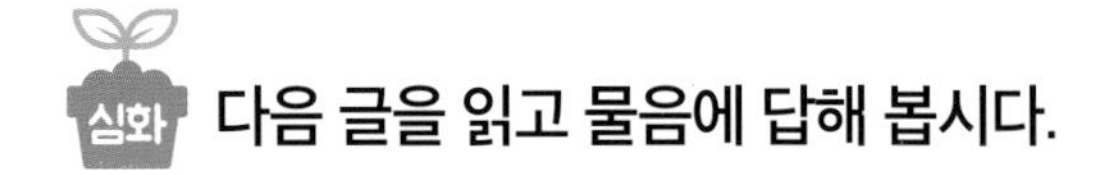

옛날에 장난꾸러기 김 선달이라는 사람이 살았다. 그는 아주 꾀도 많은 꾀보였다. 원래 '선달'이라는 호칭은 과거에 급제를 하고 벼슬을 하지 않은 사람을 말하지만, 김 선달은 워낙 꾀가 많고 영리하여 사람들이 그냥 선달이라고 불렀다.

어느 이른 가을날, 김 선달은 개울에서 민물게를 잡고 있었다. 그때, 한 양반이 개울을 건너려고 개울가로 왔다. 그는 마을에서 거만하고 인색하기로 이름난 양반이었다. 그 양반은 갓 쓰고 도포 입고 가죽신까지 신고 한껏 멋을 낸 차림을 하고서는 목에 힘을 주며 김 선달에게 다가왔다.

"어이, 내가 개울 건너는 삯을 줄 테니, 날 업고 건네줄 수 있겠나?"

어제 종일 소나기가 쏟아져 개울에는 흙탕물이 흘러내리고 있었다.

"네, 삯을 얼마나 주시겠습니까?"

"한 냥 주지."

"흙탕물인데요? 두 냥은 주셔야 합니다."

"이 사람아! 요기서 조긴데 두 냥이 뭐야?"

"한 냥에는 안 가겠습니다. 흙탕물에 업어 건너는 일이 그리 쉬운 줄 아십니까? 두 냥도 싼 줄 아시오."

김 선달은 끝내 깎아 주지 않고 돌아서려고 하였다. 그러자 양반은 마지못하여 말하였다.

"좋아. 두 냥 줄 테니 건네주게나."

김 선달은 양반을 업고 개울 속으로 들어갔다. ㉠김 선달이 일부러 뒤뚱거리자 양반은 잔뜩 겁을 먹었다. 양반을 업은 김 선달은 개울 가운데쯤 가서 갑자기 걸음을 멈추고는 한 발을 물속에서 더듬거리다가

"여기서 내리셔야겠는데요?"

하고 등 뒤의 양반에게 말하였다. 양반은 깜짝 놀라

"아니, 이 사람아! 무슨 소리야? 나더러 옷을 적시며 이 흙탕물을 건너란 말인가?"

하며 큰 소리로 꾸짖었다.

"지금 내 발 밑에 큰 잉어가 한 마리 잡혔는데, 내다 팔면 아무리 못 받아도 닷 냥은 받을 겁니다. 그러니 잉어를 잡아야지요."

김 선달은 [ ㉡ ] 말하였다.

"어허, 이런 일이 있나? 말도 안 되는 소리 집어치우고 어서 건너게. 나랑 먼저 약속을 하지 않았는가?"

김 선달이 대답하였다.

"삯이 두 냥이니, 두 냥보다 닷 냥짜리 잉어를 잡는 게 낫지 않겠습니까? 어서 내려 주세요. 흙탕물을 헤치며 여기까지 온 삯을 안 받은 걸 다행인 줄 아십시오."

김 선달은 업은 손을 내릴 듯하며 재촉을 하였다. 양반이 이 사태를 생각하여 보니 큰 낭패가 아닐 수 없었다. 자칫 잘못하다가는 흙탕물에 옷을 다 적시며 개울을 건너게 되었으니까 말이다.

"내 삯을 더 줄 테니, 어서 건너게."

양반은 적당히 얼버무리려고 하였다.

"얼마를 더 주시겠습니까? 정확하게 말씀해 주십시오. 사람은 누구나 변소 갈 때 마음 다르고 나올 때 마음 다르다는데, 업어서 개울을 다 건너면 달리 말씀하시려고 그러지요?"

김 선달은 은근히 비아냥댔다.

"두 냥에다 두 냥을 더 주지."

"그럼 네 냥을 주신단 말씀입니까?"

"그래, 네 냥이네. 그러니 어서 가게나."

"네 냥으론 안 되겠습니다. 그럼 전 닷 냥짜리 잉어를 잡겠습니다."

김 선달이 양반을 내려놓으려 하자, 깜짝 놀란 양반이 소리쳤다.

"아이고, 이 사람아, 닷 냥 주겠네."

그제야 김 선달은 못 이기는 척 한 발을 들어 물장구를 치며

"어이, 아까운 잉어 놔 주네. 저 도망가는 걸 보니, 제법 큰 놈인데."

하고 아쉬워하였다.

양반을 업고 내를 건넌 김 선달이 양반에게서 닷 냥을 받은 것은 말할 것도 없었다.

1 양반이 김 선달에게 업혀 개울을 건너려고 한 까닭은 무엇일까요?

① 개울 속의 잉어가 무서워서
② 흙탕물에 옷을 적시기가 싫어서
③ 다리가 부러져 걸을 수가 없어서
④ 자신도 예전에 김 선달을 업어 준 적이 있어서
⑤ 김 선달에게 업히면 개울을 더 빨리 건널 수가 있어서

2 김 선달이 양반에게 내리라고 한 까닭을 알맞게 짐작한 친구의 이름을 써 보세요.

**태형**: 양반이 너무 무거워 힘이 빠졌기 때문이야.
**우민**: 흙탕물을 건너느라 옷이 다 젖은 것이 불편했기 때문이야.
**소미**: 양반에게 두 냥보다 더 많은 돈을 받으려고 꾀를 쓰고 있기 때문이야.

(                    )

3 ㉠에 드러난 양반의 마음을 나타내기에 알맞은 관용 표현은 무엇인가요?

① 입이 무겁다.
② 깨가 쏟아지다.
③ 손에 땀을 쥐다.
④ 귀가 번쩍 뜨이다.
⑤ 머리에 피도 안 마르다.

ⓛ에 들어갈 말로 가장 알맞은 것은 무엇인가요?

① 손을 씻으며　　② 머리를 맞대며　　③ 발 벗고 나서며
④ 비행기를 태우며　　⑤ 시치미를 뚝 떼며

## 낱말의 뜻 정확하게 알기

다음 그림과 뜻을 참고하여 빈칸에 알맞은 낱말을 보기 에서 찾아 써 보세요.

어떤 일을 빨리 하도록 조르다.

나는 문구점에 빨리 가고 싶어서 할아버지를 (　　　　　　).

말이나 행동을 불분명하게 대충 하다.

내가 무엇을 보고 있냐고 묻자, 친구는 보고 있던 종이를 숨기며 대강 (　　　　　　).

마음이 내키지는 않았지만 사정에 따라서 그렇게 하지 않을 수 없다.

어머니께 꾸중을 들은 나는 (　　　　　　) 장난감을 동생에게 양보하였다.

보기　재촉하였다　마지못해서　얼버무렸다

**왜 그럴까?**

낱말의 뜻을 정확하게 파악하는 연습을 해 봅니다. 주어진 그림을 통해 낱말이 쓰이는 상황을 파악해 보고, 뜻풀이를 읽으며 낱말의 정확한 뜻도 파악합니다.

읽기 목표

# 4 작품에서 말하는 이 알기 ❶

작품에서 말하는 이 찾기 | 말하는 이가 처한 상황 이해하기 | 말하는 이의 관점에 따라 내용이 달라짐을 알기

공부한 날 월 일

시나 이야기 같은 글을 쓰는 사람을 작가라고 합니다. 작가가 글 속에서 독자에게 전하고 싶은 이야기를 전달하도록 정해 놓은 인물을 '말하는 이'라고 합니다. 작가가 어른이라도 말하는 이는 어린이일 수 있고, 작가가 여자라도 말하는 이는 남자일 수 있습니다.

또한 문학 작품에서는 말하는 이가 누구인가에 따라 내용이 달라질 수 있답니다.

자, 이제 시와 이야기를 읽으며 말하는 이가 누구인지 살펴보고 말하는 이의 관점에 따라 글의 내용이 어떻게 달라지는지 살펴볼까요?

절취선대로 자르세요

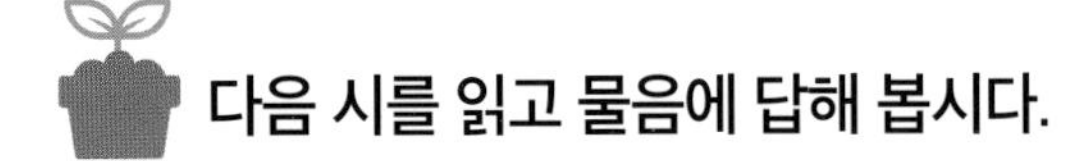

## 다음 시를 읽고 물음에 답해 봅시다.

### 언젠가는 나도

권영상

언젠가는 나도
늠름한 줄무늬 개구리가 되겠지.
지금은 볼품없는 꽁지로
숨죽여 사는 올챙이지만
언젠가는 나도 굵고 큼직한 목소리로
노래 부를 수 있겠지.
개굴개굴개굴개굴

지금은 좁은 물웅덩이에 갇혀 사는
어린 올챙이지만
언젠가는 나도
더 큰 세상으로 껑충! 뛰어오르는
늠름한 줄무늬 개구리가 되겠지.

이 시에서 말하는 이가 바라는 자신의 미래 모습은 무엇인가요?

① 좁은 물웅덩이에 갇혀 사는 올챙이
② 볼품없는 꽁지로 숨죽여 사는 올챙이
③ 예쁘고 고운 목소리로 노래 부르는 개구리
④ 아기 올챙이들을 보살펴 주는 엄마 개구리
⑤ 더 큰 세상으로 껑충 뛰어오르는 늠름한 줄무늬 개구리

이 시에서 말하는 이는 누구인지 세 글자로 써 보세요.

(　　　　　　　)

이 시의 말하는 이와 가장 비슷한 처지에 있는 사람은 누구인가요?

① 자신의 꿈을 이루어 사회적 성공을 거둔 사람
② 태어나서부터 죽을 때까지 고향 마을에서 산 사람
③ 살면서 겪었던 일을 돌이켜 생각해 보고 있는 노인
④ 불행한 일을 겪은 뒤에 아무도 만나지 않고 있는 사람
⑤ 어른이 되어 세계 여행을 하고 싶은 꿈을 가진 어린이

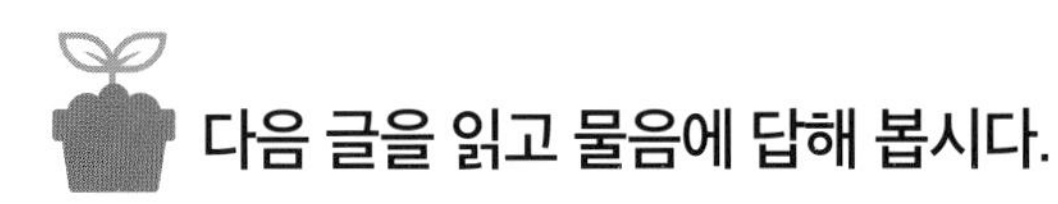

## 다음 글을 읽고 물음에 답해 봅시다.

새엄마…….

나는 아직도 엄마 꿈을 꾼다. 엄마와 함께한 추억이 많다. 그거면 충분한데. 나에게 새엄마는 필요가 없다. 더군다나 친구들은 새엄마가 베트남 사람이라는 것을 알면 놀릴 것이 분명하다. 저녁 내내 심통이 나서 아빠께서 피자를 사 주셨지만 처다보지도 않았다. 아빠께서는 한숨을 푹푹 내쉬셨다.

며칠 뒤, 학교를 마치고 집에 오니 현관에 낯선 신발이 놓여 있었다.

“다녀왔습니다.”

“한별이 왔구나. 인사해라. 새엄마이시다.”

아빠와 할머니, 그리고 새엄마가 있었다. 새엄마는 주뼛거리며 일어서서 나에게 고개를 살짝 숙였다. 길고 까만 생머리가 어깨에서 가슴으로 흘러내렸다. 자그마한 키에 몸은 조금 말랐다. 커다란 눈이 예뻤다.

나는 인사도 하지 않고 방으로 들어가 문을 ‘꽝’ 하고 닫아 버렸다. 할머니의 목소리가 들려왔다.

“저도 낯설고 수줍어서 그래. 시간이 지나면 괜찮아질 게다.”

아빠께서는 일하러 다시 가게로 나가셨다. 나는 가방을 챙겨 학원으로 갔다. 할머니와 새엄마만 집에 남았다. 할머니께서는 새엄마랑 말이 통하시는 걸까?

새엄마의 이름은 ‘프엉’이라고 하였다. 응우옌 티 프엉. 프엉은 ‘향기’라는 뜻이라고 하였다. 또, ‘방향’이라는 뜻도 가진다고 하였다. 할머니께서는 프엉이라는 이름을 좋게 생각하셨다. 우리 집에 좋은 ‘향기’를 가져다줄 거라고, 그래서 베트남에서 대한민국으로 ‘방향’을 잘 잡아 온 거라고 하셨다. 할머니께서는 좋으신지 몰라도 나는 새엄마가 영 마음에 들지 않았다.

- 한아, 『하늘 목장』 중에서

이 글에서 ‘나’에게 생긴 일 중 가장 중요한 일은 무엇인가요?

① 엄마 꿈을 꾸는 일
② 문을 ‘꽝’ 하고 닫은 일
③ 아버지께서 피자를 사 주신 일
④ 베트남에서 온 새엄마가 생긴 일
⑤ 아버지와 다툰 후 화해를 못 한 일

다음은 이 글에 등장하는 인물 간의 관계를 정리한 것입니다. 새엄마에 대한 두 인물의 마음을 빈칸에 알맞게 써 보세요.

6 이 글에서 말하는 이의 이름을 찾아 써 보세요.

(　　　　　　　)

7 이 글과 같이 글에 나오는 '나'를 말하는 이로 설정했을 때 얻을 수 있는 효과는 무엇인가요?

① 모든 등장인물의 마음을 직접 표현할 수 있다.
② '나'에 대한 새엄마의 마음을 직접 표현할 수 있다.
③ 새엄마에 대한 '나'의 마음 변화를 직접 표현할 수 있다.
④ 이야기에서 일어나는 모든 사건을 말하는 이가 자세히 설명할 수 있다.
⑤ 이야기 속 '나'의 마음이 직접 드러나지 않아, 독자로 하여금 추측하며 읽게 할 수 있다.

## 어떤 꿈을 꾸고 있나요?

다음 만화에 나오는 인물 중 낱말 '꿈'을 나머지 사람과 다른 뜻으로 쓴 사람은 누구인지 써 보세요.

(　　　　　　　)

**왜 그럴까?**

'꿈'은 여러 가지 뜻을 지닌 낱말입니다. 선생님과 은아는 '실현하고 싶은 희망이나 이상'이라는 뜻으로 '꿈'을 썼지만, 우민이는 '잠자는 동안에 깨어 있을 때와 마찬가지로 여러 가지 사물을 보고 듣는 정신 현상'이라는 뜻으로 '꿈'을 썼답니다. 이와 같이 비슷하지만 조금 다른 몇 가지 뜻을 가진 낱말을 '다의어'라고 해요.

읽기 목표

# 4 작품에서 말하는 이 알기 ❷

작품에서 말하는 이 찾기 | 말하는 이가 처한 상황 이해하기 | 말하는 이의 관점에 따라 내용이 달라짐을 알기

공부한 날 월 일

## 다음 시를 읽고 물음에 답해 봅시다.

시골길

문삼석

돌멩이를 차면서
자동차는

―에, 그 길 고약하군!

흙먼지를 날리면서
시골길은

―에, 그 차 고약하군!

### 1 이 시를 읽고 떠오르는 장면으로 가장 알맞은 것은 무엇인가요?

① 돌멩이를 쌓아 탑을 만드는 사람들의 모습
② 큰 바위에 막혀 가지 못하는 자동차의 모습
③ 도시의 잘 닦인 길을 달리는 자동차의 모습
④ 흙먼지를 날리며 시골길을 달리는 자동차의 모습
⑤ 아름다운 시골길을 여유롭게 달리는 자동차의 모습

### 2 이 시에서 서로 갈등하고 있는 두 인물을 찾아 써 보세요.

(          ) ↔ (          )

### 3 이 시에 대한 설명으로 알맞은 것에 ○표 하세요.

(1) 한 인물이 같은 말을 반복하고 있다. ……………………………………………………………( )
(2) 상대방의 입장을 생각하지 않고 말하는 태도가 잘못된 것임을 느낄 수 있다. ………………( )

절취선대로 자르세요.

## 다음 글을 읽고 물음에 답해 봅시다.

따사한 봄볕은 나를 자꾸 밖으로 꾀어내는 것이었습니다.

어젯밤만 해도 내일은 일요일이니 어디 나가지 말고, 방에 꾹 들어박혀 책이라도 읽으리라고 생각하였던 것이, 정작 조반을 먹고 나니 오늘은 유달리 날씨가 따뜻하였습니다.

나는 스케치북과 그림물감을 가지고 뒷산을 향하여 올라갔습니다.

그렇다고 나는 굉장히 그림을 잘 그리거나 그림에 취미를 가진 것도 아닙니다. 그저 빈손으로 가기는 싫었기 때문입니다. 책을 들고 앉아 그 따사한 봄볕에 읽는 것은 한층 더 싱거울 것 같았습니다.

봄을 그리려고 산에 오른 ㉠이 서투른 화가는 좀처럼 그림을 그리기 시작하지 않았습니다. 그리는 것보다 가만히 앉아 바라보는 것이 더 좋았습니다.

그리하여 내 눈이 맞은편 산허리에 갔을 때, 거기에는 활짝 핀 꽃나무 한 그루가 서 있었기 때문입니다. 아직 살구꽃이 피려면 한 달은 더 있어야 할 텐데, 저렇게 저렇게 연분홍 꽃이 전등이라도 켠 듯이 환히 피어 있는 것은 이상한 일이 아니겠습니까?

나는 그 꽃나무 있는 데로 쏜살같이 달려갔습니다. 골짜기를 내려 다시 산으로 기어올라 꽃나무 아래까지 갔습니다. 단숨에 달린 나는 숨이 차서 그만 땅에 주저앉았습니다.

숨을 돌리며 내가 꽃나무를 자세히 바라보니, 나무 밑줄기에 이런 간판이 붙어 있었습니다.

| 꿈을 찍는 사진관으로 가는 길, 동쪽으로 5리 |
|---|

나는 그 연분홍 꽃나무에 핀 꽃 같은 것은 생각할 사이도 없이 곧 이 꿈을 찍는 사진관으로 떠났습니다.

동쪽으로 사뭇 좁다란 산길을 걸어가노라니까, 정말 조그만 집 한 채가 보였습니다.

그러나 내가 그 집 문 앞에 다다랐을 때는 약간 실망하지 않을 수 없었습니다.

집 문 앞에는 또 이런 것이 쓰여 있었습니다.

| 꿈을 찍는 사진관은 여기서 남쪽으로 5리 되는 곳으로 옮겼습니다. |
|---|

나는 남쪽을 향하여 또 걸었습니다. 지금 온 만큼 가니까 정말 또 집이 한 채가 보였습니다. 나는 참 잘 왔다고 좋아라 그 집 문 앞으로 갔습니다. 그러나 아까보다 좀 더 크게 실망하지 않을 수가 없었습니다.

아까와 꼭 같은 글이 문 앞에 붙어 있었습니다. 아니 꼭 한 자만 틀립니다. 그것은 남쪽 5리가 아니라 서쪽으로 5리라고 쓰여 있었습니다.

나는 조금 주저하였습니다. 그러나 나는 한 번만 더 속아 보자 하고 또 서쪽을 향하여 걸어갔습니다.

마침내 나는 꿈을 찍는 사진관을 찾은 것입니다.

이런 산중에는 어울리지 않으리만큼 커다랗고 훌륭한 양옥집이었습니다. 벽과 창문만이 아니라 지붕까지 새하얀 집, 다만 정문에 커다랗게 써 붙인 '꿈을 찍는 사진관'이라는 일곱 글자만이 파아란 하늘빛이었습니다.

- 강소천, 『꿈을 찍는 사진관』 중에서

'나'가 밖으로 나온 까닭은 무엇인가요?

① 친구와 만나기로 약속하여서
② 아침을 밖에서 사 먹기 위해서
③ 화병에 꽂을 꽃을 꺾기 위해서
④ 따사한 봄볕이 자꾸 밖으로 꾀어내서
⑤ 집 안에 책을 읽을 곳이 마땅치 않아서

5 'ㄴ'가 뒷산에 가서 하려고 한 일은 무엇인가요?

① 나물 캐기
② 살구 따 먹기
③ 봄 노래 부르기
④ 봄 풍경 그리기
⑤ 나무 그늘에 앉아 쉬기

㉠은 누구를 가리키는지 이 글에서 찾아 써 보세요.

( )

7 활짝 핀 꽃나무를 보고 '나'가 한 생각은 무엇인가요?

① 살구 열매는 언제 열리는지 궁금하다.
② 꽃이 금방 질 것을 생각하니 서글프다.
③ 가까이 가서 꽃향기를 맡아 보고 싶다.
④ 아름다운 꽃나무를 그림으로 그리고 싶다.
⑤ 살구꽃이 피려면 한 달은 더 있어야 하는데, 꽃이 활짝 핀 것이 이상하다.

'꿈을 찍는 사진관'에 대한 설명으로 바르지 않은 것은 무엇인가요?

① 커다랗고 훌륭한 양옥집이다.
② 누구든지 쉽게 찾아갈 수 있다.
③ 정문에 커다랗게 써 붙인 글자가 있다.
④ 산중에는 어울리지 않는 모습의 집이다.
⑤ 벽과 창문, 지붕까지 모두 새하얀 집이다.

9 이 글의 말하는 이에 대한 설명으로 바르지 않은 것은 무엇인가요?

① 말하는 이가 겪은 일이 진짜인지 아닌지 알 수 없다.
② 이 글에서 말하는 이는 '나'로, '나'는 이 글을 쓴 작가를 말한다.
③ 이 글에서 말하는 이는 '꿈을 찍는 사진관'을 꼭 찾고 싶어 하였다.
④ 이 글에서 말하는 이는 봄볕에 책을 읽는 것은 싱거울 것 같다고 생각하였다.
⑤ 이 글은 아직은 이른 봄날 말하는 이가 뒷산에 갔다가 일어난 일을 담고 있다.

## 비유적 표현의 종류

다음에 쓰인 비유적 표현의 종류를 찾아 선으로 바르게 이어 보세요.

따사한 봄볕이 나를 자꾸 밖으로 꾀어내는 것이었습니다. •

전등이라도 켠 듯이 •

쏜살같이 •

• **직유법**
하나의 사물을 나타내기 위해 다른 사물의 비슷한 속성을 끌어와 비교하여 표현하는 방법

• **의인법**
사람이 아닌 것을 사람인 것처럼 표현하는 방법

**왜 그럴까?**

표현하고 싶은 대상을 다른 것에 빗대어 표현하는 비유적 표현에는 여러 가지 종류가 있어요. '듯이'나 '같이' 등의 말을 넣어 직접 꾸민 것은 직유법, 사람이 아닌 것을 사람처럼 표현한 것은 의인법이라고 합니다. 비유적 표현이 가진 의미를 정확히 파악하면 어떤 방법이 쓰였는지 잘 구분할 수 있답니다.

읽기 목표

# 4 작품에서 말하는 이 알기 ③

작품에서 말하는 이 찾기 / 말하는 이가 처한 상황 이해하기 / 말하는 이의 관점에 따라 내용이 달라짐을 알기

공부한 날 월 일

**다음 글을 읽고 물음에 답해 봅시다.**

가 "그 꽃은 어디서 났니? 퍽 곱구나."
하고 어머니가 말씀하셨습니다. 그러나 나는 갑자기 말문이 막혔습니다. '이걸 엄마 드리려고 유치원서 가져왔어.' 하고 말하기가 어째 몹시 부끄러운 생각이 들었습니다. 그래 잠깐 망설이다가
"응, 이 꽃! 저, 사랑 아저씨가 엄마 갖다 주라고 줘."
하고 불쑥 말했습니다. 그런 거짓말이 어디서 그렇게 툭 튀어나왔는지 나도 모르지요.

꽃을 들고 냄새를 맡고 있던 어머니는 내 말이 끝나기가 무섭게 몹시 놀란 사람처럼 화닥닥하였습니다. 그러고는 금시에 어머니 얼굴이 그 꽃보다 더 빨갛게 되었습니다. 그 꽃을 든 어머니 손가락이 파르르 떠는 것을 나는 보았습니다. 어머니는 무슨 무서운 것을 생각하는 듯이 방 안을 휘 한 번 둘러보시더니,
"옥희야, 그런 걸 받아 오면 안 돼."
하고 말하는 목소리는 몹시 떨렸습니다. 나는 꽃을 그렇게도 좋아하는 어머니가 이 꽃을 받고 그처럼 성을 낼 줄은 참으로 뜻밖이었습니다. 어머니가 그렇게도 성을 내는 것을 보니까 그 꽃을 내가 가져왔다고 그러지 않고 아저씨가 주더라고 거짓말을 한 것이 참 잘 되었다고 나는 속으로 생각했습니다.

나 어머니가 그 꽃을 곧 내버릴 줄로 나는 생각했습니다마는, 내버리지 않고 꽃병에 꽂아서 풍금 위에 놓아 두었습니다. 아마 퍽 여러 밤 자도록 그 꽃은 거기 놓여 있어서 마지막에는 시들었습니다. 꽃이 다 시들자 어머니는 가위로 그 대는 잘라 내버리고, 꽃만은 찬송가 갈피에 곱게 끼워 두었습니다.

- 주요섭, 『사랑손님과 어머니』 중에서

**1** 이 글에서 어머니가 꽃을 받고 얼굴이 빨갛게 된 까닭은 무엇인가요?

① 병이 나서 열이 올랐기 때문에
② 평소에 꽃을 좋아하지 않기 때문에
③ 낯선 사람이 찾아와 무서웠기 때문에
④ 옥희가 유치원에서 몰래 꽃을 가져온 것에 화가 났기 때문에
⑤ 아저씨가 꽃을 주었다고 생각하여 부끄럽고 당황스러웠기 때문에

**2** 이 글에서 말하는 이를 어린아이로 설정하여 얻을 수 있는 효과로 알맞은 것에 ○표 하세요.

(1) 어머니의 심리를 정확히 파악하여 전달할 수 있다. ……………………………………( )
(2) 어머니와 아저씨의 사랑을 아이의 시선으로 순수하게 표현할 수 있다. ……………………( )

절취선대로 자르세요.

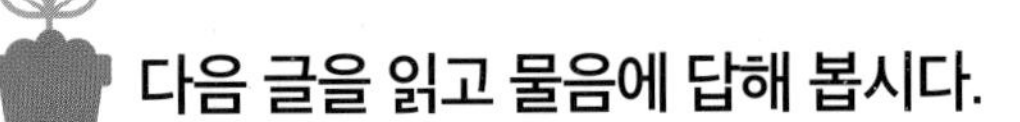

## 다음 글을 읽고 물음에 답해 봅시다.

나는 늑대야. 이름은 알렉산더 울프. 그냥 알이라고 부르기도 해.

나는 도대체 모르겠어. 커다랗고 고약한 늑대 이야기가 어떻게 처음 생겨났는지. 하지만 그건 모두 거짓말이야. 아마 우리가 먹는 음식 때문에 그런 얘기가 생긴 것 같아.

하지만 우리 늑대가 토끼나 양이나 돼지같이 귀엽고 조그만 동물을 먹는 건, 우리 잘못이 아니야. 원래 우리는 그런 동물을 먹게끔 되어 있거든. 치즈버거를 먹는다고 해서 너희를 커다랗고 고약한 사람이라고 한다면, 그게 말이 되니?

하지만 내가 지금 얘기하고 싶은 건, 커다랗고 고약한 늑대 이야기는 새빨간 거짓말이라는 거야. 진짜 이야기는 재채기와 설탕 한 컵에서 시작되었지.

아주 오래전에, 내가 우리 할머니 생일 케이크를 만들 때란다. 나는 아주 심한 감기에 걸려 있었지. 그때 마침 설탕이 다 떨어졌어. 그래서 나는 이웃집에 가서 설탕을 얻어 오기로 하였어. 이웃집은 바로 돼지네 집이었지. 그런데 이 돼지는 머리가 좋지 않았어. 글쎄, 자기 집을 지푸라기로 지었지 뭐야. 그게 말이나 되는 얘기야? 제정신이라면 누가 지푸라기로 집을 짓겠어? 내가 문을 두드리자, 문이 그만 떨어지고 말았어. 그렇다고 남의 집에 불쑥 들어갈 수는 없잖아? 그래서 주인을 불렀지.

"아기 돼지야, 아기 돼지야, 안에 있니?"

아무 대답이 없었어. 나는 그냥 집으로 돌아가려고 했지.

우리 할머니 생일 케이크에 넣을 설탕을 얻지 못한 채로 말이야.

바로 그때 내 코가 근질거리기 시작했어. 재채기가 날 것 같더라고. 나는 코를 벌름거리며 숨을 들이마셨어.

그러고는 요란하게 재채기를 했지.

그랬더니 어떻게 됐는지 아니? 그 지푸라기 집이 몽땅 무너지고 말았어. 그리고 지푸라기 더미 한복판에 첫 번째 아기 돼지가 있는 거야. 완전히 죽은 채로 말이야. 그 녀석은 처음부터 집에 있었던 거지.

㉠짚 더미 속에 먹음직스러운 햄이 있는데, 그냥 가는 건 어리석은 일 같았어. 그래서 내가 그걸 다 먹어 버렸지. 눈앞에 커다란 치즈버거가 있다고 생각해 봐. 너희도 그걸 그냥 내버려 두진 못할걸.

나는 기분이 좀 좋아졌어. 하지만 여전히 설탕은 못 얻었잖아. 그래서 나는 그 옆집으로 갔어. 그 집은 첫 번째 아기 돼지의 형네 집이었지. 이 돼지는 동생보다는 조금 낫지만 그래도 머리가 나빴어. 나뭇가지로 집을 지었더라고. 나는 나뭇가지로 만든 집의 초인종을 눌렀어. 아무 대답이 없었지.

그래서 주인을 불렀어.

"돼지 씨, 돼지 씨, 안에 있소?"

돼지가 안에서 소리쳤어.

"늑대야, 넌 못 들어와, 난 지금 턱수염을 깎는 중이라고."

내가 막 문손잡이를 잡았을 때, 또 재채기가 나오려는 거야. 나는 코를 벌름거리며 숨을 들이마셨어. 입을 막으려고 했지. 하지만 바로 그때 요란하게 재채기가 터져 나왔어.

- 존 셰스카 글, 황의방 옮김, 『늑대가 들려주는 아기 돼지 삼 형제 이야기』 중에서

## 3 이 글에서 '나'가 모두 거짓말이라고 한 이야기는 무엇인가요?

① 귀엽고 조그만 동물 이야기
② 커다랗고 고약한 늑대 이야기
③ 늑대가 감기에 걸렸다는 이야기
④ 치즈버거를 좋아하는 아이들 이야기
⑤ 늑대가 할머니 생일 케이크를 만들었다는 이야기

## 4 늑대가 귀엽고 조그만 동물을 먹는 것에 대하여 이 글의 말하는 이와 생각이 같은 친구의 이름을 써 보세요.

**은아**: 귀여운 토끼를 잡아먹는 것은 정말 잔인해. 늑대는 무시무시한 동물이야.
**소미**: 하지만 늑대는 원래 동물을 잡아먹게끔 되어 있으니 어쩔 수 없었을 거야.
**태형**: 늑대에게 잡아먹힌 작은 동물들이 불쌍해. 늑대는 아주 잘못하고 있어.

( )

## 5 '나'가 옆집에서 얻으려고 한 것은 무엇인가요?

① 햄 ② 설탕 ③ 케이크 ④ 지푸라기 ⑤ 나뭇가지

## 6 ㉠에서 다음 말이 의미하는 것은 무엇인지 빈칸에 알맞게 써 보세요.

햄 ➡ [ ]

어리석은 일 ➡ [ ]

## 7 이 글에서 말하는 이가 표현한 늑대와 아기 돼지의 성격은 각각 어떠한지 보기 에서 찾아 기호를 써 보세요.

| 늑대 | | 아기 돼지 | |
|---|---|---|---|

보기 ㉮ 예의바르다. ㉯ 머리가 나쁘다. ㉰ 성격이 급하다. ㉱ 호기심이 많다.

8 이 글에 등장하는 다음 인물들 중 말하는 이를 가리키는 것을 모두 찾아 ○표 하세요.

'나' | 알 | 할머니 | 아기 돼지 | 알렉산더 울프

9 우리가 알고 있는 『아기 돼지 삼 형제』 이야기와 이 글의 내용이 다른 까닭은 무엇인가요?

① 두 이야기의 길이가 다르기 때문에
② 두 이야기의 말하는 이가 다르기 때문에
③ 두 이야기에 등장하는 인물이 다르기 때문에
④ 이야기를 읽는 사람들마다 생각이 서로 다르기 때문에
⑤ 이 글은 우리가 알고 있는 아기 돼지 삼 형제 이야기를 간추린 것이기 때문에

## '벼'와 관련된 낱말

벼가 자라는 과정을 나타낸 다음 각 그림에 알맞은 낱말을 보기 에서 찾아 빈칸에 써 보세요.

보기 모 짚 이삭 낟알 볍씨 모내기 지푸라기

**왜 그럴까?**

우리 조상들은 주식인 '벼'를 매우 중요하게 생각하였기 때문에, 우리말에는 '벼'와 관련된 낱말이 여러 가지가 있었습니다. 예를 들면, 벼의 어린 싹은 '모'라고 부르고, 이삭을 다 털어 낸 줄기 한 가닥은 '지푸라기'라고 불렀습니다. '벼'에 대한 관심이 많았기 때문에 '벼'와 관련된 말이 많이 생길 수 있었던 것이지요. 주어진 그림을 보며, '볍씨'가 '낟알'이 되고, '짚'이 남는 과정에 어울리는 낱말을 찾아 보세요.

읽기 목표

# 4 작품에서 말하는 이 알기 ❹

작품에서 말하는 이 찾기 | 말하는 이가 처한 상황 이해하기 | 말하는 이의 관점에 따라 내용이 달라짐을 알기

공부한 날 월 일

다음 시조를 읽고 물음에 답해 봅시다.

㉠태산이 높다 하지만 하늘 아래 산이로다
오르고 또 오르면 못 오를 리 없건만
사람이 자기 스스로 오르지 않고 산을 높다 하는구나

1 ㉠이 의미하는 것은 무엇인가요?

① 매우 쉬운 일
② 부모님의 사랑
③ 아주 험하고 힘든 일
④ 다른 사람을 배려하는 일
⑤ 제때 하지 않고 미뤄 둔 일

2 이 시의 말하는 이가 하고 싶은 말은 무엇인가요?

① 땅에서 보면 산은 매우 높다.
② 산이 높아 보이지만 사실 하늘이 더 높다.
③ 열심히 하다 보면 어떤 일이든 할 수 있다.
④ 하늘 위에서 보면 산이 제일 또렷하게 보인다.
⑤ 사람들은 자꾸 다른 사람을 미워하는 마음을 가진다.

3 이 시의 말하는 이에 대한 설명으로 알맞은 것에 ○표 하세요.

(1) 말하는 이는 노력하지 않는 사람들을 비판하고 있다. ……………………………… (　　)
(2) 말하는 이는 높은 산에 오르는 사람들을 부러워하고 있다. ………………………… (　　)
(3) 말하는 이는 자신이 하는 일을 도와주지 않는 사람들을 원망하고 있다. ……………… (　　)

절취선대로 자르세요

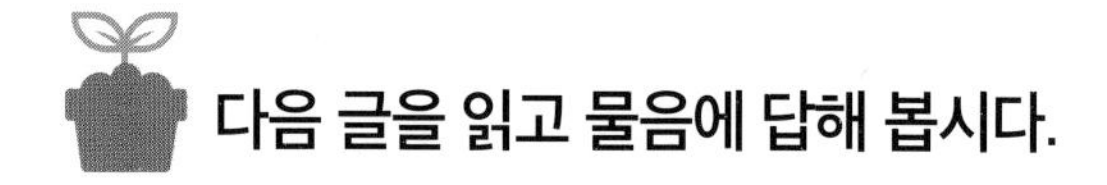

나 홀로 한글을 깨우쳤어. 어느 날 목사님이 그러셨어. 너는 똑똑하니 학교를 공짜로 보내 주겠다고.

참말로 기뻤어야. 아침밥 짓고 동생을 업고 만날 학교에 나갔네. 일 등을 못 하면 분해서 잠이 안 왔어야.

보라, 내 열일곱 살 때야. 너덜너덜 짚신 신고 덜컹덜컹 소달구지 탔지. 가난한 조선 사람들은 자동차도 잘 몰랐어. 그런데

"사람이 괴물 타고 하늘을 난대!"

스미스란 미국 사람이 비행기를 타고 온다네? 온 마을이 들썩들썩. 내 마음도 들썩들썩.

구름처럼 몰려온 저 사람들 좀 봐. 구름을 뚫고 쇳덩이 괴물이 혼자만 날아올라. 이 산 위로 쑥, 저 하늘로 쌩 솟구치고 돌아 나와 못 가는 곳이 없네.

"사람들아, 이 날개를 봐. 정말 자유로워."

저 비행기란 놈이 그러네. 나는 땅에 딱 붙어 서서 두 발만 동동 굴렀어. 바로 그날 밤, 잠을 못 잤지. 바로 그날 밤, ㉠꿈이 생겼지.

'여자라고 못 하겠어? 조선 사람이라고 왜 못 하겠어? 얼른얼른 커서 꼭 비행사가 될 거야.'

니 꿈은 뭐이가?

나는 하늘을 훨훨 날고 싶었어야.

그때는 일본이 조선을 다스리고 있었어. 일본이 조선 땅을 빼앗았거든. 조선 사람들은 거리로 몰려나와 소리쳤어. 나도 친구들과 거리로 몰려나와 소리쳤어.

"일본은 물러가라!"

"조선 땅에서 물러가라."

사람들이 많이 잡혔네. 나도 일본 경찰에게 잡혔네. 경찰이 학교에 못 다니게 하네. 조선 사람들은 힘을 모아 싸웠어. 나는 무기를 나르고 돈을 모으다가 또 잡혔어. 깜깜한 감옥으로 끌려갔어. 내 손으로 내 나라를 되찾는 게 죄야?

우리 땅에서 또 싸우다 잡히면 죽을 거야. 나는 가족을 떠나 중국으로 가는 배를 탔지. 깜깜한 밤바다, 빼앗긴 내 나라 이제 다시는 못 갈지 몰라. 못 가는 곳이 없던데, 저 비행기란 놈은…….

'그래! 진짜로 비행사가 되는 거야. 비행기를 타고 날아가서 일본과 싸우는 거야!'

니 꿈은 뭐이가?

나는 하늘을 훨훨 날고 싶었어야.

중국의 중학교부터 들어갔어. 2년 반 만에 영어와 중국어를 다 배웠지. 중국의 비행 학교를 찾아갔어.

"여자는 들어올 수 없소!"

여자는 날 수 없다네? 중국에서도.

나는 윈난성의 장군 당계요를 찾아갔어.

배 타고 기차 타고 걷고 또 걸어 갔어야.

앞만 바라보며 드넓은 중국 땅을 가로질러 갔어야.

당계요 장군은 많이 놀랐지.

"여자가 어떻게 여기 왔나?"
"하늘을 날고 싶어서요."
"여자가 왜 비행사가 되려 하나?"
"내 나라를 빼앗아 간 일본과 싸우려고요!"
"…… 좋다!"

- 박은정, 『비행사 권기옥 이야기, 니 꿈은 뭐이가?』 중에서

4 '나'의 어린 시절에 대한 설명으로 알맞지 않은 것은 무엇인가요?

① 홀로 한글을 깨우쳤다.
② 동생을 업고 학교에 나갔다.
③ 일 등을 못 하면 분해서 잠이 안 왔다.
④ 똑똑하여 학교에 공짜로 다닐 수 있었다.
⑤ 학교에서 목사님이 지어 준 아침밥을 먹고 공부했다.

5 '나'가 비행기를 처음 보았을 때 어떤 마음이었을까요?

① 분한 마음
② 신기한 마음
③ 두려운 마음
④ 서글픈 마음
⑤ 뿌듯한 마음

'나'의 성격으로 알맞은 것을 모두 고르세요. (정답 2개)

① 게으르다.
② 끈기가 있다.
③ 의욕이 없다.
④ 지는 것을 싫어한다.
⑤ 으스대기를 좋아한다.

㉠의 구체적인 내용은 무엇인지 빈칸에 알맞은 말을 써 보세요.

| (　　　　　　　　)이/가 되어 하늘을 훨훨 나는 것이다. |
|---|

8 '나'가 우리나라를 떠난 까닭은 무엇인가요?

① 중국에 가서 돈을 많이 벌고 싶었기 때문에
② 중국의 비행 학교에 입학 허가를 받았기 때문에
③ 중국 윈난성의 당계요 장군이 초대하였기 때문에
④ 중국에 가서 영어와 중국어를 공부하고 싶었기 때문에
⑤ 우리 땅에서 또 독립운동을 하다 잡히면 죽을 수도 있기 때문에

**9** 이 글을 읽고 '말하는 이'에 대해 이야기를 나누었을 때, 알맞지 않은 말을 한 친구의 이름을 써 보세요.

태형: 비행사가 되는 것은 정말 멋진 꿈인 것 같아.
은아: 이 글의 '나'처럼 자신의 꿈을 이루기 위해 열심히 노력해야겠어.
우민: 어떤 상황에서든 무기를 나르는 행동은 잘못된 일이야.
소미: 이 글의 '나'처럼 쉽게 포기하지 않는 태도를 본받아야겠어.

( )

## '분하다'의 여러 가지 뜻

여우가 낱말 뜻 포도를 따 먹으려고 합니다. '분하다'의 뜻이 아닌 포도는 신맛이 나서 먹을 수가 없습니다. 여우가 먹을 수 없는 포도를 찾아 ○표 하세요.

**왜 그럴까?**

'분하다'는 여러 가지 뜻을 지닌 낱말입니다. 먼저, '등장인물의 성격, 나이, 특징 등에 맞게 배우를 꾸미다.'라는 뜻의 '분하다'는 '분장하다'와 같은 말입니다. '분하다'는 또 '억울한 일을 당하여 화나고 원통하다.'와 '될 듯한 일이 되지 않아 섭섭하고 아깝다.'의 뜻이 있습니다. '신통한 데가 없고 하찮다.'는 '시시하다'의 뜻입니다. 여러 가지 뜻을 지닌 낱말의 뜻을 정확하게 파악하기 위해서는 국어사전의 도움이 필요하답니다.

# 4 작품에서 말하는 이 알기 ❺

작품에서 말하는 이 찾기 | 말하는 이가 처한 상황 이해하기 | 말하는 이의 관점에 따라 내용이 달라짐을 알기

공부한 날 월 일

다음 시조를 읽고 물음에 답해 봅시다.

**훈민가**

정철

어버이 살아 계실 때 섬기기를 다 하여라
㉠지나간 후면 애달프다 어이하리
㉡평생에 다시 못 할 일이 이뿐인가 하노라

**1** ㉠이 뜻하는 것은 무엇인가요?

① 내가 부모가 되어 보면
② 부모님께 꾸중을 들은 후면
③ 부모님께서 돌아가시게 되면
④ 부모님께서 내 앞을 지나가시면
⑤ 부모님께서 멀리 여행을 가시게 되면

**2** ㉡이 뜻하는 것은 무엇인지 두 글자로 써 보세요.

(　　　　　　)

**3** 이 시조에서 말하는 이가 전하려는 중심 생각은 무엇인가요?

① 부모님께 효도하자.
② 공부를 열심히 하자.
③ 부모님과 함께 살자.
④ 다른 사람에게 양보하자.
⑤ 약한 사람들을 도우며 살자.



절취선대로 자르세요.

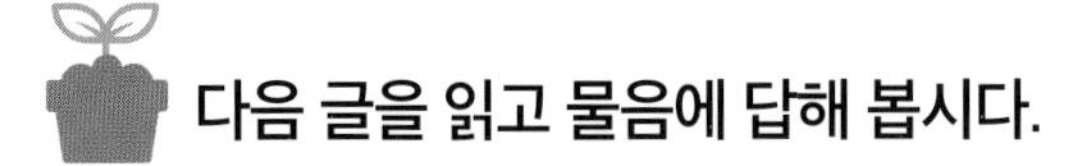

## 다음 글을 읽고 물음에 답해 봅시다.

날 두고 깽깽이꾼이라고 합지요. 좀 고상하게 부르면 '해금수'라고도 합디다. 헤헤, 아무래도 깽깽이꾼이 더 정겹지요.

나도 이야기꾼을 딱 한 번 본 적이 있소. 그때 내 나이 갓 스물을 넘겼을 때니 한창 힘이 넘칠 때지요. 온갖 짐승 소리 흉내를 내는데, 듣는 사람들이 흥에 겨워 아주 신기해하기까지 했다오. 열 살 남짓에 깽깽이를 배워 십 년쯤 하니, 못 내는 소리가 없었구려.

"그 솜씨에 서울 가면 이름나겠다!"

어떤 이가 이 말을 하는데, 난 힘이 나서 바로 서울로 올라왔다오. 첫날부터 서울 종로에 있는 종각에 자리를 틀고 앉았지요. 보란 듯이 깽깽이를 켜면서 말이오. 아니나 다를까, 사람들이 하나둘 구경을 하였구려. 한데 누가 그래요.

"그 자린 이야기꾼 자리요!"

내가 차지한 자리가 이야기꾼이 앉는 자리란 것이구려. 난 못 들은 척하였다오.

그렇게 얼마를 있으려니, 저쪽에서 한 무리 사람들이 몰려오는데, 그 가운데 ㉠하얀 두루마기를 입은 이가 있습디다.

'㉡저이가 그 이야기꾼인갑다.'

나는 모른 척하였지요. 조금 있으려니, 이야기꾼이 내 앞에 섰소.

"그 자린 오래오래 내 앉던 자린데 비켜 줄 수 있소?"

"㉢댁이 이 자리를 세내셨소?"

"아닐세, 내내 그 자리에만 앉아서 사람들이나 나나 익숙해서 그런 거지."

"그럼, 오늘부턴 ㉣내 차지요. 내가 먼저 앉았으니."

이 말을 하니, 어찌나 고소하던지 난 어깨가 으쓱하였다오. 헤헤, 이야기꾼과 말 상대해 내가 이긴 거지. 여하튼 이야기꾼은 대답할 말이 없던지, 몇 걸음 떨어진 자리에 앉습디다. 구경꾼들 가운데 몇몇은 나를 쫓아내려고 험한 소리를 했지만, 이야기꾼은 손사래를 치며 막더군요. 그때 워낙 자신만만하던 때였으니, 내 눈에 뭐 보이는 게 있겠소, 헤헤.

그런데 말이오. 이상한 일이 벌어졌다오. 이야기꾼이 자리를 잡고 앉아서는 통 말을 꺼내지 않아. 벌써 이야기를 시작하고 한참 지났을 때이건만 눈 딱 감고 잠자코만 있는 거요. 그러니 나만 신났지요. 나는 온갖 재주를 다 부려 가며 깽깽이를 켜 대었소. 이야기꾼이 내 깽깽이 소리 때문에 꼼짝 못 하는 줄로만 알았지. 이야기라는 게 흥을 타야 하는 건데, 난데없이 옆에서 깽깽이 소릴 내니 왜 아니겠소. 내가 한창 도망가는 쥐 흉내를 내고 있을 때였소. 요렇게 말이우.

찐찐…… 찌찌르스스스…… 찐.

드디어 이야기꾼이 입을 떼었지요.

"저기 저놈 쥐, 홍보네 부엌으로 들어가는구나! 거기 가면 저녁 얻어먹을꼬!"

난 이번엔 고양이 소릴 흉내 내었지요.

야…… 야우우오…… 오오옹.

이야기꾼이 다시 소릴 치는구려.

"홍보네 석 달 굶은 고양이 아가릴 벌리고 기다리고 섰네. 쥐 이놈! 네가 홍보네 저녁 찬거리로다!"

그러자 구경꾼들이 무릎을 치며 웃는 거요. 나랑 이야기꾼을 번갈아 보면서 말이지. 난 이게 뭔 일인가 하고 이번엔 범 걸음새 흉내를 내었소.

지지……웅지우웅 척징…….

이야기꾼도 대뜸 받았다오.

"인왕산 범 한 마리 대궐 담을 훌쩍!"

지지지징. 지르르릉.

"신하들이 깜짝 놀라 임금도 팽개치고 도망치누나!"

칭, 지지잉잉 지징잉잉 우우쓰.

"범 어흥 소리 대궐 기왓장이 들썩! 임금도 벌벌! 한낱 범 앞에서 어쩌지 못하누나!"

놀랍게도 이야기꾼은 내 깽깽이 소리에 맞추어 척척 이야기를 지어내었다오. 점점 그 소리며 얘기가 흥에 겨워, 나도 모르게 이야기에 빠져들었소. 그런데 말이오, 나중에 보니, 이야기꾼 소리에 맞추어 거꾸로 내가 가락 장단을 타고 있더군.

이야기를 다 마치자, 내 앞엔 동전이 수북했고, 구경꾼들은 나를 들쳐 업고 좋아라, 난리를 쳤다오. 이야기꾼은 어느새 자릴 뜨고 없었지요.

그날 밤 나는 서울을 떠났다오. 내 잘난 재주만 믿고 큰소리친 게 자꾸 부끄러워져서 그랬지요.

- 김기정,『조선에서 가장 재미난 이야기꾼』 중에서

## 4

'나'는 무엇을 하는 사람인가요?

① 서울에서 장사를 하는 사람
② 깽깽이를 연주하며 돈을 버는 사람
③ 아름드리 나무를 잘라 깽깽이를 만드는 사람
④ 이야기꾼이 하는 이야기를 종이에 적는 사람
⑤ 유명한 이야기꾼을 찾아다니며 이야기를 듣는 사람

## 5

'나'가 서울 종로 종각에 자리를 틀고 앉아 깽깽이를 켠 까닭은 무엇인가요?

① 이야기꾼을 만나기 위해서
② 서울 사람들에게 깽깽이를 팔기 위해서
③ 서울 사람들에게 깽깽이 연주 실력을 뽐내기 위해서
④ 서울 사람들에게 깽깽이 연주 방법을 알려 주기 위해서
⑤ 서울에 자신보다 깽깽이 연주 실력이 뛰어난 사람이 있는지 알아보기 위해서

## 6

㉠~㉣ 중 가리키는 사람이 다른 하나의 기호를 써 보세요.

(　　　　　)

## 7

이야기꾼이 '나'의 깽깽이 소리를 듣고 한 일로 알맞은 것에 ○표 하세요.

(1) 눈을 감고 끝까지 아무 말도 하지 않았다. ……………………………………………(　　　)
(2) 깽깽이 소리에 맞게 이야기를 꾸며 내었다. ……………………………………………(　　　)

**8** '나'가 그날 밤 서울을 떠난 까닭은 무엇인지 빈칸에 알맞은 말을 써 보세요.

자신의 잘난 재주만 믿고 큰소리친 게 자꾸 (                ) 때문이다.

**9** 이 글의 말하는 이와 주제를 빈칸에 알맞게 써 보세요.

| 말하는 이 | |
|---|---|
| 주제 | |

## 관용 표현

다음 관용 표현의 뜻을 찾아 선으로 바르게 이어 보세요.

입이 떨어지다. •        • 뽐내고 싶은 기분이나 떳떳하고 자랑스러운 기분이 되다.

자리를 털고 일어나다. •        • 입에서 말이 나오다.

손사래를 치다. •        • 다른 곳으로 옮기려고 있던 곳에서 움직이다.

어깨를 으쓱거리다. •        • 거절이나 부인을 하며 손을 펴서 마구 휘젓다.

**왜 그럴까?**

관용 표현은 두 개 이상의 낱말이 합쳐지면서 원래의 뜻과 다른 뜻으로 오랫동안 사용해 온 표현을 말합니다. 관용 표현의 뜻을 잘 알고 있으면 글의 내용을 더 잘 이해할 수 있습니다. 주어진 그림을 참고하여 관용 표현의 정확한 뜻을 파악해 보세요.

# 4 작품에서 말하는 이 알기 ❻

작품에서 말하는 이 찾기 | 말하는 이가 처한 상황 이해하기 | 말하는 이의 관점에 따라 내용이 달라짐을 알기

공부한 날 월 일

정리 '작품에서 말하는 이 알기'와 관련하여 다음에 제시된 문장이 맞으면 ○표, 틀리면 ×표 하세요.

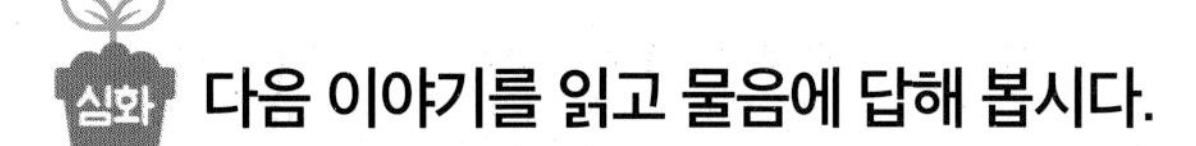

윌버는 나날이 무럭무럭 자랐다. 아주 건강해졌고 몸무게도 많이 불어났다. 어느 날 오후, 펀이 의자에 앉아 있을 때였다. 가장 나이 많은 양이 헛간 안으로 걸어 들어왔다. 그러고는 윌버를 찾아왔다.

"잘 있었니? 몸무게가 불고 있는 것 같구나."

"응, 그런 것 같아. 내 나이에는 계속 몸무게가 불어나는 것이 좋거든."

"그렇다 해도 난 네가 부럽지 않아. 사람들이 왜 너를 살찌우고 있는지 알고 있니?"

"아니."

"음, 나쁜 소리를 퍼뜨리고 싶지는 않지만, 사람들은 널 죽이려고 살을 찌우는 거야. 그것이 이유야. 너를 죽인다고. 너를 훈제 베이컨과 햄으로 만들 거야. 새끼 돼지들은 대부분 날씨가 추워지기가 무섭게 농부의 손에 죽어. 이 근처에서는 크리스마스에 즈음하여 너를 죽이려고 정기적으로 모여 음모를 꾸미고 있어. 모두 그 계획에 가담하고 있지."

윌버가 비명을 질렀다.

"그만해! 나는 죽기 싫단 말이야! 누가 나 좀 살려 줘! 나 좀 살려 줘!"

"진정해, 윌버!"

샬롯은 이 끔찍한 대화를 듣고 있었다. 윌버는 이리 뛰고 저리 뛰며 꽥꽥 소리를 질렀다.

"죽지 않게 해 줄게."

"뭐라고? 정말이야? 누가 나를 구해 줄 건데? 어떻게?"

"두고 보면 알아. 어쨌든 내가 너를 구해 줄 테니 진정해. 너는 어린애처럼 굴고 있어. 그만 뚝 그쳐! 그렇게 날뛰는 것은 못 참겠어."

샬롯은 날마다 거꾸로 매달려 뾰족한 수가 떠오르기를 기다렸다. 시간 시간 생각에 잠겨 움직이지 않고 가만히 앉아 있었다. 윌버에게 목숨을 구해 주겠다고 하였기 때문에 샬롯은 약속을 지키기로 굳게 마음먹었다. 샬롯은 천성적으로 참을성이 많았다. 샬롯은 충분히 기다리면 파리가 거미줄에 걸려든다는 것을 경험으로 알고 있었다. 윌버의 문제도 충분히 생각하면 좋은 생각이 떠오르리라고 확신하고 있었다. 마침내 칠월 중순으로 접어드는 어느 날 아침에 좋은 생각이 떠올랐다.

'이건 아주 간단하군! 윌버의 목숨을 구하려면 주커만을 속이면 돼. 내가 벌레를 속일 수 있으면 분명히 사람도 속일 수 있어.'

샬롯은 거미줄 한복판으로 내려와서 거기에 있는 거미줄 몇 가닥을 끊기 시작하였다. 다른 동물들이 졸고 있는 동안에 천천히, 그리고 꾸준히 작업을 하였다. 아무도 샬롯이 작업하고 있는 것을 알아채지 못하였다. 암거위까지 몰랐다. 윌버는 부드러운 잠자리에 푹 파묻혀 잠들어 있었다. 새끼 거위들은 자기들이 가장 좋아하는 헛간 구석에서 삑삑거리며 밤 노래를 불렀다. 샬롯은 거미줄 한 부분을 큼직하게 찢어 한복판에 뻥 뚫린 공간을 남겨 두었다. 그런 다음 그 공간에 다른 거미줄을 짜기 시작하였다. 자정 무렵에 템플턴이 쓰레기 더미에서 돌아왔을 때도 샬롯은 여전히 작업을 하고 있었다.

이튿날은 안개가 자욱하였다. 농장에 있는 모든 것이 축축하게 젖어 있었다. 풀밭이 마법의 양탄자처럼 보였다. 아스파라거스밭은 은으로 만든 숲처럼 보였다. 안개 낀 날 아침이면 샬롯의 거미줄은 정말 아름다웠다. 오늘 아침에는 가느다란 거미줄의 올마다 수십 개의 조그마한 물방울이 장식되어 있었다. 거미줄은 빛을 받아 반짝거렸으며 사랑스럽고 신비로운 무늬를 만들어 냈다. 마치 결혼식 때 신부가 머리에 쓰는 고운 면사포 같았다. 아름다움에 대하여 별 관심이 없는 러비조차 윌버의 아침밥을 가지고 왔을 때 그 거미줄을 알아보았다. 러비는 그것이 얼마나 선명하게 드러나는지, 그리고 얼마나 커다랗고 세심하게 짜였는지 잘 보았다. 그러고 나서 그는 다시 한번 쳐다보다 무엇인가 발견하였다. 그러고는 그만 들고 있던 양동이를 바닥에 떨어뜨리고 말았다. 거기, 거미줄 한가운데에 선명하고도 굵게 어떤 글자가 짜여 있었다.

'대단한 돼지'

- 엘윈 브룩스 화이트 글, 김화곤 옮김, 『샬롯의 거미줄』 중에서

1. 가장 나이 많은 양이 윌버에게 전해 준 소식은 무엇인가요?

① 이제 곧 겨울이 온다.
② 사람들이 널 죽이려고 한다.
③ 너의 몸무게가 자꾸 불어나고 있다.
④ 사람들이 너에게 베이컨과 햄을 주려고 한다.
⑤ 사람들이 크리스마스를 어떻게 보낼 것인지 의논하고 있다.

2. 샬롯의 거미줄에 대한 설명으로 알맞지 않은 것은 무엇인가요?

① 러비를 깜짝 놀라게 하였다.
② 매우 작아서 쉽게 찾아 볼 수 없다.
③ 안개 낀 날 아침에는 정말 아름답다.
④ 다른 동물들이 알아채지 못하는 사이에 짜였다.
⑤ 오늘 아침에는 올마다 수십 개의 물방울이 장식되어 있었다.

3. 샬롯이 윌버를 구하기 위해 한 일은 무엇인가요?

① 벌레를 속이는 것
② 거미줄에 글자를 짜는 것
③ 윌버를 아무도 못 보는 곳에 감추는 것
④ 파리를 많이 잡아 윌버에게 먹이로 주는 것
⑤ 주커만에게 윌버를 죽이지 말라고 말하는 것

4. 이 글에 등장하는 샬롯과 윌버는 각각 어떤 동물인지 찾아 빈칸에 써 보세요.

(1) 샬롯: (　　　　　　)　　(2) 윌버: (　　　　　　)

5. 이 글의 말하는 이에 대한 설명으로 알맞은 것에 ○표 하세요.

(1) 이야기에 등장하는 인물이 아니다. ·································( 　 )
(2) 윌버와 샬롯에게 미안한 마음을 가지고 있다. ························( 　 )

 샬롯과 주커만은 각각 윌버에게 어떤 인물인지 알맞은 것에 ○표 하세요.

| | |
|---|---|
| 샬롯 | 윌버를 ( 도와주는 / 방해하는 ) 인물이다. |
| 주커만 | 윌버를 ( 위협하는 / 보호하는 ) 인물이다. |

## 붓다? 불다? 붇다? 붙다?

다음 그림을 보고, 문장에 어울리는 낱말을 골라 ○표 하세요.

요즘 학생들 사이에서 유행어 쓰지 않기 바람이 (불고 / 붓고) 있다.

부부는 재산이 (붇는 / 불는 ) 재미에 힘든 줄도 모르고 일했다.

부추전을 만들기 위해서는, 우선 밀가루에 물을 (붓고 / 붇고) 잘 저어 주어야 한다.

저 친구 혼자 교실을 청소하려면 오래 걸리니, 모두 여기 (붙어서 / 붓어서) 청소를 빨리 끝내자.

**왜 그럴까?**

'불다', '붇다', '붓다', '붙다'는 모양이 비슷하고 문장에서 쓰였을 때의 모습도 비슷하여 헷갈리기 쉽습니다. '불다'는 '유행, 풍조, 변화 등이 일어나 휩쓸다.', '붇다'는 '분량이나 수효가 많아지다.', '붓다'는 '액체나 가루 등을 다른 곳에 담다.', '붙다'는 '어떤 일에 나서다. 또는 어떤 일에 매달리다'라는 뜻이므로 잘 구분해 보세요.

힘내!

21일

읽기 목표

# 5 작품에 나타난 비유적 표현 알기 ❶

| 비유적 표현의 의미와 종류 알기 | 비유적 표현의 특성과 방법 알기 | 비유적 표현을 사용하면 좋은 점 알기 |
| --- | --- | --- |

공부한 날 월 일

비유적 표현이란 어떤 현상이나 사물을 직접 설명하지 않고 비슷한 현상이나 사물에 빗대어 표현하는 것입니다. 비유적 표현의 의미와 좋은 점을 알아보고, 비유법 중에서 직유법과 은유법이 시나 이야기 속에서 어떻게 쓰이는지 살펴보세요. '직유법'은 비슷한 성질이나 모양을 가진 두 사물을 '……같이', '…… 같은', '……처럼' 등으로 표현하는 방법을 말하고, '은유법'은 '……은/는 ……(이다)'로 표현하는 방법을 말합니다. 비유적 표현에 담겨 있는 독특한 발상이나 표현의 효과를 파악하면 문학 작품을 더 깊이 있게 이해하고 그 아름다움을 느낄 수 있습니다.

자, 이제 여러 가지 시와 이야기에 나오는 비유적 표현에 대해 알아볼까요?

절취선대로 자르세요.

## 다음 시를 읽고 물음에 답해 봅시다.

### 풀잎과 바람

정완영

나는 풀잎이 좋아, 풀잎 같은 친구 좋아
바람하고 엉켰다가 풀 줄 아는 풀잎처럼
헤질 때 또 만나자고 손 흔드는 친구 좋아.

나는 바람이 좋아, 바람 같은 친구 좋아
풀잎하고 헤졌다가 되찾아 온 바람처럼
만나면 얼싸안는 바람, 바람 같은 친구 좋아.

**1** 이 시에서 '친구'를 비유한 대상 두 가지를 찾아 써 보세요.

( , )

**2** 풀잎과 친구의 비슷한 점에는 '풀', 바람과 친구의 비슷한 점에는 '바'를 써 보세요.

(1) 만나면 얼싸안는다. ………( )
(2) 엉켰다가 풀 줄 안다. …………………( )
(3) 헤어졌다가 되찾아 온다. …( )
(4) 헤어질 때 또 만나자고 손을 흔든다. ‥( )

**3** 이 시에서 말하는 이가 좋아하는 친구는 어떤 친구인가요?

① 바람처럼 달리기를 잘하는 친구
② 바람처럼 만나면 얼싸안는 친구
③ 바람처럼 소리 없이 떠나가는 친구
④ 풀잎으로 풀피리를 불 줄 아는 친구
⑤ 풀잎처럼 엉켜서 싸움을 잘하는 친구

**4** 다음 설명의 빈칸에 들어갈 알맞은 말을 써 보세요.

어떤 현상이나 사물을 비슷한 현상이나 사물에 빗대어 표현한 것을 ( )(이)라고 한다.

다음 시를 읽고 물음에 답해 봅시다.

## 물새알 산새알

박목월

물새는
물새라서 바닷가 바위틈에
알을 낳는다.
보얗게 하얀
물새알.

산새는
산새라서 잎 수풀 둥지 안에
알을 낳는다.
알락달락 얼룩진
산새알.

물새알은
간간하고 짭조름한
미역 냄새
바람 냄새.

산새알은
달콤하고 향긋한
풀꽃 냄새
이슬 냄새.

물새알은
물새알이라서
날갯죽지 하얀
물새가 된다.

산새알은
산새알이라서
머리꼭지에 빨간 댕기를 드린
산새가 된다.

**5** 이 시에서 물새와 산새가 알을 낳는 곳은 어디인지 써 보세요.

(1) 물새 : (　　　　　　　　)　　　　(2) 산새 : (　　　　　　　　)

**6** 물새알에 대한 설명에는 '물', 산새알에 대한 설명에는 '산'을 써 보세요.

(1) 알락달락 얼룩진 모습이다. ………………………… (　　　)
(2) 간간하고 짭조름한 냄새가 난다. ………………………… (　　　)
(3) 머리꼭지에 빨간 댕기를 드린 산새가 태어난다. ………………………… (　　　)

**7** 이 시에 대해 알맞게 설명하지 <u>못한</u> 친구의 이름을 써 보세요.

**태형**: 이 시를 읽으면 노래를 부르는 듯한 느낌이 들면서 눈앞에 생생하게 장면이 떠올라.
**은아**: 이 시에서는 '같이' 등의 말을 사용하여 물새알과 산새알을 다른 대상에 직접 빗대었어.

(　　　　　　　　)

8 이 시에서 '물새알'과 '산새알'을 비유한 대상을 보기 에서 각각 두 가지씩 찾아 번호를 써 보세요.

(1) 물새알 : (                    )  (2) 산새알 : (                    )

보기
① 날갯죽지 ② 수풀 둥지 ③ 미역 냄새 ④ 풀꽃 냄새
⑤ 빨간 댕기 ⑥ 바람 냄새 ⑦ 이슬 냄새 ⑧ 바닷가 바위틈

재미있는 낱말 놀이터

## 로서? 로써?

다음 만화에서 '로서'와 '로써' 중 친구들이 한 말에 어울리는 것에 ○표 하세요.

왜 그럴까?

'로써'는 어떤 일의 수단이나 도구, 방법 또는 재료나 원료를 나타내는 뜻으로 쓰이고, '로서'는 지위나 신분, 자격을 나타내는 뜻으로 쓰입니다. 말이 쓰이는 상황과 문맥을 고려하여 문장에 어울리는 것을 찾아 보세요.

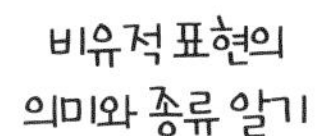

# 5 작품에 나타난 비유적 표현 알기 ❷

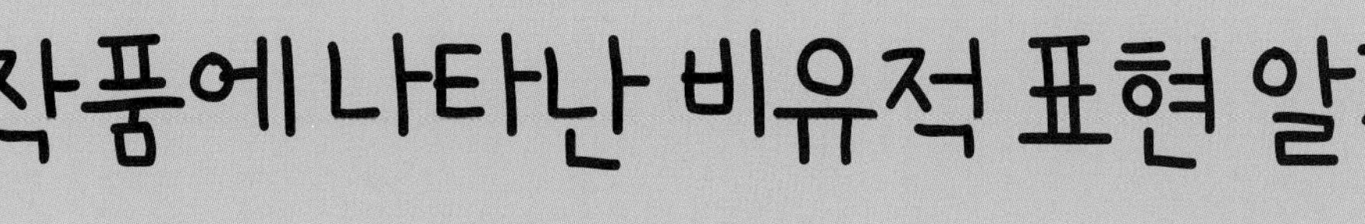

| 비유적 표현의 의미와 종류 알기 | 비유적 표현의 특성과 방법 알기 | 비유적 표현을 사용하면 좋은 점 알기 |
| --- | --- | --- |

공부한 날 월 일

다음 시를 읽고 물음에 답해 봅시다.

**길**

김종상

길은
포도 덩굴.

몇백 년을 자라서
땅덩이를 다 덮었다.

이 덩굴
가지마다

포도송이 같은
마을이 있고

포도알 같은
집들이 달렸다.

포도알이 늘 때마다
포도송이는 자꾸 커 가고

갈봄 없이
자라기만 하는
이 덩굴을 통하여

사람과 사람이 도와 가고
마을과 마을이 이어져서

세계가
한 덩이로 되었다.

**1** 이 시에서는 다음 대상을 각각 무엇에 비유하였는지 선으로 바르게 이어 보세요.

(1) 길 • • 포도알

(2) 마을 • • 포도송이

(3) 집 • • 포도 덩굴

**2** 이 시에서 직유법이 사용된 연을 모두 찾아 써 보세요.

( , )

**3** 빈칸에 알맞은 말을 써서 비유적 표현의 좋은 점을 완성하세요.

비유적 표현을 읽으면 ( ) 느낌이 들고, ( )이 쉽게 떠올라서 시의 ( ) 을 이해하기가 쉽다.

절취선대로 자르세요.

## 다음 글을 읽고 물음에 답해 봅시다.

### 어부지리

옛날, 중국이 여러 나라로 나누어져 있을 때의 일입니다. 연나라는 남쪽으로 제나라, 서쪽으로 조나라와 국경을 맞대고 있었는데 항상 두 나라의 위협을 받고 있었습니다.

연나라가 제나라와 전쟁 중이던 어느 해, 연나라에 흉년이 들었습니다. 그러자 조나라는 이를 기회로 삼아 연나라를 침략하려고 하였습니다. 연나라는 제나라와 전쟁 중이어서 어떻게든 조나라와의 전쟁을 피하고 싶었습니다. 그래서 연나라의 왕은 소대라는 사람을 보내어 조나라의 왕을 설득하게 하였습니다. 소대는 조나라의 왕을 찾아가 말하였습니다.

"이번에 제가 이곳으로 오는 길에 역수를 건너다가 큰 조개 하나가 입을 벌리고 햇볕을 쬐는 광경을 보았습니다. 그런데 마침 황새 한 마리가 날아와 조개의 살을 쪼았습니다. 그러자 조개는 입을 다물어 황새의 주둥이를 물었습니다. 그때 황새가 말하였습니다. '오늘도 비가 오지 않고 내일도 비가 오지 않는다면 너는 말라 죽을 거야.' 이 말을 들은 조개는 황새에게 말하였습니다. '내가 오늘도 놓지 않고 내일도 놓지 않는다면 너야말로 굶어 죽고 말겠지.' 둘은 서로 양보하지 않고 싸웠습니다. 그때 마침 그곳을 지나던 어부가 그물로 둘을 모두 잡게 되었습니다.

연나라와 조나라가 서로 협력하지 않고 싸운다면 누구에게 이익이겠습니까? 이웃의 크고 강한 진나라가 이득이 아니겠습니까? 이것은 마치 조개와 황새가 서로 다투다가 어부에게 잡히는 형상이라고 할 수 있습니다. 부디 왕께서는 이 이야기를 유념하시기를 바랍니다."

소대의 말을 들은 조나라의 왕은 연나라를 쳐들어가려는 계획을 즉시 포기하였습니다.

- 장연 엮음, 『말 힘·글 힘을 살리는 고사성어』 중에서

연나라가 처한 상황을 <u>잘못</u> 설명한 것은 무엇인가요?

① 흉년이 들었다.
② 제나라와 전쟁 중이었다.
③ 이웃에 크고 강한 진나라가 있었다.
④ 서쪽으로 제나라, 북쪽으로 조나라와 국경을 맞대고 있었다.
⑤ 조나라가 연나라의 상황을 기회로 삼아 연나라를 침략하려고 하였다.

이 글에서 다음 뜻을 가진 낱말을 찾아 써 보세요.

| 농작물이 예년에 비하여 잘되지 아니하여 굶주리게 된 해 |
|---|

( )

**6** 연나라의 왕이 '소대'를 조나라의 왕에게 보낸 까닭은 무엇인가요?

① 어부가 잡은 황새와 큰 조개를 선물로 보내려고
② 조나라와 힘을 합쳐 제나라와의 전쟁에서 이기려고
③ 조나라 왕을 설득하여 두 나라 간의 전쟁을 피하려고
④ 큰 조개와 황새가 싸우는 신기한 소식을 알려 주려고
⑤ 함께 진나라를 침략하여 영토를 나누자고 설득하려고

**7** 조나라의 왕이 연나라를 쳐들어가려는 계획을 즉시 포기한 까닭은 무엇인지 써 보세요.

(　　　　　　　　　　　　　　　　　　　　　　　　　　　　)

**8** 이 글의 내용을 바탕으로 제목인 '어부지리'의 뜻을 바르게 짐작한 친구를 찾아 ○표 하세요.

| 소미: 둘이 힘을 합쳐 위험을 막는다는 뜻이야. | 우민: 둘이 싸우고 있을 때 엉뚱한 사람이 이익을 본다는 뜻이야. | 은아: 사방이 위험에 노출되어 매우 위험한 상황을 일컫는 말이야. |
|---|---|---|
| (　　　) | (　　　) | (　　　) |

**9** '소대'가 각 나라를 무엇에 비유하였는지 선으로 바르게 이어 보세요.

(1) 연나라 •　　　　• 황새
(2) 조나라 •　　　　• 어부
(3) 진나라 •　　　　• 조개

**10** 다음은 이 글의 상황과 비유적 표현을 정리한 것입니다. ㉠~㉢에 들어갈 알맞은 말을 써 보세요.

| 상황 | 비유적 표현 |
|---|---|
| 조나라가 연나라를 침략하려고 함. | 조개가 입을 벌리고 햇볕을 쬐고 있는데, ㉠ 이/가 날아와 조개의 살을 쫌. |
| 조나라가 쳐들어오면 연나라와 조나라는 싸울 수밖에 없음. | 황새가 조개의 ㉡ 을/를 쪼자, 조개가 입을 다물어 황새의 주둥이를 묾. |
| ㉢ 이/가 연나라와 조나라를 모두 정복할 수 있음. | 어부가 조개와 황새를 모두 잡음. |

(1) ㉠: (　　　　　　)　(2) ㉡: (　　　　　　)　(3) ㉢: (　　　　　　)

**11** '소대'가 비유적 표현을 사용하여 말한 까닭을 모두 고르세요. (정답 2개)

① 각 나라가 처한 상황을 이해하기 쉽게 하기 위해서
② 각 나라의 언어가 통하지 않아서 비유적 표현만 알아듣기 때문에
③ 조나라 왕의 마음에 와 닿게 생생하게 전달하여 설득하기 위해서
④ 각 나라를 대표하는 것에 비유하여 말하는 것이 예의이기 때문에
⑤ 조나라 왕이 어리석어 어려운 낱말을 사용하여 설명하면 알아듣지 못하기 때문에

**12** 비유적 표현에 대한 설명으로 알맞은 것은 무엇인가요?

① 비유적 표현을 읽으면 생생한 느낌이 든다.
② 비유적 표현에 등장하는 두 대상 사이에는 차이점이 없다.
③ 두 대상을 '……은/는 ……(이다)'로 표현하는 방법은 '직유법'이다.
④ 어떤 현상이나 사물을 크게 다른 현상이나 사물에 빗대어 표현한다.
⑤ '……같이', '……처럼', '……듯이' 등으로 표현하는 방법은 '은유법'이다.

## 반대말

아래 제시된 그림과 낱말 뜻을 참고하여, 빈칸에 밑줄 친 낱말과 반대되는 뜻을 가진 낱말을 써 보세요.

• 연나라에 흉년이 들었습니다.
→ 흉년: 농작물이 예년에 비하여 잘되지 아니하여 굶주리게 된 해

• 조나라에는 (                    )이 들었습니다.
→ 곡식이 잘 자라고 잘 여물어 평년보다 수확이 많은 해

• 크고 강한 진나라가 이득이 아니겠습니까?
→ 이득: 이익을 얻음.

• (                    )를 보는 것은 조나라와 연나라일 것입니다.
→ 물질적으로나 정신적으로 밑짐.

• 연나라와 조나라는 협력 관계를 맺어야 합니다.
→ 협력: 힘을 합하여 서로 도움.

• 지금처럼 (                    ) 관계의 상태로 싸우면 안 됩니다.
→ 같은 목적에 대하여 이기거나 앞서려고 서로 겨룸.

**왜 그럴까?**

어려운 낱말의 뜻을 파악하기 위해서는 뜻이 비슷한 낱말 또는 반대되는 낱말을 바꾸어 짐작해 보아야 합니다. 예를 들어 '농작물이 예년에 비하여 잘되지 아니하여 굶주리게 된 해'를 뜻하는 '흉년'의 반대말은 '풍년'입니다. 이렇게 반대되는 두 낱말을 비교하면 낱말의 뜻을 보다 정확하게 이해할 수 있습니다.

파이팅!

23일

읽기 목표

# 5 작품에 나타난 비유적 표현 알기 ❸

비유적 표현의 의미와 종류 알기 · 비유적 표현의 특성과 방법 알기 · 비유적 표현을 사용하면 좋은 점 알기

공부한 날 월 일

## 다음 시를 읽고 물음에 답해 봅시다.

**내가 채송화꽃처럼 조그마했을 때**

이준관

내가 채송화꽃처럼 조그마했을 때
꽃밭이 내 집이었지.
내가 강아지처럼 가앙가앙 돌아다니기 시작했을 때
마당이 내 집이었지.
내가 송아지처럼 겅중겅중 뛰어다녔을 때
푸른 들판이 내 집이었지.
내가 잠자리처럼 은빛 날개를 가졌을 때
파란 하늘이 내 집이었지.
내가 내가
아주 어렸을 때
내 집은 많았지.
나를 키워 준 집은 차암 많았지.

1 이 시에서 '나'를 비유한 대상이 아닌 것은 무엇인가요?

① 강아지 ② 송아지 ③ 잠자리 ④ 채송화꽃 ⑤ 파란 하늘

2 이 시에서 '나'가 다음과 같았을 때의 '내 집'은 어디라고 하였는지 선으로 바르게 이어 보세요.

| | | | |
|---|---|---|---|
| (1) | 조그마했을 때 • | | • 마당 |
| (2) | 돌아다니기 시작했을 때 • | | • 꽃밭 |
| (3) | 뛰어다녔을 때 • | | • 푸른 들판 |

3 다음은 비유적 표현의 특성을 살려 쓸 때 주의할 점을 정리한 것입니다. 빈칸에 들어갈 알맞은 말을 차례대로 써 보세요.

• 두 대상 사이의 (                    )을/를 찾아 비유한다.
• 시의 장면이 마음속에 쉽게 떠오르고 (                    ) 느낌이 들도록 한다.

절취선대로 자르세요.

## 다음 글을 읽고 물음에 답해 봅시다.

가 "내 거여! 이 동네에서 폐지 줍는 노인네들은 다 아는구먼."

하지만 눈에 혹이 난 할머니는 아무 대꾸도 없이 상자를 실은 유모차를 끌고 가려고 했어.

울뚝, 화가 치밀어 오른 종이 할머니는 눈에 혹이 난 할머니의 팔을 잡고는 힘껏 밀어 버렸어. 벌러덩, 눈에 혹이 난 할머니는 힘없이 넘어졌어. 그러고는 앞이 잘 안 보이는지 땅을 허둥허둥 짚어 대다가 유모차를 간신히 잡고 일어났어.

종이 할머니는 미안한 마음이 들기도 했지만 그보다는 마음이 놓였어. ㉠인상도 험하고 자신보다 힘이 셀 것 같았는데, 흐무러진 살구처럼 약하고 부서지기 쉽다는 걸 알게 되었으니까.

내친김에 종이 할머니는 낡은 유모차에 실린 상자를 자신의 손수레로 옮겼어. 그러고는 단단히 울릉댔지.

"또 내 것을 가져갔다가는 큰코다칠 테니께 조심혀."

눈에 혹이 난 할머니는 힘없이 골목을 빠져나갔단다.

나 종이 할머니는 손수레를 끌고 고물상으로 향하였어. 여전히 땅만 보면서 말이야. ㉡그때 바닥에 실금처럼 갈라진 틈이 보였어. 문득 의사 선생님의 말이 떠올랐지.

'할머니, 허리를 자꾸 펴시려고 해야 해요. 운동도 하시고요. ㉢계속 그렇게 허리를 구부리시면 점점 더 허리를 펼 수 없게 돼요.'

종이 할머니는 고개를 저었어.

'허리를 펴고 똑바로 살면 뭐혀. 허리가 구부러질 대로 구부러지면 땅에 납작하게 붙어 버리겠지. 그럼 저 갈라진 틈으로 사라지면 그뿐 아니겠어?'

종이 할머니는 고개를 천천히 끄덕였어.

종이 할머니는 고물상 안으로 들어가 손수레를 세웠어. ㉣손수레에는 눌러 편 종이 상자와 신문지가 차곡차곡 쌓여 있었어. 고물상 주인 정 씨는 익숙한 손놀림으로, 손수레에서 폐지를 내려 무게를 재고 한쪽 구석에 쌓았어. 그리고 종이 할머니의 손바닥에 만 원짜리 지폐 한 장과 천 원짜리 지폐 네 장을 올려놓았어. 언제나 자신이 일한 것보다 턱없이 적은 돈이었지. 종이 할머니는 그 돈을 꼭 쥐었어. ㉤아주 아주 가벼웠단다. 부스러기처럼 말이야.

종이 할머니는 다시 손수레를 끌고 집으로 향하였어.

다 골목에 들어서니 이삿짐 차가 보였어. 맞은편 집에 누군가 이사를 온 모양이야. 머리에 빨간 리본 핀을 꽂은 여자아이가 골목에서 뛰어다니고 있었어. 얼굴은 통통하고 보조개가 있었지. 눈은 커다랬는데 [ ㉥ ] 처럼 맑았어.

이삿짐 차가 돌아가자, 맞은편 집에서 젊은 여자가 책을 한 아름 안고 할머니한테 다가왔어.

"할머니, 이거요."

젊은 여자 뒤로 골목에서 놀고 있던 아이가 얼굴을 내밀었어.

"엄마, 이거 왜 할머니한테 줘?"

"할머니가 종이를 모으시거든. 너도 다 쓴 종이 있으면 할머니한테 갖다 드려."

엄마가 말하자 아이는 신이 난 듯 대답했어. / "으응."

- 유순희, 『우주 호텔』 중에서

## 4 가에 등장하는 인물을 모두 고르세요. (정답 2개)

① 젊은 여자 ② 여자아이 ③ 종이 할머니
④ 고물상 주인 정 씨 ⑤ 눈에 혹이 난 할머니

## 5 '종이 할머니'에 대한 설명으로 알맞지 않은 것은 무엇인가요?

① 의사 선생님의 말에 잘 따른다.
② 종이 상자를 모아 고물상에 판다.
③ 허리를 구부리고 땅만 보며 다닌다.
④ 손수레에 종이 상자를 싣고 다닌다.
⑤ 자신의 미래에 대해 희망적으로 생각하지 않는다.

## 6 '종이 할머니'가 고물상 주인에게 폐지를 팔고 받은 돈은 얼마인지 써 보세요.

( )

## 7 ㉠~㉤ 중에서 비유적 표현이 쓰인 부분을 모두 찾아 기호를 써 보세요. (정답 3개)

( )

## 8 ㉥에 들어갈 말로 알맞지 않은 것은 무엇인가요?

① 호수 ② 유리알 ③ 흙탕물
④ 아침 이슬 ⑤ 쪽빛 가을 하늘

## 9 다음은 이 글에 쓰인 비유적 표현을 새롭게 바꾸기 위해 생각한 내용입니다. 빈칸에 들어갈 알맞은 말을 보기에서 찾아 써 보세요.

나는 '턱없이 적은 돈'을 '( )'에 비유한 부분을 바꾸어 쓰고 싶어. 두 대상의 공통점은 '( )'이니까 이 공통점을 나타낼 수 있는 다른 대상으로 바꾸면 돼. 그래서 나는 '아주 아주 가벼웠단다. 한 줌 ( )처럼 말이야.'로 바꾸어 쓰겠어.

보기: 바위 먼지 실금 가벼움 더러움 보조개 부스러기 종이 상자

**10** 비유적 표현의 특성으로 알맞은 것을 모두 고르세요. (정답 2개)

① 두 대상 사이의 공통점을 찾을 수 있다.
② 두 대상 사이의 차이점을 찾을 수 있다.
③ 일이 일어난 차례를 잘 이해하게 해 준다.
④ 사건의 원인과 결과를 정확하게 이해하게 해 준다.
⑤ 글의 장면이 마음속에 쉽게 떠오르고 생생한 느낌이 들게 한다.

재미있는 낱말 놀이터

## '비'와 관련된 우리말

다음 '비'와 관련된 우리말과 그 뜻을 읽고 빈칸에 알맞은 낱말을 써넣어 짧은 문장을 완성하세요.

**비설거지**
비가 오려고 하거나 올 때, 비에 맞으면 안 되는 물건을 치우거나 덮는 일

**먼지잼**
비가 겨우 먼지나 날리지 않을 정도로 조금 옴.

**누리**
우박

**여우비**
볕이 나 있는 날 잠깐 오다가 그치는 비

(1) (　　　　　　)(으)로 인한 농작물 피해가 심각하다.
(2) 비가 (　　　　　　)(으)로 겨우 몇 방울 내리다 말았다.
(3) (　　　　　　)이/가 내린 뒤라 개울가의 물빛이 더욱 뚜렷하였다.
(4) 빨래를 널어 놓았는데, 비가 올 것 같아서 얼른 (　　　　　　)을/를 하였다.

**왜 그럴까?**

'비설거지', '먼지잼', '누리', '여우비'는 요즘에는 잘 쓰이지 않는 '비'와 관련된 우리말입니다. 주어진 낱말의 뜻을 참고하여 낱말이 쓰이게 될 상황을 머릿속에 떠올려 보고, 우리말의 아름다움을 느끼며 알맞은 문장을 만들어 보세요.

읽기 목표

# 5 작품에 나타난 비유적 표현 알기 ④

마무리~ 24일

비유적 표현의 의미와 종류 알기 | 비유적 표현의 특성과 방법 알기 | 비유적 표현을 사용하면 좋은 점 알기

공부한 날 월 일

**정리** 비유적 표현에 대한 내용을 정리하면서 빈칸에 들어갈 알맞은 말을 보기 에서 찾아 써 보세요.

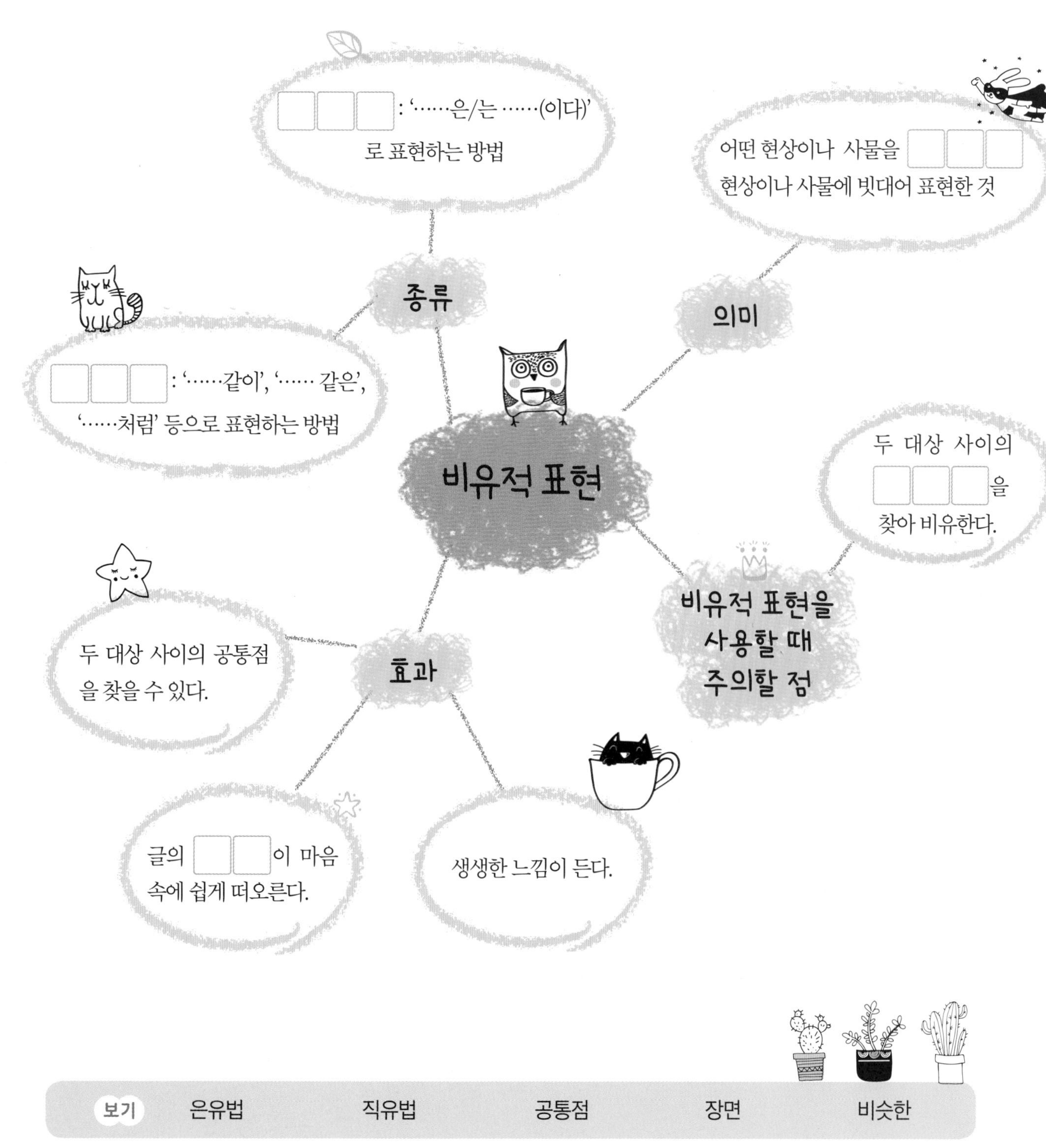


보기 은유법 직유법 공통점 장면 비슷한



절취선대로 자르세요.

**다음 글을 읽고 물음에 답해 봅시다.**

가

## 내 서랍

엄기원

내 서랍은 친구들의 비밀 장소,
디스켓과 쪽지 편지가 속닥속닥

내 서랍은 보물 창고,
칠백 원만 더 채우면 만 원이나 되는
흐뭇한 재산.
칭찬으로 받아서 먹기 아까운
알사탕들.

내 서랍은 친구들이 모여 노는 공원,
구슬 친구 딱지 친구
데굴데굴
엎치락뒤치락.

나 ㉠거대 바위와 불도저가 마치 황소처럼 힘겨루기를 하려는 찰나, 웅성거리던 사람들이 모두 숨을 죽였다. 텔레비전 앞에 모인 해바라기 시민들도 조마조마한 마음으로 화면을 지켜보고 있었다.

㉡불도저가 엄청난 힘으로 거대 바위를 밀어붙이기 시작하였다. 그러자 느리게 움직이던 바윗돌이 우뚝 이동을 멈추었다.

"아! 거대 바위가 멈추었습니다."

㉢지켜보던 사람들 속에서 함성과 박수가 터져 나왔다. 그런데 바로 그 순간이었다. ㉣멈추었던 바윗돌이 꿈틀거리더니 마치 풍선처럼 부풀어 오르기 시작하였다.

"미, 믿을 수 없는 일입니다! ㉤조금 전보다 더욱 거대해진 바윗돌이 불도저를 장난감처럼 밀어내고 있습니다."

- 김종렬, 「해바라기 마을의 거대 바위」 중에서

다

## 폐지 줍는 할머니

박방희

등 굽은 할머니가
리어카를 끌고 간다.

리어카에 쌓인
㉮폐지 더미
산봉우리처럼 솟았다.

㉯산을 끌고 가는
할머니 굽은 등은
또 다른 산

끙끙, 작은 산이
큰 산을 끌고 간다.

1 가 에서 '내 서랍'을 비유한 대상을 모두 고르세요. (정답 3개)

① 공원　② 구슬　③ 디스켓　④ 비밀 장소　⑤ 보물 창고

2 나 의 내용으로 보아, 해바라기 시민들이 기대하는 일은 무엇인가요?

① 불도저가 망가지는 일
② 거대 바위가 멈추는 일
③ 거대 바위가 더욱 커지는 일
④ 거대 바위가 불도저를 밀어내는 일
⑤ 거대 바위보다 더욱 큰 바위가 나타나는 일

3 나 의 ㉠~㉤ 중 비유적 표현이 나타난 부분을 모두 찾아 기호를 써 보세요. (정답 3개)

(　　　　　　)

4 다 에서 다음을 비유한 대상은 무엇인가요?

| 폐지 더미, 할머니의 굽은 등 |
|---|

① 산　② 상자　③ 종이
④ 가로등　⑤ 리어카

5 다 의 ㉮와 ㉯에 사용된 비유법이 무엇인지 써 보세요.

(1) ㉮: (　　　　　　)　(2) ㉯: (　　　　　　)

6 빈칸에 알맞은 말을 써 보세요.

| 비유적 표현을 쓸 때는, 비유한 대상과 그 대상을 빗대어 표현한 대상 사이의 (　　　　)을 찾아내어 표현하여야 합니다. |
|---|

7 가~다에 대한 설명으로 알맞은 것에 ○표 하세요.

(1) 가에는 직유법이 쓰였다. ( )

(2) 나에는 은유법이 쓰였다. ( )

(3) 다를 읽으면 등을 구부리고 리어카에 폐지를 높이 쌓아 끌고 가는 할머니의 모습이 떠오른다. ( )

## '하늘'과 관련된 관용 표현

다음 문장의 빈칸에 들어갈 관용 표현을 찾아 선으로 바르게 이어 보세요.

내일까지 이 숙제를 다 해야 하다니, 생각만 해도 [    ]. • • 하늘에 맡겼다

줄다리기에서 우승하자 우리 반 아이들의 사기가 [    ]. • • 하늘을 찔렀다

마지막 윷을 던지며 결과는 [    ]. • • 하늘이 캄캄하다

**왜 그럴까?**

우리말에서 '하늘'은 매우 높은 곳, 신과 같이 세상의 일을 조정하는 곳 등의 의미를 가지고 관용 표현에 자주 쓰입니다. '하늘이 캄캄하다.'는 '큰 충격을 받아 정신이 아찔하다.', '하늘을 찌르다.'는 '기세가 몹시 세차다.','하늘에 맡기다.'는 '운명에 따르다.'라는 뜻입니다. 그림에 나타난 상황을 살펴보며 주어진 문장에 각각의 말을 차례대로 넣어 어울리는 말을 찾아 보세요.

힘내!

25일

읽기 목표

# 6 문학 작품의 갈래 알기 ❶

시의 갈래 특성을 알고 감상하기

동화의 갈래 특성을 알고 감상하기

희곡의 갈래 특성을 알고 감상하기

공부한 날 월 일

문학 작품에는 시, 동화, 희곡 등의 갈래가 있습니다. 글쓴이의 생각이나 느낌을 함축적인 언어로 표현한 시, 어린이를 위하여 동심을 바탕으로 지은 이야기인 동화, 공연을 목적으로 쓰인 연극의 대본인 희곡 등 각각의 문학 갈래는 고유의 특성을 가지고 있습니다.

그러면 이제 문학 갈래의 특성을 알아보고, 다양한 문학 작품을 감상해 볼까요?

절취선대로 자르세요.

다음 시를 읽고 물음에 답해 봅시다.

달

이원수

너도 보이지.
오리나무 잎사귀에 흩어져 앉아
바람에 몸 흔들며 춤추는 달이.

너도 들리지.
시냇물에 반짝반짝 은 부스러기
흘러가며 조잘거리는 달의 노래가.

그래도 그래도
너는 모른다.
둥그런 저 달을 온통 네 품에
안겨 주고 싶어 하는
나의 마음은.

1. 이 시에서 '달빛을 받으며 흘러가는 시냇물의 모습'을 묘사한 연을 찾아 써 보세요.

( )

2. 이 시에 대하여 잘못 설명한 것은 무엇인가요?

① 평화로운 분위기를 자아낸다.
② '너도 ~지.'라는 부분의 반복으로 운율감이 느껴진다.
③ 3연에서 직유법을 사용하여 생생하게 묘사하고 있다.
④ 글쓴이는 둥그런 저 달을 '너'에게 안겨 주고 싶어 한다.
⑤ 바람에 흔들리는 오리나무 잎사귀 사이로 비치는 달을 춤추는 것처럼 비유적으로 표현하였다.

3. 다음 중 시의 특성에 대하여 바르게 말한 친구의 이름을 써 보세요.

**소미**: 시에는 운율감을 살리기 위해서 같은 말의 반복이나 소리의 반복이 반드시 있어.

**태형**: 시는 노래하는 것처럼 읽을 수 있고, 장면을 상상할 수 있어.

( )

## 다음 글을 읽고 물음에 답해 봅시다.

**가** 오후가 되자, 스크루지는 조카의 집을 향해 발길을 옮겼다. 스크루지는 열두 번도 더 대문 앞을 지나치고 나서야 겨우 현관까지 올라가 문을 두드릴 용기를 냈다. 어쨌든 스크루지는 마음을 단단히 먹고 문을 두드렸다.

문을 열어 준 하녀에게 스크루지가 물었다.

"예, 어르신. 식당에 계십니다. 마님과 함께 계세요. 위층으로 모셔다 드릴까요?"

"고맙다. 주인어른과는 잘 아는 사이란다."

스크루지는 벌써 식당 문의 손잡이를 잡고 있었다.

"그냥 바로 식당으로 들어가마."

- 찰스 디킨스 글, 한상남 옮김, 『크리스마스 캐럴』 중에서

**나**

- ( ㉡ ): 크리스마스 날 오후
- ( ㉢ ): 조카 프레드의 집
- 나오는 인물: 스크루지, 하녀

스크루지는 조금은 긴장한 표정으로 조카의 집 현관 앞에 서 있다. 그리고 스크루지는 용기를 내어 문을 두드린다.

하녀: (문을 열어 얼굴을 내밀며) 누구세요?

스크루지: 얘야, 주인아저씨 계시냐?

하녀: (㉣공손하고 차분한 목소리로) 예, 어르신. 식당에 계십니다. 마님과 함께 계세요. 위층으로 모셔다 드릴까요?

스크루지: 고맙다. 주인어른과는 잘 아는 사이란다. 그냥 바로 식당으로 들어가마.

**4** **가**와 **나**에 모두 나오는 인물은 누구누구인지 써 보세요.

( , )

**5** ㉠에 들어갈 말로 알맞은 것은 무엇인가요?

① "누구세요?"
② 공손하고 차분한 목소리로
③ "얘야, 주인아저씨 계시냐?"
④ "위층으로 모셔다 드릴까요?"
⑤ "그냥 바로 식당으로 들어가마."

정답 확인 

오늘의 읽기 실력은? 

㉡과 ㉢에 들어갈 내용을 순서대로 나열한 것은 무엇인가요?

① 때, 곳　② 때, 대사　③ 곳, 대사　④ 때, 지문　⑤ 곳, 지문

7 ㉣과 같이 희곡에서 인물의 행동과 표정, 말투 등을 나타내는 부분을 무엇이라고 하는지 써 보세요.

(　　　　　　　　)

## '문'과 관련된 관용 표현

다음 그림과 문장을 살펴보며 '문'과 관련된 관용 표현의 뜻을 알아보세요.

(1) 계속되는 불황에 문을 닫는 가게가 많아지고 있다.

→ 경영하던 일을 그만두고 (　　　　)하다.

(2) 선생님의 끊임없는 노력으로 그 친구는 마음의 문을 열기 시작하였다.

→ 어떤 일이 장애로 막히거나 중단되었던 것을 (　　　　).

(3) 그는 상대편이 주장한 내용의 허점을 지적하며 반론의 포문을 열었다.

→ 상대편을 공격하는 (　　　　)을 시작하다.

**보기**

폐업

발언

터놓다

### 왜 그럴까?

(1)~(3)의 밑줄 그은 말들은 모두 '문'과 관련된 관용 표현입니다. '관용 표현'이란 두 개 이상의 낱말로 이루어져 있으면서 그 낱말들의 의미만으로는 전체의 의미를 알 수 없는, 특수한 의미를 나타내는 말입니다. (1)의 '문을 닫다'는 '경영하던 일을 그만두고 폐업하다.', (2)의 '문을 열다'는 '어떤 일이 장애로 막히거나 중단되었던 것을 터놓다.'라는 뜻입니다. (3)의 '포문을 열다'에서 '포문'은 '대포의 탄알이 나가는 구멍'으로, '포문을 열다'는 '상대편을 공격하는 발언을 시작하다.'라는 뜻입니다.

# 6 문학 작품의 갈래 알기 ❷

| 시의 갈래 특성을 알고 감상하기 | 동화의 갈래 특성을 알고 감상하기 | 희곡의 갈래 특성을 알고 감상하기 |
|---|---|---|

공부한 날 월 일

**다음 시를 읽고 물음에 답해 봅시다.**

**샘물**

유경환

산속 샘물은
벌레들 거울.

벌레 잠들면
산짐승 거울.

산짐승 잠들면
별들의 거울.

별들도 잠들면
산봉우리 거울.

**이 시에 대한 설명으로 알맞지 않은 것은 무엇인가요?**

① 산속 샘물을 거울에 비유하였다.
② 인물이 겪고 있는 갈등이 드러난다.
③ 비슷한 낱말이나 짜임이 반복되어 재미있다.
④ '~ 잠들면 ~ 거울.'이라는 표현이 반복되어 운율이 느껴진다.
⑤ 벌레, 산짐승, 별, 산봉우리가 비치는 샘물의 모습이 떠오른다.

**시의 특성을 잘못 말한 친구의 이름을 써 보세요.**

**은아:** 시를 읽으면 시의 장면이 생생하게 떠올라.
**소미:** 시는 장면을 해설, 대사, 지문으로 표현하고 있어.
**우민:** 시에는 운율이 있어서 시를 낭송하면 리듬감을 느낄 수 있어.
**태형:** 시는 글쓴이의 생각이나 감정을 함축적인 언어로 표현한 글이야.

(                    )

절취선대로 자르세요.

## 다음 동화를 읽고 물음에 답해 봅시다.

이 얼마나 위대한 발명입니까? 생각한 대로 곧 꿈꿀 수 있고, 그 장면을 곧 사진에 옮길 수 있다는 것은.

잠을 깬 것은, 아니 꿈을 깬 것은 아침이었나 봅니다. 통 밖의 빛이 방 안에 비치지 않아 때를 알 수가 없었습니다. 내게는 시계도 없었습니다.

나는 자리에서 일어나 방문을 열고 사진사가 있는 방으로 가려고 하였습니다.

그러나 문을 밀었으나 문은 밖으로 잠겨 있었습니다.

내가 손잡이를 돌리자 내 앞에는 한 장의 종이쪽이 날아 떨어졌습니다.

> 아직 시간이 이릅니다. 그냥 거기서 두 시간만 더 기다려 주십시오. 그러면 사진을 가져다 드리겠습니다.
> - 꿈을 찍는 사진관 주인 아룀

옳아. 아직 두 시간 더 있어야 된단다. 내가 너무 일찍이 일어났는지도 몰라. 날이 아직 밝지 않았을까? 그동안 나는 어제저녁 순이와 고향 뒷산에서 꽃을 따며 놀던 꿈을 다시 되풀이하여 보자. 얼마나 아름답고 즐거운 꿈이었나! 사진은 어느 장면을 찍었을까? 나와 순이가 나란히 살구나무 그늘에 앉은 장면일까? 그렇지 않으면 순이가 노래를 부르는 장면일까? 그렇지도 않으면 순이가 내게 할미꽃을 꺾어 주는 장면일까?

내가 사진관 주인에게 아직 채 마르지도 않은 사진 한 장을 받아 들었을 때, 나는 깜짝 놀라지 않을 수가 없었습니다.

그것은 순이와 나의 나이 차이였습니다. 실제 나이로는 순이와 나는 동갑입니다. 그런데 사진에는 여덟 해나 차이가 있는 게 아닙니까?

순이의 나이는 열두 살 그냥 그대로인데, 나는 지금의 나이 스무 살이니까요. 그동안 나만 여덟 해 나이를 더 먹은 것입니다. 생각하면 그도 그럴 수밖에 없는 일입니다.

사실 순이도 북한 땅 어디에 그냥 살아 있다면 꼭 내 나이와 같을 게 아닙니까. 그러나 나는 그 뒤의 순이를 본 적이 없습니다. 내 마음속에 살아있는 순이는 언제나 열두 살 그대로입니다. 스무 살-스무 살이면, 제법 처녀가 되었을 순이. 머리채를 치렁치렁 땋았을까? 제법 얼굴에 분을 발랐을지도 몰라. 지금은 노랑 저고리와 하늘빛 치마가 어울리지 않을 거야. 모처럼 찍어 준 꿈 사진도 그런 걸 생각하니 우습기 짝이 없습니다.

그러나 내게 있어서는 이게 제일 귀한 보물이 아닐 수 없습니다. 사진을 가슴에 품은 채, 사진관 주인에게 몇 번이나 감사를 드리고 나는 그곳을 나왔습니다.

벌써 아침 해가 하늘 높이 올랐습니다. 하루를 꼬박 굶었으나 나는 배고픈 생각이라고는 전혀 없었습니다.

내가 처음 앉았던 뒷동산에 와 앉아 다리를 쉬며 가슴속에 간직했던 사진을 꺼냈을 때, 나는 또 한 번 놀라지 않을 수가 없었습니다.

분명히 내가 넣었던 곳에서 꺼냈는데, 내가 사진관에서 받아 든 순이와 같이 찍은 사진은 아니었습니다. 그것은 내가 좋아하는 동화집 갈피 속에 끼어 있던 노란 민들레꽃 카드였습니다.

- 강소천, 『꿈을 찍는 사진관』 중에서

**3** '나'가 주인이 준 사진을 보고 깜짝 놀란 까닭은 무엇인가요?

① 순이가 스무 살로 찍혀 있어서
② 순이의 모습이 너무 변해 있어서
③ 내가 원하던 장면이 찍히지 않아서
④ 나와 순이의 모습이 옛날 그대로여서
⑤ 나만 순이보다 여덟 해 나이를 먹어 있어서

**4** '나'에 대한 설명으로 적절하지 않은 것은 무엇인가요?

① 나이는 스무 살이다.
② 머리채를 치렁치렁 땋았다.
③ 꿈을 찍는 사진관에서 사진을 찍었다.
④ 순이라는 친구를 오랫동안 만나지 못했다.
⑤ 어제저녁 순이와 고향 뒷산에서 꽃을 따며 놀던 꿈을 꾸었다.

**5** 이 동화의 공간적 배경이 어떻게 변하였는지 보기 에서 찾아 써 보세요.

( ) ➡ ( )

| 보기 | 북한 땅 | 고향 뒷산 | 뒷동산 | 살구나무 그늘 | 사진관 | 할미꽃밭 |
|---|---|---|---|---|---|---|

**6** 주요 사건을 중심으로 이 동화의 줄거리를 바르게 간추린 것을 찾아 ○표 하세요.

(1) **은아:** '나'는 고향 뒷산 살구나무 그늘에서 만난 순이와 함께 꿈을 찍는 사진관에서 사진을 찍었다.…………………………………………………………………………………………………( )

(2) **우민:** 잠에서 깬 '나'는 순이와 꿈을 찍는 사진관으로 사진을 찍으러 가서 노란 민들레꽃 카드를 받았다. ………………………………………………………………………………………( )

(3) **소미:** '나'가 꿈을 찍는 사진관에서 소중한 꿈이 찍힌 사진을 받은 후 뒷동산으로 돌아와 사진을 보니 노란 민들레꽃 카드로 변하여 있었다.…………………………………………………( )

동화의 특성에 대해 잘못 말한 친구는 누구인가요?

① **우민**: 동화에는 줄거리가 있어.
② **은아**: 동화에는 인물 사이에 갈등이 있어.
③ **소미**: 동화에는 사건이 일어난 배경이 있어.
④ **태형**: 동화에는 여러 가지 사건이 펼쳐져 있어.
⑤ **희서**: 동화에 나오는 사건은 반드시 현실에서 일어날 수 있는 일이어야 해.

## 속담 완성하기

그림을 보고 관계가 있는 속담을 떠올려 보세요. 빈칸에 공통적으로 들어갈 동물의 이름을 써 보세요.

| [　　] 앞에 쥐 | [　　] 세수하듯 | [　　] 한테 생선을 맡기다 |
|---|---|---|

(　　　　　　　)

**왜 그럴까?**

각 속담의 뜻을 알아보면서 빈칸에 들어갈 동물의 이름이 무엇일지 생각해 볼 수 있습니다. '[　　] 앞에 쥐'는 '무서운 사람 앞에서 설설 기면서 꼼짝 못 한다는 말', '[　　] 세수하듯'은 '세수를 하되 콧등에 물만 묻히는 정도로 하나 마나 하게 함을 이르는 말, 남이 하는 것을 흉내만 내고 그침을 이르는 말', '[　　] 한테 생선을 맡기다'는 '어떤 일이나 사물을 믿지 못할 사람에게 맡겨 놓고 마음이 놓이지 않아 걱정함을 비유적으로 이르는 말'입니다.

# 6 문학 작품의 갈래 알기 ❸

시의 갈래 특성을 알고 감상하기 | 동화의 갈래 특성을 알고 감상하기 | 희곡의 갈래 특성을 알고 감상하기

공부한 날 월 일

**다음 글을 읽고 물음에 답해 봅시다.**

㉠
- 때: 낮
- 곳: 삐삐네 집 앞
- 나오는 사람: 삐삐, 토마스, 아니카, 선생님, 학생들

무대 한쪽에 베란다가 딸린 작고 허름한 집이 있다. 베란다 옆에 커다란 궤리 상자가 놓여 있다. 삼각 처마 밑 벽에 사다리가 세워져 있다. 삐삐가 말을 끌고 무대로 나온다.

삐삐: ㉡자, 착한 아저씨, 아저씨는 베란다에서 살아. (삐삐가 말을 베란다에 앉히고 궤리 상자를 연다.) 여기 궤리가 조금 있어. 어때, 좋지? ('뒤죽박죽 별장'이라고 쓰여 있는 문패를 꺼내어 잘 보이게 건다.) 자, 이제 다 됐어. (사다리를 올려다보며) 닐손 씨, 너도 같이 올라가서 경치 구경할래? (원숭이를 데리고 사다리를 올라가 맨 위 디딤판에 앉는다. 그리고 주머니에서 사과를 꺼내어 먹기 시작한다.)

무대 뒤에서 동요를 '트랄랄라'로 부르는 소리가 들린다. 옷을 깔끔하게 차려입은 학생들 한 무리가 여자 선생님과 함께 무대로 나온다. 학생들 틈에 토마스와 아니카가 끼어 있다.

선생님: 마지막으로 노래 한 번 더 부르자. (㉢팔을 크게 저어 가며 지휘를 한다.)

- 아스트리드 린드그렌 글, 김라합 옮김, 『삐삐는 언제나 마음대로야』 중에서

**1** 이 글에 나오는 인물이 아닌 것은 누구인가요?

① 삐삐 ② 아저씨 ③ 아니카 ④ 선생님 ⑤ 토마스

**2** ㉠~㉢은 희곡에서 무엇을 나타내며, 각각 어떤 역할을 하는지 선으로 바르게 이어 보세요.

| | | | |
|---|---|---|---|
| (1) | ㉠ • | • 지문 • | • 인물이 직접 하는 말을 나타내는 부분 |
| (2) | ㉡ • | • 해설 • | • 인물의 행동이나 표정을 나타내는 부분 |
| (3) | ㉢ • | • 대사 • | • 때, 곳, 나오는 사람 등을 설명하는 부분 |

절취선대로 자르세요.

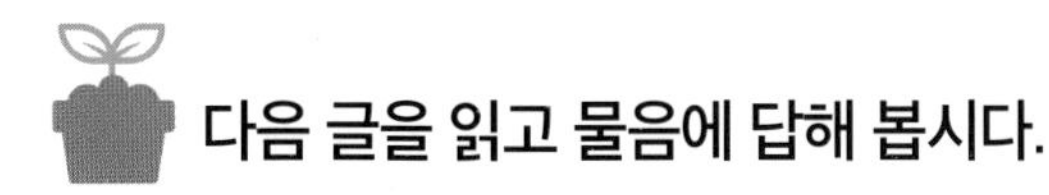

다음 글을 읽고 물음에 답해 봅시다.

가

㉠
- ● [ ] : 점심시간이 막 지난 시각
- ● [ ] : 강 씨 아저씨네 국밥집
- ● [ ] : 강 씨 아저씨, 할머니, 소년

점심시간이 막 지난 시각, 국밥집 문이 천천히 열리며 할머니와 어린 소년이 들어선다. 그 두 사람은 옷차림이 남루하고 얼굴에는 궁기가 흐른다. 강 씨 아저씨는 가운데 식탁 의자를 빼 놓으며 그들을 맞이한다.

강 씨 아저씨: (식탁과 의자를 빼 놓으며 턱으로 가리키면서) 이쪽으로 앉으세요.

할머니: (엉거주춤한 자세로 머뭇거리며) 저어……, 쇠고기국밥 한 그릇에 얼마나 하는지?

강 씨 아저씨: (㉡온화한 미소를 지으며) 사천 원입니다.

할머니: (주머니에서 돈을 꺼내 헤아려 본 뒤에) 아가야, 어서 앉아라.

소년: (밝은 목소리로) 네, 할머니.

할머니: 그럼 국밥 한 그릇만 주시구려.

강 씨 아저씨: ( ㉢ ) 네?

할머니: 난 점심을 이미 먹었다오.

강 씨 아저씨: (식탁에 물컵을 놓고 물을 따르며) ㉣아, 그러시군요. 아주 맛있게 말아 드리겠으니 잠시만 기다리세요.

나 국밥집 주인 강 씨 아저씨는 손님을 기다리며 신문을 뒤적이고 있었습니다. 점심시간이 정해져 있는 직장인 손님들이 한차례 지나간 뒤였습니다. 그러나 아직 때늦은 점심을 찾는 손님이 몇은 더 있음 직한 무렵이었습니다. 그때 문이 살며시 열렸습니다. 강 씨 아저씨가 신문을 밀치며 벌떡 일어섰습니다.

천천히 문이 열리면서, 머리카락이 허연 할머니가 들어섰습니다. 그 뒤에 열 살도 채 안 되어 보이는 소년이 마치 꼬리를 잡고 있듯 할머니의 한 손을 꼭 잡고 따라 들어왔습니다. 옷차림이 남루하고, 얼굴에는 궁기가 흐르고 있었습니다.

"이쪽으로 앉으세요."

강 씨 아저씨는 가운데 식탁의 의자를 빼 놓으며 턱으로 가리켰습니다. 그러나 할머니는 엉거주춤한 자세로 머뭇거렸습니다.

"저어……, 쇠고기국밥 한 그릇에 얼마나 하는지?"

"사천 원입니다."

강 씨 아저씨는 사람 좋은 웃음을 온 얼굴에 가득 담아 보이며 대답하였습니다. 할머니는 몸을 조금 돌려 허리춤에서 주머니를 꺼냈습니다. 그러고는 그 주머니 안에 든 동전까지 조몰락거리며 헤아려 보았습니다. 그러고 나서야 그 자리에 소년을 앉히고, 할머니는 맞은쪽으로 가서 앉았습니다.

"한 그릇만 주세요."

"네?"

"난 점심을 이미 먹었다오."
"아, 네. 맛있게 말아 드리겠습니다."
강 씨 아저씨는 그들 앞에 물컵 둘을 놓고, 주전자를 들어 쪼르르 물을 따르며 말하였습니다.

- 김병규, 「백 번째 손님」 중에서

3 가와 같은 문학의 갈래는 무엇인가요?

① 시 ② 동화 ③ 희곡 ④ 뉴스 ⑤ 수필

4 이 글에 나오는 할머니에 대한 설명으로 알맞은 것은 무엇인가요?

① 비싼 옷을 입고 있다.
② 신문 보는 것을 좋아한다.
③ 가난하고 어려운 기색이 있다.
④ 쇠고기국밥을 두 그릇 시켰다.
⑤ 밥보다 물 마시는 것을 좋아한다.

5 ㉠의 빈칸에 들어갈 내용으로 알맞지 않은 것을 모두 고르세요. (정답 2개)

① 때 ② 곳 ③ 글의 제목
④ 나오는 인물 ⑤ 인물의 행동

6 ㉡을 통해 추측할 수 있는 강 씨 아저씨의 성격으로 알맞지 않은 것은 무엇인가요?

① 친절하다. ② 인자하다. ③ 따뜻하다.
④ 상냥하다. ⑤ 돈을 좋아한다.

7 ㉢에 들어갈 말로 알맞은 것에 ○표 하세요.

(1) 고통에 몸부림치며 ··············································( )
(2) 의아한 표정을 지으며 ··············································( )

8 ㉣에 대하여 바르게 말한 친구의 이름을 써 보세요.

**은아**: 관객이 등장하여 해설하는 부분이야.

**태형**: 배우의 말로 표현하는 부분이야.

( )

**9** 가와 나의 공통점으로 알맞지 않은 것은 무엇인가요?

① 지문이 있다. ② 배경이 있다. ③ 인물이 있다.
④ 사건이 있다. ⑤ 줄거리가 있다.

**10** 가와 나의 특성을 정리할 때 빈칸에 공통으로 들어갈 알맞은 말을 보기에서 찾아 써 보세요.

- 가는 연극을 하기 위하여 쓴 글로, 해설, [ ], 지문으로 이루어진다.
- 가의 [ ] 을/를 나에서는 큰따옴표 안의 대화로 표현한다.

보기: 대사 사건 성격

( )

재미있는 낱말 놀이터

## 맞춤법 바로 알기

다음 칠판에 적힌 문제를 보고, 맞춤법에 알맞은 말에 ○표 하세요.

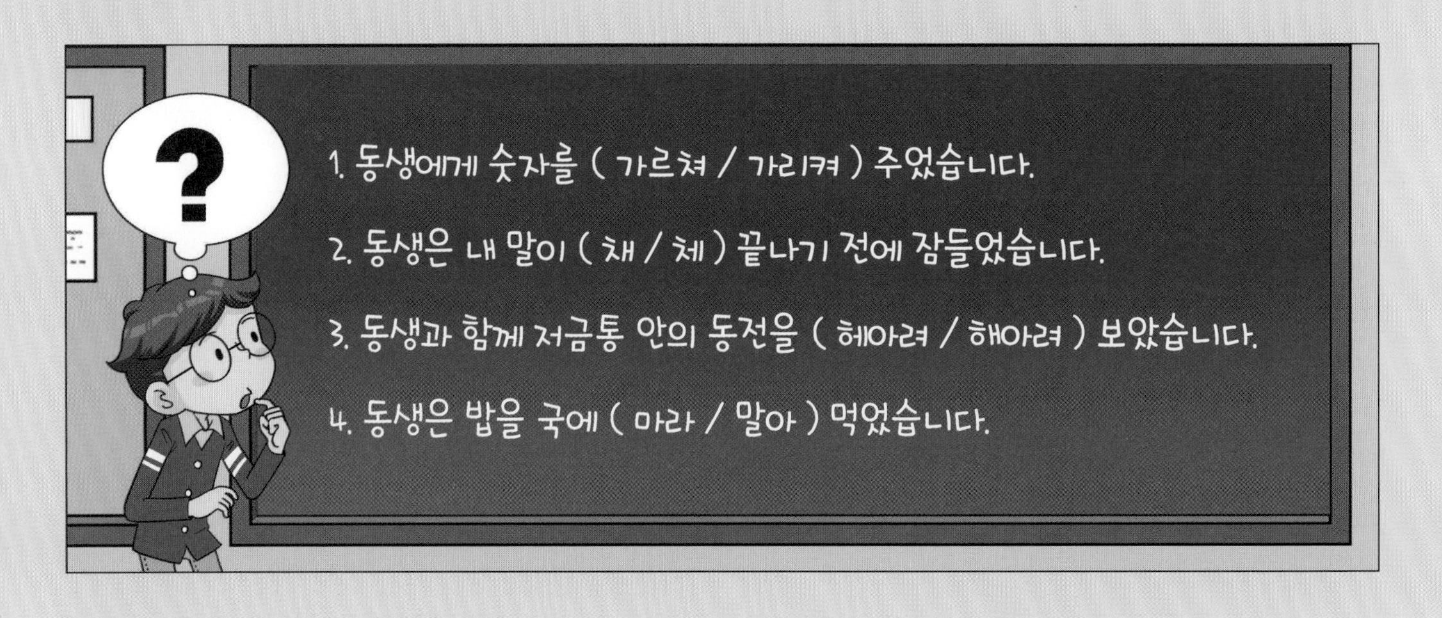


왜 그럴까?

글을 쓸 때에는 맞춤법이라는 규칙에 맞게 써야 자신의 생각을 제대로 전달할 수 있습니다. '가르치다'는 모르는 것을 알려 줄 때, '가리키다'는 손가락으로 어떤 물건을 집어서 알려 주거나 방향을 알려 줄 때 씁니다. '채'는 '어떤 상태나 동작이 다 되거나 이루어졌다고 할 만한 정도에 아직 이르지 못한 상태', '체'는 '그럴듯하게 꾸미는 거짓 태도나 모양'을 뜻합니다. '헤아리다'는 '수량을 세다.', '말다'는 '밥이나 국수 따위를 물이나 국물에 넣어서 풀다.'라는 뜻입니다.

# 6 문학 작품의 갈래 알기 ❹

시의 갈래 특성을 알고 감상하기 | 동화의 갈래 특성을 알고 감상하기 | 희곡의 갈래 특성을 알고 감상하기

공부한 날 월 일

정리 문학의 갈래에 대해 배운 내용을 정리하면서 빈칸에 알맞은 말을 보기 에서 찾아 써 보세요.

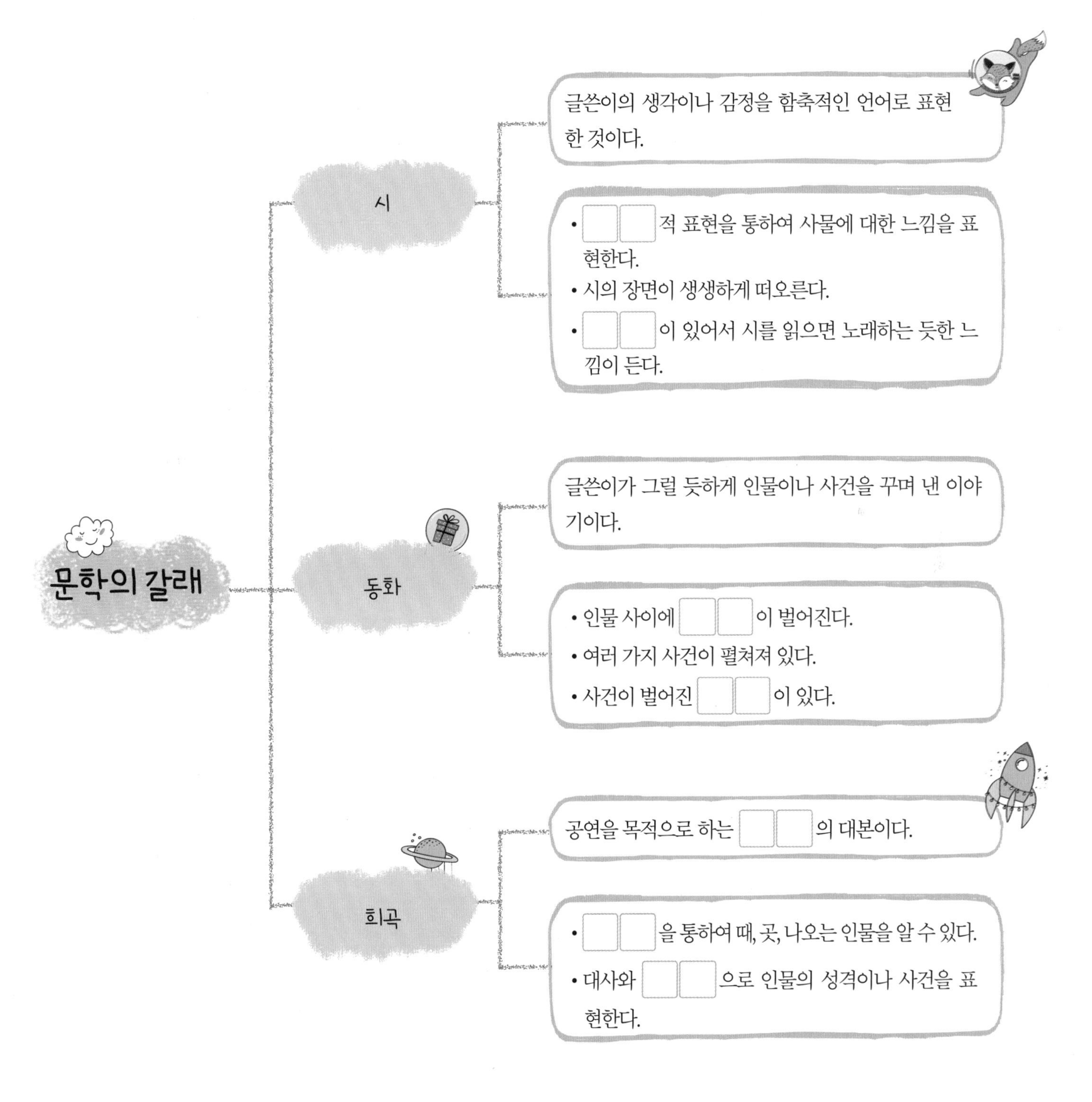


보기 비유 갈등 지문 해설 배경 운율 연극



절취선대로 자르세요.

심화 다음 글을 읽고 물음에 답해 봅시다.

가

## 엄마의 장바구니

엄기원

엄마 손때 묻은 장바구니
시장 갈 때마다
엄마 생각을 가득 담고 나간다.

시장에서 좁은 골목길
돌고 돌면서
단골 아줌마 김칫거리도 한 단 담기고
시골 할머니 산나물도 한 줌 담기고

바다 내음 비릿한
꽁치 두어 마리도
구석 자리에 얹힌다.

집으로 돌아오는 장바구니는
주섬주섬 주워 먹어 배가 부르고,
엄마 정성 무게만큼
식구들 기쁨을 담고 돌아온다.

나

- 때: 쌀쌀한 가을의 어느 날
- 곳: 유럽의 어느 도시
- 나오는 인물: 왕자, 제비

**제1장 광장**

막이 열리면 왕자의 동상이 서 있다. 제비, 무대 안으로 들어와서 이곳저곳을 살핀다.

제비: 오늘 밤에는 이 동상 밑에서 자고 가야겠군. (동상을 쳐다보며) 여보세요, 오늘 하룻밤 여기에서 쉬었다 가도 좋지요? (혼잣말로) 괜찮다고 빙그레 웃으시는군.

제비, 동상 밑에 날개로 몸을 감싸며 누울 때, 제비의 이마 위에 물이 뚝뚝 떨어진다. 그러자 제비, 이마를 훔친다. 또 물이 떨어진다.

제비: ( ㉠ ) 참, 이상하다. 하늘에는 구름 한 점도 없고 별이 총총한데 빗방울이 떨어지다니……. ( ㉡ ) 아니, 동상이 울고 있네.

- 오스카 와일드 원작, 주평 글, 「행복한 왕자」 중에서

1 가 ~ 나의 갈래는 무엇인지 선으로 바르게 이어 보세요.

(1) 가 •　　　　• 시

(2) 나 •　　　　• 희곡

2 가와 나에 대한 설명으로 알맞지 않은 것은 무엇인가요?

① 가를 읽으면 산나물과 꽁치가 담긴 장바구니가 떠오른다.
② 가의 3연은 글자 수가 비슷하게 반복되어 운율이 느껴진다.
③ 가는 글쓴이의 생각이나 느낌을 함축적인 언어로 표현한다.
④ 나의 등장인물에는 제비가 있다.
⑤ 나의 공간적 배경은 연극 무대이다.

3 가를 다음과 같이 바꾸어 쓸 때 달라진 점으로 알맞지 않은 것을 모두 고르세요. (정답 2개)

"김칫거리 사러 시장에 다녀오마. 먹고 싶은 것 없니? 꽁치 사다 조려 줄까?"
이렇게 말씀하신 엄마는 현관문 가에 걸려 있는 장바구니를 집어 드신다. 오래 썼던 거라 엄마의 손때가 곱게 묻고 색도 바랜 장바구니다.
'오늘도 엄마는 장바구니에 먹을거리를 가득 담아 오시겠지.'
학교에 갔다 왔을 때에 엄마가 안 계시면 나는 장바구니가 있나 없나 찾아본다. 엄마가 시장에라도 가셨나 하고…….
조금만 기다리면 반찬거리가 가득 담긴 장바구니를 든 엄마가 이마에 송골송골 맺힌 땀을 닦으며 들어오신다.

① 시에는 없는 새로운 내용이 생겼다.
② 엄마께서 직접 말씀하신 내용이 있다.
③ 장바구니에 대한 설명이 더 자세하다.
④ 리듬감을 살린 반복적인 낱말이 많아졌다.
⑤ 등장인물의 행동과 표정을 지시하는 부분이 생겼다.

㉠과 ㉡에 들어갈 인물의 행동으로 가장 알맞은 것은 무엇인가요?

| | ㉠ | ㉡ |
|---|---|---|
| ① | 화를 내며 | 땅을 쳐다보며 |
| ② | 눈물을 흘리며 | 재미있다는 듯이 |
| ③ | 뒤를 돌아다보며 | 바닥의 물을 닦으며 |
| ④ | 걱정스러운 표정을 지으며 | 환한 표정으로 웃으며 |
| ⑤ | 일어서서 하늘을 쳐다보며 | 동상을 쳐다보고는 깜짝 놀라며 |

체크 체크 정답 확인 | 오늘의 읽기 실력은?

다음은 나와 같은 문학 갈래의 특성을 정리한 내용입니다. 빈칸에 들어갈 알맞은 말을 보기 에서 찾아 써 보세요.

- 등장인물이 하는 말을 (　　　　　)(이)라고 한다.
- 등장인물의 표정이나 행동을 나타내는 부분을 (　　　　　)(이)라고 한다.
- 등장인물이나 때, 곳, 무대 장치에 대하여 설명하는 부분을 (　　　　　)(이)라고 한다.

보기 인물 대사 사건 배경 해설 지문 운율 비유

## '깎다'의 여러 가지 뜻

다음 문장에서 밑줄 그은 말이 어떤 뜻으로 쓰였는지 알맞은 것을 보기 에서 찾아 기호를 써 보세요.

- 연필을 뾰족하게 깎았다. (　　　)
- 그건 할아버지의 위신을 깎는 행동이란다. (　　　)
- 아버지께서 사과를 깎아 주셨다. (　　　)
- 국회는 올해 문화 예산을 깎았다. (　　　)
- 시장에서 물건값을 깎았다. (　　　)

보기

㉠ 칼 따위로 물건의 거죽이나 표면을 얇게 벗겨 내다.

㉡ 값이나 금액을 낮추어서 줄이다.

㉢ 체면이나 명예를 상하게 하다.

**왜 그럴까?**

'깎다'는 원래의 뜻이 보다 넓어져서 두 가지 이상의 뜻을 가지게 된 낱말인 '다의어'입니다. '사과를 깎다, 연필을 깎다'에서는 '칼 따위로 물건의 거죽이나 표면을 얇게 벗겨 내다.', '예산을 깎다, 물건값을 깎다'에서는 '값이나 금액을 낮추어서 줄이다.', '위신을 깎다'에서는 '체면이나 명예를 상하게 하다.'라는 뜻입니다.

힘내!

# 29일

읽기 목표

# 7 읽기의 과정 이해하기 ❶

| 아는 내용이나 겪은 일과 관련지어 읽기 | 글의 특성에 따라 적절한 읽기 방법 적용하기 | 글을 읽고 중심 내용 요약하기 |
|---|---|---|

공부한 날 월 일

글을 읽을 때에는 어떠한 과정을 거칩니다. 효과적인 읽기의 과정을 거쳐 글의 내용을 보다 더 쉽고 깊이 있게 이해할 수 있습니다. 읽기 과정을 효과적으로 수행하려면 읽기 전이나 읽는 중, 읽은 후에 적절한 방법을 사용해야 합니다. 읽기 전에는 제목이나 차례를 훑어보기도 하고 아는 내용이나 겪은 일을 떠올리며 배경지식을 활성화합니다. 읽는 중에는 잘 모르는 내용을 생각하여 추론하기도 하고, 글이 어떻게 전개되는지 짜임(구조)을 파악합니다. 읽은 후에는 글의 중요한 내용을 간추려 요약합니다. 읽기 과정에 알맞은 방법을 적절히 사용하여 글을 읽으면 글을 보다 풍성하게 이해할 수 있고, 보다 효과적으로 글을 읽을 수 있습니다.

자, 이제 읽기의 과정을 이해하며 글을 효과적으로 읽어 볼까요?

절취선대로 자르세요.

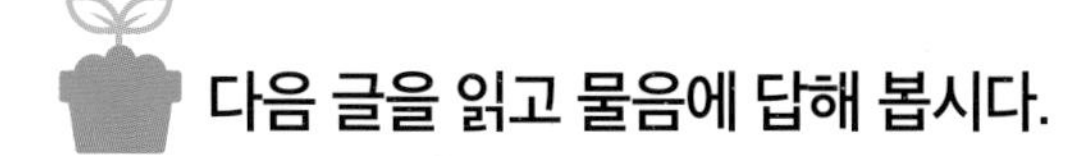

## 다음 글을 읽고 물음에 답해 봅시다.

### ㉠인생의 교훈

옛날에 한 청년이 임금을 찾아가 인생의 성공 비결을 가르쳐 달라고 간청하였다. 임금은 말없이 잔에다 포도주를 가득 따르고는 청년에게 건네주면서 별안간 큰 소리로 군인을 한 명 부르더니

"이 젊은 청년이 저 포도주 잔을 들고 시내를 한 바퀴 도는 동안 너는 칼을 빼어 들고 그의 뒤를 따르라. 만약 저 청년이 저 포도주를 엎지를 때에는 그의 목을 내리쳐라!"

라고 명령하였다.

청년은 식은땀을 흘리며 포도주 잔을 들고, 포도주를 엎지르지 않고 시내를 한 바퀴 돌아 왔다. 임금은 청년에게 시내를 도는 동안 무엇을 보고 들었는지 물었다. 청년은 아무것도 보지도 못하고 듣지도 못하였다고 대답하였다. 그러자 임금은 큰 소리로 다시 물었다.

"너는 거리에 있는 거지도, 장사꾼도 못 보고, 술집에서 노래하는 것도 못 들었다는 말이냐?"

청년은 다시

"네, 저는 아무것도 보지도, 듣지도 못하였습니다."

라고 대답하였다. 그랬더니 임금은 말하였다.

"그렇다. ㉡이것이 네 인생의 교훈이다."

**1** 청년이 임금을 찾아가서 가르쳐 달라고 한 것은 무엇인가요?

① 인생의 성공 비결
② 임금의 건강 비결
③ 돈을 많이 버는 방법
④ 군인과 친구가 되는 방법
⑤ 포도주를 엎지르지 않는 방법

**2** ㉠을 보고 아는 내용이나 겪은 일을 잘 떠올린 친구의 이름을 써 보세요.

**은아**: '인생의 교훈'은 이 글의 제목이니까 가장 중요하다는 생각이 들었어.
**우민**: 나는 어제 열심히 줄넘기도 하고 책도 읽고 친구들도 도와준 경험이 떠올랐어.
**태형**: 교훈은 '가르침'과 비슷한 뜻이야. 늘 맡은 일에 최선을 다해야 한다는 담임 선생님의 말씀이 떠올랐어.

(                    )

**3** ㉡이 의미하는 것을 가장 알맞게 말한 친구는 누구인가요?

① **은정**: 포도주를 마시지 않는 것이 인생의 성공 비결이라는 뜻이야.
② **동민**: 다른 사람들을 잘 살피는 것이 인생의 성공 비결이라는 뜻이야.
③ **승호**: 열심히 근검절약하는 자세야말로 인생의 성공 비결이라는 뜻이야.
④ **지영**: 다른 사람과 함께할 수 있는 자세가 인생의 성공 비결이라는 뜻이야.
⑤ **현주**: 흔들리지 않고 해야 할 일만 하는 것이 인생의 성공 비결이라는 뜻이야.

다음 글을 읽고 물음에 답해 봅시다.

**우리나라의 양서류와 파충류**

가 개구리나 도롱뇽과 같은 동물의 무리를 '양서류'라고 하고, 거북이나 도마뱀, 뱀, 악어와 같은 동물의 무리를 '파충류'라고 한다. 양서류라는 말은 물과 땅을 오가며 사는 동물이라는 뜻이고, 파충류라는 말에는 기어 다닌다는 뜻이 있다. 양서류와 파충류는 등뼈가 있으며, 체온이 일정하지 않고 바깥 온도에 따라 달라지는 공통점이 있다. 그렇지만 양서류와 파충류는 생김새와 사는 모습이 무척 다르다.

나 양서류는 물고기에서 진화하여 물에서 땅으로 가장 먼저 올라온 동물이다. 그래서 물을 완전히 못 떠나고 물과 땅을 오가며 산다. 양서류는 살갗으로 숨을 쉬어서 물속에서도 오랫동안 지낼 수 있다. 또, 물갈퀴나 긴 꼬리로 재빠르게 헤엄친다. 양서류는 물속에서는 재빠르게 움직이지만 땅 위에서는 ㉠굼뜨게 움직인다. 천적이 나타나면 재빨리 물로 뛰어들어야 하고, 몸이 마르지 않고 늘 축축해야 하므로 물 가까이에서 산다.

다 파충류는 양서류에서 진화했지만 양서류와 달리 물에서 완전히 떠나 땅에서 살 수 있다. 파충류는 살갗이 비늘이나 등딱지로 덮여 있고 허물을 벗으며 큰다. 양서류와 달리 살갗으로 숨을 쉬지 않고 살갗으로 물이 드나들지 않아 몸 안에 있는 물기가 밖으로 날아가지 않는다. 그래서 파충류는 물을 조금만 먹고도 잘 견디고 햇볕이 뜨거운 모래밭이나 양서류가 못 사는 바다에서도 산다.

- 보리 편집부, 『양서 파충류 도감』 중에서

4 이 글에서 설명하고 있는 대상을 두 가지 찾아 써 보세요.

( , )

5 ㉠의 뜻으로 알맞은 것은 무엇인가요?

① 동작이 재빠르다.
② 동작이 매우 느리다.
③ 매우 높이 뛰어오르다.
④ 동작이 크고 활기차다.
⑤ 행동이 바르고 확실하다.

6 이 글의 내용으로 알맞지 않은 것은 무엇인가요?

① 양서류는 물과 땅을 오가며 산다.
② 양서류는 물과 가까운 곳에서 산다.
③ 양서류와 파충류는 모두 등뼈가 있다.
④ 파충류는 모래밭이나 바다에서도 살 수 있다.
⑤ 파충류는 물고기에서 진화하여 물에서 땅으로 가장 먼저 올라온 동물이다.

**7** 이 글의 짜임에 대한 설명으로 알맞은 것을 찾아 ○표 하세요.

(1) 시간의 순서에 따라 설명하였다. ······ (　　)
(2) 두 대상의 공통점과 차이점을 설명하였다. ······ (　　)
(3) 해결할 문제와 그에 대한 해결 방법을 제시하였다. ······ (　　)

**8** 다음은 이 글의 내용을 요약한 것입니다. 빈칸에 들어갈 알맞은 말을 써 보세요.

> 양서류와 파충류는 등뼈가 있고, [ (1) ] 이/가 일정하지 않다는 공통점이 있다. 그러나 둘은 [ (2) ] 과/와 사는 모습이 서로 다르다. 양서류는 물과 땅을 오가며 살지만, 파충류는 [ (3) ] (에)서 완전히 떠나 살 수 있다. 양서류는 [ (4) ] (으)로 숨을 쉬지만, 파충류는 살갗으로 숨을 쉬지 않는다.

(1): (　　)　(2): (　　)　(3): (　　)　(4): (　　)

## 재미있는 낱말 놀이터 '놀다'의 여러 가지 뜻

다음 문장에서 '놀다'가 가진 뜻은 무엇인지 선으로 바르게 이어 보세요.

친구들이 놀이터에서 신나게 놀고 있다. •　　　　• 물자나 시설 등을 쓰지 않다.

저 건물은 아직까지 놀고 있다. •　　　　• 고정되어 있던 것이 헐거워 이리저리 움직이다.

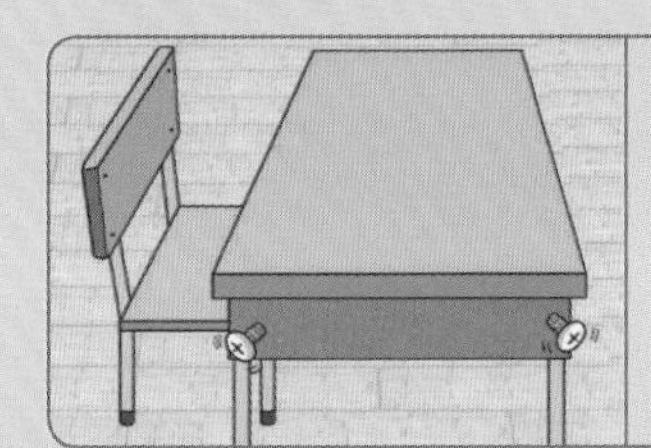

책상에 박힌 나사가 놀고 있다. •　　　　• 놀이나 재미있는 일을 하며 즐겁게 지내다.

**왜 그럴까?**

'놀다'의 원래 뜻은 '놀이나 재미있는 일을 하며 즐겁게 지내다.'입니다. 이 뜻은 중심 의미이고, 이 밖에도 '직업이나 일정히 하는 일이 없이 지내다.', '물자나 시설 등을 쓰지 않다.', '고정되어 있던 것이 헐거워 이리저리 움직이다.' 등의 여러 뜻으로 쓰입니다.

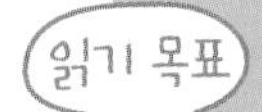


# 7 읽기의 과정 이해하기 ❷

아는 내용이나 겪은 일과 관련지어 읽기 | 글의 특성에 따라 적절한 읽기 방법 적용하기 | 글을 읽고 중심 내용 요약하기

공부한 날 월 일

**다음 글을 읽고 물음에 답하여 봅시다.**

우선 주재료인 배추를 준비합니다. 배추를 두 부분으로 나누어 자릅니다. 이때 밑동에서부터 반 정도까지 칼집을 넣은 후 손으로 쪼개 주는 것이 좋습니다. 배추가 부스러지지 않게 살살 조심스럽게 해야 합니다. 그리고 굵은 소금을 뿌려 배추를 절입니다. 시간이 흐른 후 잘 절여진 배추는 물에 2~3번 씻어 소쿠리에 엎어 물기를 빼 줍니다.

그 사이 김치의 양념을 만듭니다. 김치 양념에는 무, 고춧가루, 찹쌀풀, 마늘, 소금, 멸치 액젓, 파 등을 넣습니다. 지역에 따라 생선을 넣거나 지역의 특산물을 더 넣는 곳이 있습니다. 김치 속 양념의 재료는 계절이나 입맛에 따라 달라집니다.

이제 물기를 뺀 절인 배추에 김치 양념을 넣어 버무립니다. 이렇게 김치를 담근 후 시간이 지나면 김치가 익습니다. 익는 과정 속에서 김치는 발효되어 고유의 맛과 향을 냅니다. 발효된 김치 속의 유산균은 우리 몸을 튼튼하고 건강하게 만들어 줍니다.

무와 배추, 오이 등과 같은 채소를 소금에 절이고 여러 가지 양념을 버무려 담근 김치는 우리 조상들의 지혜와 슬기가 담긴 훌륭한 저장 음식입니다. 조상들은 이렇게 담근 김치를 통해 채소가 나지 않는 겨울철 영양분을 섭취할 수 있었습니다.

**1** 이 글은 무엇을 만드는 과정을 설명하는 글인가요?

① 김치 ② 된장 ③ 절구 ④ 항아리 ⑤ 고추장

**2** 이 글의 내용에 대하여 아는 내용이나 겪은 일과 관련지어 바르게 말한 친구를 찾아 ○표 하세요.

(1) **은아**: 김치가 익으면서 유산균이 생긴다는 것을 새롭게 알게 되었어. ………………………… (　　　)

(2) **소미**: 할머니께서 김치를 담그시던 모습을 떠올리며 글을 읽으니 더 쉽게 이해할 수 있어. …… (　　　)

**3** 아는 내용이나 겪은 일을 떠올리며 글을 읽으면 좋은 점이 아닌 것은 무엇인가요?

① 글의 내용에 더 흥미를 가질 수 있다.
② 글의 내용을 더 쉽게 이해할 수 있다.
③ 글의 내용을 더 깊이 있게 이해할 수 있다.
④ 글의 내용을 짐작할 수 있어서 재미가 떨어진다.
⑤ 이미 알고 있는 내용과 비교하며 글을 읽을 수 있다.

절취선대로 자르세요.

## 다음 글을 읽고 물음에 답해 봅시다.

가 **으라차차, 씨름**

씨름은 단오, 추석, 설 등의 큰 명절 때마다 행해지는 대표적인 전통 놀이란다. 두 사람이 허리와 허벅지에 샅바를 매고 상대방의 샅바를 거머쥔 채, 힘과 기술을 이용해 상대방을 넘어뜨리는 놀이지.

씨름은 지금도 즐겨 하는 전통 놀이야. 명절 때마다 전국에서 내로라하는 씨름 장사들이 모여 씨름 실력을 뽐내지. 텔레비전에서도 씨름 대회를 볼 수 있고 말이야. 친구들도 학교 운동장이나 거실에서 친구들과 바지춤을 부여잡고 씨름을 한 적이 있을 거야. 그만큼 씨름은 어디서나 쉽게 할 수 있는 놀이야.

씨름은 아주 오래전부터 사람들이 동물이나 적과 싸워서 스스로를 보호하고, 싸워 이기기 위해 했던 행동에서 시작되었어. 그러다 자연스럽게 사람들이 서로 맞잡고 힘을 겨루는 놀이가 되었지. 그래서 세계 여러 나라에서 우리 씨름과 비슷한 전통 놀이를 발견할 수 있어.

우리나라의 씨름은 아주 오래전 삼한 시대부터 시작되었다고 해. 고구려의 씨름무덤, 각저총 벽에 씨름하는 모습이 그려져 있을 만큼 우리 민족이 오랜 시간 즐겨 온 전통 놀이지. 조선 시대 농촌에서는 모내기나 김매기가 끝났을 때와 추수가 끝난 뒤에 농민들이 노동의 결과를 축하하며 씨름을 했다고 해. 특히 단오에는 남자는 씨름, 여자는 그네타기를 하며 재주와 힘을 겨루었어.

씨름 경기에서 우승한 사람에게는 농사에 도움이 되라고 황소를 상으로 주었어. 우승자는 황소를 타고 ㉠기세등등하게 온 마을을 돌았고, 농악대가 그 뒤를 따르며 신명 나는 놀이판을 벌였어. 오늘날 씨름 대회를 하면 우승한 장사에게 황소 모양의 상패를 주는 것도 이런 전통을 이어 가는 거야.

나 **밀어라 굴러라, 그네뛰기**

두 기둥에 나무를 가로지르거나 튼튼한 나뭇가지에 길게 두 줄을 매고, 줄 아래에 밑신개라고 부르는 나무판을 걸쳐 놓아 그네를 만들어. 그리고 나무판에 올라서 무릎을 굴려 몸을 앞뒤로 움직이며 놀지. 친구들이 그네 타는 것과 같다고? 맞아, 선조들도 우리와 똑같이 그네뛰기를 해 왔어.

다른 점이 있다면, 예전에는 아무나 그네를 뛸 수 없었어. 그네는 고려 시대에는 상류층의 놀이여서 왕족, 상류 계층이 크게 잔치를 열면서 꽃과 비단으로 화려하게 장식한 그네를 뛰었지. 조선 시대에는 한양의 한복판인 종로 네거리에 화려하게 그네를 매달고 부녀자들을 두 편으로 나누어 시합을 했어.

그네뛰기 시합은 가장 높이 올라간 사람에게 점수를 주는 방법, 높은 곳에 방울을 달아 그네를 뛰어 방울을 울리게 하는 방법, 높은 곳에 있는 꽃을 입으로 따게 하는 방법 등이 있어. 보통 한 사람이 뛰지만, 두 사람이 함께 마주 보고 뛰는 경우도 있고, 나이가 많은 사람은 앉아서 그네를 뛰기도 하지.

그네뛰기는 북쪽의 유목민이 체력 단련을 위해 했던 것이 중국을 거쳐 우리나라에 전해진 거라고 해. 처음엔 남녀 모두 그네뛰기를 했지만, 점차 여자들만의 민속놀이로 바뀌었어. 단옷날 남자들이 모여 씨름을 하며 힘과 기술을 겨룰 때, 여자들은 그네를 뛰며 실력을 뽐냈지.

『춘향전』을 보면, 이몽룡이 단옷날 춘향이가 그네뛰기 하는 모습을 보고 반하는 장면이 나와. 여자들의 바깥출입이 자유롭지 못하던 때이니, 단옷날 그네뛰기는 마을 아가씨들을 볼 수 있는 흔치 않은 기회였을 거야.

- 서해경, 『들썩들썩 우리 놀이 한마당』 중에서

## 4 가와 나에서 각각 설명하는 대상은 무엇인지 써 보세요.

(1) 가: (　　　　　　　　)　　　(2) 나: (　　　　　　　　)

## 5 가의 제목을 보고 떠올릴 수 있는 경험으로 알맞은 것은 무엇인가요?

① 체육 시간에 씨름을 해 본 적이 있어.
② 힘이 강해지려면 부지런히 운동을 해야 해.
③ 친구들과 함께 신나게 굴렁쇠를 굴린 적이 있어.
④ 예전에는 사람들이 말을 많이 타고 다녔다는 것을 들은 적이 있어.
⑤ 농사를 지을 때 여러 사람이 품앗이를 했다는 이야기를 읽은 적이 있어.

## 6 가의 내용으로 보아, 씨름 경기에서 이긴 사람에게 황소를 상으로 준 까닭은 무엇인가요?

① 농사에 도움이 되라고
② 황소를 타고 돌아다니라고
③ 황소처럼 힘이 세다는 뜻으로
④ 황소의 뿔이 승리를 상징하기 때문에
⑤ 황소가 부귀영화를 뜻하는 동물이기 때문에

## 7 ㉠의 뜻으로 알맞은 것은 무엇인가요?

① 기세가 매우 높고 힘찬 모양
② 기운이 없어지고 풀이 죽은 모양
③ 펄펄 뛸 만큼 대단히 성이 난 모양
④ 매우 조용히 움직이거나 변하는 모양
⑤ 몹시 놀라거나 불안하여 자꾸 가슴이 뛰는 모양

## 8 나의 내용으로 알맞지 않은 것은 무엇인가요?

① 예전에는 아무나 그네를 탈 수 없었다.
② 그네뛰기 시합 방법에는 여러 가지가 있다.
③ 단옷날 여자들은 그네를 뛰며 실력을 뽐냈다.
④ 그네뛰기는 처음부터 여자들만 하는 놀이였다.
⑤ 그네는 한 사람이 탈 수도 있지만 두 사람이 함께 타기도 한다.

## 9 다음은 나를 어떤 방법으로 읽은 것인지 알맞은 것에 ○표 하세요.

도서관에서 단옷날의 풍습에 대한 이야기 중 창포물에 머리 감기와 그네뛰기에 대해 읽은 적이 있어. 그때 읽은 내용을 생각하며 나를 읽으니 더욱 깊이 있게 이해할 수 있었어.

| 새롭게 알게 된 내용을 정리하며 글을 읽고 있어. | 알고 있는 내용이나 겪은 일을 떠올리며 글을 읽고 있어. | 모르는 내용은 사전을 찾아가며 글을 읽고 있어. |
|---|---|---|
| (　　　) | (　　　) | (　　　) |

체크체크 정답 확인

오늘의 읽기 실력은?

**10** 자신이 아는 내용이나 겪은 일과 관련지어 글을 읽는 방법으로 알맞은 것은 무엇인가요?

① 보거나 들었던 경험을 떠올린다.
② 평소에 궁금했던 내용을 떠올린다.
③ 모르는 낱말은 사전을 찾아보면서 읽는다.
④ 모르는 내용이 나오는 부분은 읽지 않아도 된다.
⑤ 아는 내용보다는 새로 알게 된 내용만을 생각하며 읽는다.

## 아름다운 순우리말

다음 문장에서 밑줄 친 순우리말의 뜻을 찾아 선으로 바르게 이어 보세요.

밤사이에 <u>시나브로</u> 낙엽이 쌓였다. •     • 형제나 자매 사이의 우애심

마을에 들어서니 <u>아름드리</u> 느티나무가 서 있었다. •     • 모르는 사이에 조금씩 조금씩

나는 동생이랑 <u>띠앗</u>이 좋다. •     • 둘레가 한 아름이 넘는 것을 나타내는 말

소미와 나는 <u>너나들이</u>하며 친하게 지내는 사이다. •     • 서로 너니 나니 하고 부르며 허물없이 지내는 사이

**왜 그럴까?**

'순우리말'이란 우리말 중에서 고유어만을 이르는 말입니다. 순우리말에는 뜻을 전하기에 아름답고 정겨운 말들이 많습니다. '시나브로'는 아주 느리게 일이 진행되는 것을 나타내며, '아름드리'에서 '아름'은 두 팔을 둥글게 모아서 만든 둘레를 뜻합니다. '띠앗'은 가족과 관계된 우리말 중의 하나이며, '너나들이'는 서로 편히 부르며 지내는 허물없는 사이를 가리킵니다.

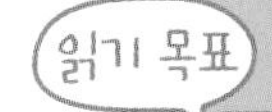


# 7 읽기의 과정 이해하기 ❸

아는 내용이나 겪은 일과 관련지어 읽기 · 글의 특성에 따라 적절한 읽기 방법 적용하기 · 글을 읽고 중심 내용 요약하기

공부한 날 월 일

다음 글을 읽고 물음에 답해 봅시다.

아주 추운 겨울이었습니다. 몇 달째 병원에 입원하여 계시던 할머니께서 집으로 돌아오시던 날, 아버지께서는 슬픔을 감추지 못하셨습니다. 담당 의사로부터 할머니께서 올겨울을 넘기지 못하실 거라는 말을 들었기 때문입니다.

"내가 아무래도 올겨울을 넘기지 못할 것 같구나."

"어머니, 왜 자꾸 그런 말을 하세요?"

할머니께서 그런 말을 하실 때마다 아버지께서는 소리 없이 우셨고, 우리 가족 모두는 가슴이 미어졌습니다.

㉠할머니의 그 반년은 날마다 겨울이었습니다. 우리는 겨울이 가고 봄이 온 뒤에도 할머니 방에 들어갈 때마다 겨울옷으로 갈아입었습니다. 장갑을 끼고 목도리까지 두른 채 들어간 적도 있습니다.

- 이철환, 『연탄길』 중에서

1 할머니께서 집으로 돌아오시던 날, 아버지께서 슬퍼하신 까닭은 무엇인가요?

① 할아버지를 함께 모시고 오지 못해서
② 할머니께서 너무 오랜만에 집에 오셔서
③ 할머니께서 아버지에게 화를 많이 내셔서
④ 시골에 두고 온 물건들을 함께 가져오지 못해서
⑤ 담당 의사로부터 할머니께서 올겨울을 넘기지 못하실 거라는 말을 들어서

2 이 글을 읽고 추론한 내용으로 알맞은 것에 ○표 하세요.

| 가족들은 할머니가 늘 겨울인 것처럼 생각하실 수 있도록 겨울옷을 입은 것 같아. | 가족들은 할머니께서 집에 오셔서 모두 불편해하고 있어. |
| --- | --- |
| (        ) | (        ) |

3 ㉠의 뜻은 무엇인가요?

① 그해 겨울은 몹시 추웠다.
② 할머니께서는 겨울을 가장 좋아하셨다.
③ 그해 겨울이 길어서 반년이나 계속되었다.
④ 할머니께서는 반년 동안 봄이 오기를 기다리셨다.
⑤ 할머니께서 반년 동안을 겨울이라고 생각하셨다.

절취선대로 자르세요.

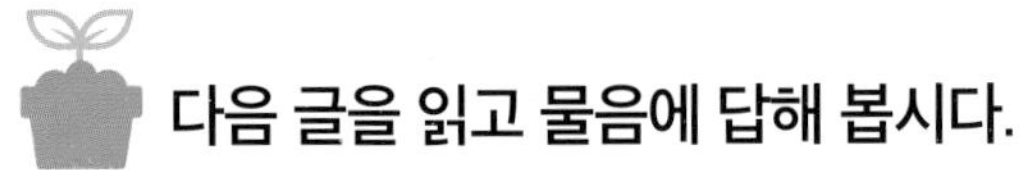

다음 글을 읽고 물음에 답해 봅시다.

가

나 백선행은 평생 온갖 궂은일을 마다하지 않고 열심히 모은 돈을 모두 사회에 다시 돌리고 떠난 여성 사업가입니다. 사람들은 그녀의 선행이 정말 고마워서 이름이 없었던 그녀에게 '선행'이라는 이름을 붙여 주었습니다. 평생 사람들에게 '백선행'이라 불리며 존경을 받았던 그녀는 홀어머니 밑에서 가난한 어린 시절을 보냈습니다.

결혼한 지 8개월 만에 남편을 잃은 백선행은 가난하게 살지 않기 위해서는 돈을 많이 벌어야겠다고 생각하였습니다. 그래서 온갖 궂은일을 마다하지 않고 돈을 벌었습니다. 봉숭아 키우기, 채소 장사, 간장 장사, 돼지 키우기, 베 짜기, 청대 치기 등 닥치는 대로 일하였습니다. 이렇게 돈을 모으면서 정작 자신은 좋은 음식, 좋은 옷 한번 누리지 않았습니다.

백선행에게는 좌우명이 있었습니다.

"먹기 싫은 것 먹고, 입기 싫은 옷 입고, 하기 싫은 일 하고."

이를 보며 주변 사람들은 구두쇠처럼 독하게 돈을 모은다고 수군대기도 하였습니다. 그러나 백선행은 아랑곳하지 않고 열심히 돈을 모아 마침내 큰 부를 이루게 되었습니다.

백선행은 부자가 되었다고 해서 생활 습관을 바꾸지 않았습니다. 여전히 근검절약하는 생활을 하였지요. 집에 손님이 오면 백선행은 냉면을 대접하였습니다. 그런데 다 먹지 않고 남기는 사람이 있으면 꼭 한마디 하였습니다.

"아깝게 왜 남기십니까? 귀한 음식인데……."

그러고는 [ ㉠ ]

백선행은 입버릇처럼 말하였습니다.

"음식은 사람이 아니라 하늘이 주신 거야. 감사하며 먹어야지. 농사짓는 사람의 정성을 생각한다면 밥풀 하나라도 그냥 버려선 안 돼."

- 신현배, 『아름다운 부자 이야기』 중에서

가의 책의 제목으로 보아, 무엇에 대한 내용의 책일지 두 글자의 낱말로 써 보세요.

( )

**5** 가의 책의 차례를 통해 추론할 수 있는 내용으로 알맞지 않은 것은 무엇인가요?

① 공룡의 종류에 대하여 알 수 있을 것이다.
② 화석이 된 공룡에 대하여 알 수 있을 것이다.
③ 공룡이 왜 멸종했는지에 대하여 알 수 있을 것이다.
④ 공룡이 무엇을 먹었는지에 대하여 알 수 있을 것이다.
⑤ 공룡이 살아 있다면 어떤 일이 일어날지에 대하여 알 수 있을 것이다.

**6** 나에 나오는 '백선행'에 대한 설명으로 알맞지 않은 것은 무엇인가요?

① 여성 사업가이다.
② 가난한 어린 시절을 보냈다.
③ 남편과 함께 평생 선을 행하였다.
④ 닥치는 대로 일하면서 돈을 모았다.
⑤ 사람들이 '선행'이라는 이름을 붙여 주었다.

**7** '백선행'이 돈을 많이 벌어야겠다고 생각한 까닭은 무엇인가요?

① 농사를 짓기 위해서
② 남편의 병을 고치기 위해서
③ 가난하게 살지 않기 위해서
④ 좋은 음식, 좋은 옷을 마음껏 누리기 위해서
⑤ 주변 사람들이 자신을 비웃지 않도록 하기 위해서

**8** '백선행'이 돈을 벌기 위하여 한 궂은일이 아닌 것은 무엇인가요?

① 밭 매기
② 채소 장사
③ 간장 장사
④ 청대 치기
⑤ 봉숭아 키우기

**9** ㉠에 들어갈 '백선행'의 행동으로 알맞은 것은 무엇인가요?

① 손님을 극진히 대접하였습니다.
② 손님의 행동을 몹시 칭찬하였습니다.
③ 손님과 매우 친한 친구가 되었습니다.
④ 손님에게 얼른 다른 음식을 대접하였습니다.
⑤ 손님이 지켜보는 가운데 그 냉면 그릇을 깨끗이 비웠습니다.

**10** 다음과 같이 '백선행'이 한 일로 짐작할 수 있는 백선행의 생각은 무엇인가요?

> 백선행은 1925년 2월 평양광성소학교에 1만 4천여 평의 땅을 기부하였으며, 같은 해 10월 평양숭현여학교에 2만 6천여 평의 땅을 기부하였다.

① 해외 문물을 받아들여 발전시켜야 한다.
② 교육의 중요성을 깨닫고 교육에 힘써야 한다.
③ 기술을 발전시켜서 더 많은 일을 효과적으로 해야 한다.
④ 국산품을 많이 사용하여야 우리나라가 더욱 부강해진다.
⑤ 음악의 중요성을 깨닫고 항상 음악을 가까이 즐기는 것이 중요하다.

11 다음 빈칸에 들어갈 알맞은 말을 보기 에서 찾아 써 보세요.

글에 직접 (1) 내용을 글의 앞뒤 사실을 바탕으로 미루어 생각하며 읽는 방법을 (2) (이)라고 한다. 이렇게 글을 읽으면 글의 내용을 더 잘 (3) 할 수 있다.

보기: 주장 추론 설명 이해 드러난 드러나지 않은

(1): (　　　　) (2): (　　　　) (3): (　　　　)

## 재미있는 낱말 놀이터

# 그림을 보고 속담 맞히기

다음 그림의 내용에 알맞은 속담을 쓰고, 각 속담의 뜻을 찾아 선으로 바르게 이어 보세요.

몸집이 작은 사람이 큰 사람보다 재주가 뛰어나고 야무짐을 비유적으로 이르는 말

사물의 속 내용은 모르고 겉만 건드리는 일을 비유적으로 이르는 말

**왜 그럴까?**

속담은 오랜 세월 동안 만들어져서 전해 내려온 말입니다. 맛있는 수박을 먹는다고 하면서 겉만 핥으면 수박의 맛을 알 수 있을까요? 물론 맛을 알 수 없겠지요. '수박 겉 핥기'라는 속담은 말 그대로 내용이나 참뜻을 모르면서 겉만 건드린다는 뜻입니다. '꿀단지 겉 핥기'도 이와 비슷한 뜻을 가진 속담입니다. '작은 고추가 더 맵다.'라는 속담은 몸집이 작은 사람이 큰 사람보다 재주가 뛰어나고 야무지다는 뜻으로, 겉모습만으로는 사람을 판단할 수 없고 내면이 훨씬 중요하다는 것을 강조하는 속담입니다. 비슷한 속담으로는 '고추는 작아도 맵다.', '고추보다 후추가 더 맵다.' 등이 있습니다.

# 7 읽기의 과정 이해하기 ❹

아는 내용이나 겪은 일과 관련지어 읽기 / 글의 특성에 따라 적절한 읽기 방법 적용하기 / 글을 읽고 중심 내용 요약하기

공부한 날 월 일

## 다음 글을 읽고 물음에 답해 봅시다.

1 식물은 작은 씨앗에서 싹을 틔워 성장하고, 꽃을 피워 열매를 맺는다. 대개 열매 안에는 씨앗이 있는데, 식물이 씨앗을 퍼뜨리는 방법은 여러 가지가 있다.

2 첫째, 바람을 통해 씨앗을 퍼뜨리는 방법이다. 민들레는 낙하산 같은 가벼운 솜털을 달고 있어서 바람에 쉽게 날릴 수 있다. 소나무나 단풍나무는 씨앗에 날개가 있어 바람에 날리기 쉬운 모양을 하고 있다.

3 둘째, 꼬투리가 터져서 씨앗을 퍼뜨리는 방법이다. 씨앗을 싸고 있던 꼬투리가 건조해지면서 터지면 씨앗이 퍼지는 것이다. 봉숭아나 강낭콩, 나팔꽃과 같은 식물들은 저절로 터져서 씨앗을 퍼뜨린다.

4 셋째, 동물의 털이나 사람 옷에 붙어서 씨앗을 퍼뜨리는 방법이다. 도깨비바늘은 씨앗의 끝이 가시처럼 생겨서 쉽게 달라붙는다. 이렇게 달라붙은 씨는 동물의 털이나 사람 옷에 붙어 멀리까지 이동하여 퍼지게 된다.

5 넷째, 동물에게 먹혀서 씨앗을 퍼뜨리는 방법이다. 동물이 먹은 열매 안에 있는 씨앗은 껍질이 딱딱해서 소화되지 않고 똥으로 나온다. 주로 맛있는 과일인 참외, 수박, 사과 등이 동물에게 먹혀 씨앗을 퍼뜨린다.

### 1 다음은 각 문단의 중심 내용을 정리한 표입니다. 빈칸에 들어갈 알맞은 말을 써 보세요.

| 문단 | 중심 내용 |
|---|---|
| 1문단 | 식물이 (　　　　　　)을/를 퍼뜨리는 방법은 여러 가지이다. |
| 2문단 | (　　　　　　)을/를 통해 씨앗을 퍼뜨리는 방법이 있다. |
| 3문단 | 꼬투리가 터져서 씨앗을 퍼뜨리는 방법이 있다. |
| 4문단 | 동물의 (　　　　　　)(이)나 사람 옷에 붙어서 씨앗을 퍼뜨리는 방법이 있다. |
| 5문단 | 동물에게 먹혀서 씨앗을 퍼뜨리는 방법이 있다. |

### 2 이 글의 짜임으로 알맞은 것에 ○표 하세요.

(1) 문제와 그에 대한 해결 방법을 제시하였다. ························ (　　)

(2) 공통점과 차이점을 중심으로 내용을 제시하였다. ························ (　　)

(3) 하나의 주제에 대하여 몇 가지 특징이나 내용을 늘어놓았다. ························ (　　)

절취선대로 자르세요.

## 다음 글을 읽고 물음에 답해 봅시다.

가 우리나라에서 처음 만든 종이는 삼베나 모시처럼 섬유질이 많은 나무를 갈아서 만든 마지였다. 그 뒤를 이어 닥종이, 즉 한지가 등장하였다.

한지는 닥나무로 만든다. 한지를 만들기 위해서는 맨 처음 닥나무의 밑을 잘라 커다란 가마솥에 넣고 찐다. 충분히 쪄지면 껍질을 벗겨 내고, 벗겨 낸 껍질은 햇볕에 말렸다가 다시 물에 담근다. 껍질의 표면에 있는 검은 부분을 긁어낸 뒤에 석회와 재를 넣고 끓인다.

이렇게 끓인 껍질을 다시 건져 내어 깨끗이 씻어서 하얗게 될 때까지 말린다. 여기까지도 손이 많이 가지만 정작 한지가 완성되려면 몇 번의 과정을 더 거쳐야 한다. 하얗게 된 껍질을 넓은 판 위에 올려놓고 방망이로 두들기는데, 이것은 껍질을 연하게 만들어 닥나무의 섬유질이 잘 분리되게 하기 위해서이다.

충분히 두들겨 껍질이 잘게 부서지면 물에 넣어 풀어 준다. 그리고 풀어진 섬유질이 잘 엉기도록 끈끈하게 해 주는 액체인 닥풀을 넣는다. 이렇게 하면 마치 죽처럼 보이는 재료가 완성되는데, 이 재료를 커다란 통에 넣고 발로 떠낸 다음 커다란 철판에 붙여서 말리면 한지가 완성된다.

- 책빛편집부, 『교과서 속 생활 과학 이야기』 중에서

나 할머니, 할아버지가 전체 인구 가운데 7퍼센트, 즉 100명 가운데 7명이 65세 이상이면 '고령화 사회'라고 한다. 나이가 많은 사람이 ㉠많은 사회라는 뜻이다. 우리나라는 2000년에 고령화 사회가 되었다. 평균 수명이 길어지면서 노인 인구가 급격하게 늘고 있는 반면, 태어나는 아이들은 계속 줄고 있기 때문이다.

남녀가 결혼을 해서 최소한 아이 두 명을 낳아야 인구가 줄지 않는데 요즈음 우리나라의 출산율은 1.2명에 불과하다. 이로 인해 세계에서 출산율이 가장 낮다. 여성이 직장 생활을 할 때에 아이를 돌보아 줄 사람이 없고, 아이를 키우는 비용이 너무 많이 들어서 출산을 원하지 않는 부부가 많아졌기 때문이다. 태어나는 아이는 줄고 노인이 늘어난다는 것은 경제 활동을 할 수 있는 인구가 줄어든다는 뜻이다. 결국 젊은이의 경제적 부담이 커지게 되고 나라의 경제가 어려워질 수 있다.

저출산 ㉡문제를 해결하기 위해서는 부모가 일하는 동안 아이를 돌봐 줄 수 있는 시설이 필요하다. 또, 아이가 어릴 때에는 부모가 직접 돌볼 수 있도록 휴가를 주어야 한다. 그리고 부부가 아이를 낳고 키우는 동안 직장을 잃지 않도록 일자리를 보장하고, 아이를 키울 때 드는 비용을 나라에서 지원하는 것도 ㉢또 다른 방법이 될 것이다.

출산율이 올라가면 고령화 문제는 자연스럽게 ㉣해결할 수 있다. 노인 인구가 계속 많아지는 것은 사실이지만 문제가 되는 것은 65세 이상 노인 인구의 비율이기 때문이다. 출산이 늘면 그만큼 65세 이상 노인 인구의 비율이 줄어드는 것과 같은 효과가 있다. 단, 노인을 위해 의료 보장을 잘해 주고, 은퇴하는 나이를 늘려 주며, 노인 노동력을 이용하는 산업이 성장할 수 있도록 도와주어야 한다. 또, 혼자 사는 노인을 돌보는 제도도 마련해야 할 것이다.

- 박정애, 『질문을 꿀꺽 삼킨 사회 교과서 -한국 지리 편-』 중에서

**3** 가는 무엇에 대하여 설명하는 글인가요?

① 닥나무의 특징
② 한지를 만드는 과정
③ 한지의 장점과 단점
④ 한지를 만들게 된 까닭
⑤ 한지로 만들 수 있는 생활용품

**4** 가에서 알 수 있는 한지 만드는 순서에 맞게 차례대로 기호를 써 보세요.

㉠ 껍질을 물에 넣어 풀어 주고 닥풀을 넣어 죽처럼 만든 뒤에 발로 떠내어 말린다.
㉡ 끓인 껍질을 깨끗이 씻어 하얗게 될 때까지 말린 뒤에 방망이로 두들긴다.
㉢ 닥나무의 밑을 잘라 쪄서 껍질을 벗겨 내고 말린 뒤에 다시 물에 담근 후 껍질 표면에 있는 검은 부분을 긁어내고 석회와 재를 넣어 끓인다.

( ) → ( ) → ( )

**5** 나에서 제시한 저출산 문제를 해결할 수 있는 방법이 아닌 것은 무엇인가요?

① 아이를 키울 때 드는 비용을 나라에서 지원해 주어야 한다.
② 부모가 일할 때 아이를 돌봐 줄 수 있는 시설이 있어야 한다.
③ 아이가 어릴 때에는 할머니, 할아버지와 함께 살게 해야 한다.
④ 부부가 아이를 낳고 키우는 동안에는 직장을 잃지 않도록 해 주어야 한다.
⑤ 아이가 어릴 때에는 아이를 돌볼 수 있도록 부모에게 휴가를 주어야 한다.

**6** 나의 ㉠~㉣ 중 글의 짜임을 알 수 있는 말이 아닌 것을 찾아 기호를 써 보세요.

( )

**7** 가와 나의 짜임에 맞게 보기 에서 알맞은 말을 찾아 빈칸에 써 보세요.

(1) 가: ( ) 짜임
(2) 나: ( ) 짜임

보기: 나열 / 문제와 해결 / 순서 / 비교와 대조

**8** 글의 짜임을 드러내는 말을 찾아 선으로 바르게 이어 보세요.

| | |
|---|---|
| (1) 나열 짜임 • | • 맨 처음에 / 나중에 ……한 뒤에 |
| (2) 순서 짜임 • | • 첫째 / 둘째 / 셋째 |
| (3) 비교와 대조 짜임 • | • ……과/와 비교하면 ……과/와는 달리 |

9 글을 읽을 때에 글의 짜임을 아는 것이 중요한 까닭은 무엇인가요?

① 글에서 모르는 낱말의 뜻을 알 수 있다.
② 글에 대한 사람들의 생각을 알 수 있다.
③ 글에서 중요한 내용을 쉽게 요약할 수 있다.
④ 글의 내용을 보고 경험을 더 잘 떠올릴 수 있다.
⑤ 글에서 시간과 공간의 변화를 잘 파악할 수 있다.

## 재미있는 낱말 놀이터 성격을 나타내는 우리말

다음 문장에서 밑줄 친 말의 뜻을 찾아 선으로 바르게 이어 보세요.

| 농부는 쉬지 않고 열심히 일을 하였다. 참 **바지런하다**. | 아직도 이해를 못하고 있다니, 참 **미욱하다**. | 은아가 강아지를 보살피는 모습이 참 **곰살궂다**. |
|---|---|---|
| 태도나 성질이 부드럽고 친절하다. | 놀지 아니하고 하는 일에 꾸준하다. | 하는 짓이나 됨됨이가 매우 어리석고 미련하다. |

**왜 그럴까?**

우리말에는 성격을 나타내는 다양한 말이 있습니다. 그중에는 평소에 잘 쓰지 않아 뜻을 잘 모르는 낱말도 있을 거예요. 그럴 때에는 비슷한 뜻을 가진 낱말을 통해 그 뜻을 짐작할 수도 있습니다. '바지런하다'는 '부지런하다', '미욱하다'는 '미련하다', '곰살궂다'는 '다정하다'와 뜻이 비슷한 말입니다.

# 7 읽기의 과정 이해하기 ⑤

아는 내용이나 겪은 일과 관련지어 읽기 | 글의 특성에 따라 적절한 읽기 방법 적용하기 | 글을 읽고 중심 내용 요약하기

공부한 날 월 일

다음 글을 읽고 물음에 답해 봅시다.

1 여러분, 종이컵 1톤을 만드는 데 20년생 나무 20그루가 필요하다는 것을 알고 있습니까? 우리가 편리하게 사용하였던 일회용품이 지구를 병들게 하고 있습니다. 일회용품을 사용하지 않는 노력으로 우리 삶의 터전인 지구를 살릴 수 있습니다. 환경을 위하여 일회용품 사용을 줄입시다.

2 일회용품을 만들기 위해서는 많은 자원이 필요합니다. 나무젓가락과 종이컵을 만들기 위하여 숲에 있는 소중한 나무를 베어야 합니다. 이렇게 되면 지구의 사막화가 빨라지고 자원이 빠르게 고갈됩니다. 이렇게 소중한 나무를 다시 키우려면 오랜 시간과 노력이 필요하게 됩니다.

3 또한 일회용품은 오랫동안 썩지 않아 환경을 오염시킵니다. 땅속에서 썩는 데 종이컵은 20년이 걸리고, 스티로폼 도시락은 500년이 걸린다고 합니다. 이런 일회용품이 오랜 시간 땅속에 묻혀 땅을 오염시킵니다.

1. 1~3 문단의 중심 내용을 보기 에서 찾아 기호를 써 보세요.

(1) 1 문단: (　　　　) (2) 2 문단: (　　　　) (3) 3 문단: (　　　　)

보기
㉠ 환경을 위하여 일회용품 사용을 줄입시다.
㉡ 일회용품은 오랫동안 썩지 않아 환경을 오염시킵니다.
㉢ 일회용품을 만들기 위해서는 많은 자원이 필요합니다.

2. 이 글의 내용을 요약하여 쓸 때 빈칸에 들어갈 알맞은 말을 써 보세요.

일회용품 사용을 줄입시다. 일회용품을 만들기 위해서는 많은 (　　　　)이/가 필요합니다. 또한 일회용품은 오랫동안 썩지 않아 (　　　　)을/를 오염시킵니다. 그러므로 일회용품을 사용하지 않음으로써 지구 환경을 살려 봅시다.

절취선대로 자르세요.

## 다음 글을 읽고 물음에 답해 봅시다.

### ㉠지구가 둥근 증거

1 옛날부터 지구의 모양에 관심을 가진 사람이 많았다. 약 2500년 전, 그리스의 철학자이자 수학자였던 피타고라스가 지구의 모양에 관심을 갖고 처음으로 지구가 둥글다고 주장했다. 그 당시 사람들은 하늘에 보이는 태양이나 달의 모습이 둥글고, 풀잎에 맺힌 이슬방울도 둥글기 때문에 지구도 둥글다고 생각하였다. 그러나 이것은 과학적인 설명이 아니었다. 그러다가 고대 그리스의 철학자인 아리스토텔레스가 지구가 둥글다는 과학적인 증거를 내놓았다.

2 과학 기술과 장비가 부족했던 그 시대에 어떻게 지구가 둥글다는 것을 밝혔을까? 그 첫 번째 증거는 월식이다. 월식은 태양이 지구를 비추어 만들어진 그림자에 달이 가려지게 되는 것이다. 그림자의 모양은 실제 물체의 모양과 똑같다. 낮 시간에 사람의 그림자를 살펴보면 태양의 위치에 따라 그림자의 길이는 변하지만, 모양은 사람 형태를 똑같이 닮아 있는 것과 같은 원리이다.

3 만약 지구의 모양이 직사각형이라면 월식 때 태양이 비추는 각도에 따라서 사각형의 모습이 나타나야 하지만, 실제로 월식 때 나타난 지구의 그림자는 곡선 모양으로만 나타난다. 이것으로 지구가 편평하지 않고 둥글다는 것을 확인할 수 있다.

4 두 번째 증거는 먼 바다에서 항구로 들어오는 배가 돛대부터 보인다는 점이다. 만약 지구가 편평하다면 멀리서 항구로 들어오는 배의 전체 모습이 보일 것이다. 그러나 실제로 배가 항구로 들어오는 모습을 살펴보면 처음에는 돛의 꼭대기 부분만 보이다가 점점 배의 전체 모습이 보이게 된다.

5 세 번째 증거는 북쪽 지방으로 갈수록 북극성이 떠 있는 높이가 높아진다는 점이다. 북극성은 사계절 내내 북쪽 하늘에서 반짝이고 있다. 만약 지구가 편평하다면 세계 어느 지역에서나 북극성을 머리 위쪽에서 볼 수 있어야 한다. 그러나 실제로 북극에서는 북극성이 머리 위에서 보이지만 적도 지방으로 갈수록 북극성이 떠 있는 높이가 낮아진다. 이렇게 지역에 따라 북극성이 떠 있는 높이가 달라지는 것은 지구가 둥글기 때문이다.

6 이렇게 여러 가지 증거가 있음에도 불구하고 그 당시의 사람들은 지구가 둥글다는 것을 믿지 못하였다. 훗날, 지구가 둥글다는 여러 가지 근거가 추가로 밝혀지면서 사람들은 점차 지구가 둥글다고 생각하게 되었다. 과학 기술이 발달하기 전에 지구의 둥근 모습을 알 수 있었다는 점은 놀라운 일이다.

- 정효진, 『맛있는 과학 - 36 지구와 달 -』 중에서

㉠의 제목을 보고 떠오른 생각을 바르게 말한 친구의 이름을 써 보세요.

**은아**: 지구가 둥글다는 증거를 설명해 주는 글일 것 같아.
**우민**: 우주에 떠 있는 여러 행성에 대하여 소개해 주는 글일 것 같아.
**태형**: 지구가 오염되었다는 문제를 이야기하면서 환경을 보호하자고 주장하는 글일 것 같아.

( )

## 4 지구가 둥글다는 과학적인 증거를 처음 제시한 사람은 누구인지 써 보세요.

( )

## 5 지구가 둥글다고 생각한 과학적인 증거로 알맞은 것을 모두 고르세요. (정답 3개)

① 지구의 그림자를 보기 힘들다.
② 월식 때 나타난 지구의 그림자가 곡선 모양이다.
③ 태양이나 달의 모습뿐만 아니라 이슬방울도 둥글다.
④ 북쪽 지방으로 갈수록 북극성이 떠 있는 높이가 높아진다.
⑤ 배가 항구로 들어올 때 처음에는 돛의 꼭대기 부분만 보인다.

## 6 이 글의 짜임에 대한 설명으로 알맞은 것에 ○표 하세요.

(1) 지구의 변화를 시간의 순서에 따라 설명하였다. ……………………………………………………( )
(2) 지구가 둥글다는 증거를 여러 가지 늘어놓으며 설명하였다. ……………………………………( )
(3) 지구와 다른 행성의 공통점과 차이점을 비교해서 설명하였다. …………………………………( )
(4) 지구가 둥글어서 생기는 문제점과 그 해결 방안을 제시하였다. ………………………………( )

## 7 각 문단의 중심 내용을 정리하여 빈칸에 들어갈 알맞은 말을 써 보세요.

| 문단 | 중심 내용 |
|---|---|
| 1문단 | 옛날부터 지구의 모양에 관심을 가진 사람이 많았고 지구가 둥글다는 과학적인 증거를 내놓았다. |
| 2문단 | 첫 번째 증거는 ( )이다. |
| 3문단 | 월식 때 나타난 지구의 그림자는 ( ) 모양이다. |
| 4문단 | 두 번째 증거는 먼 바다에서 항구로 들어오는 배가 돛대부터 보인다는 점이다. |
| 5문단 | 세 번째 증거는 북쪽 지방으로 갈수록 북극성이 떠 있는 높이가 ( )는 점이다. |
| 6문단 | 과학 기술이 발달하기 전에 지구의 둥근 모습을 알 수 있었다는 점은 놀라운 일이다. |

## 8 이 글의 내용을 정리할 때 가장 적당한 틀을 찾아 ○표 하세요.

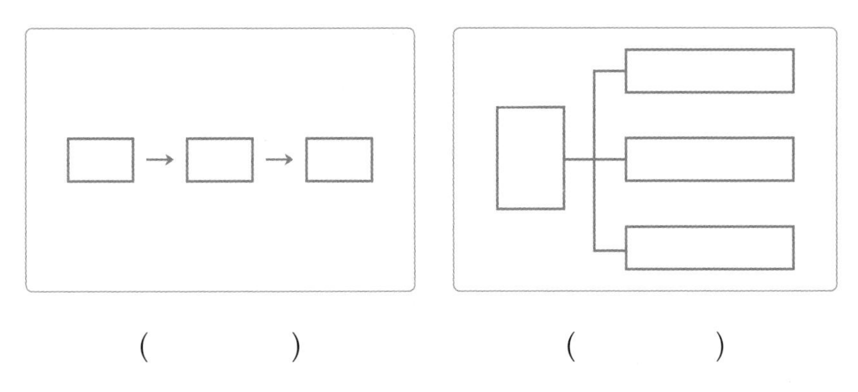

( ) ( )

**9** 이 글의 내용을 요약할 때 빈칸에 들어갈 알맞은 내용을 써 보세요.

> 옛날부터 지구의 모양에 관심을 가진 사람이 많았고 지구가 둥글다는 과학적 증거를 내놓았다. 첫 번째 증거는 월식이다. 월식 때 나타난 지구의 그림자는 곡선 모양이기 때문이다. 두 번째 증거는 ( ). 세 번째 증거는 북쪽 지방으로 갈수록 북극성이 떠 있는 높이가 높아진다는 점이다. 과학 기술이 발달하기 전에 지구의 둥근 모습을 알 수 있었다는 점은 놀라운 일이다.

**10** 요약하기의 방법을 알맞게 말하지 못한 친구는 누구인가요?

① **승호**: 정리한 내용을 간결한 문장으로 써야 해.
② **태연**: 글의 짜임을 파악하며 읽은 뒤 요약해야 해.
③ **호영**: 중요하지 않고 반복되는 내용은 삭제하면서 요약해야 해.
④ **세진**: 글의 짜임에 알맞은 틀을 활용하여 정리한 뒤 요약할 수 있어.
⑤ **은주**: 요약할 때에는 중심 내용뿐만 아니라 세부 내용도 꼼꼼히 정리해야 해.

## '어깨'와 관련 있는 관용 표현

다음 빈칸에 들어갈 관용 표현을 보기 에서 찾아 써 보세요.

회장 선거 / 책임감 / 부담감 / 짝 짝 짝

선생님께 칭찬을 받아서 ( ).

학급 회장이 되어 ( ).

보기 어깨가 무겁다 어깨를 겨루다 어깨가 처지다 어깨가 올라가다

### 왜 그럴까?

우리말에는 신체와 관련된 관용 표현이 많습니다. '어깨가 올라가다.'는 칭찬을 받거나 하여 기분이 으쓱해질 때 사용하고, '어깨가 무겁다.'는 무거운 책임을 져서 부담이 클 때 사용하는 관용 표현입니다. '어깨를 겨루다.'는 '어깨를 견주다.'와 비슷한 뜻으로 서로 비슷한 지위나 힘을 가질 때 사용하고, '어깨가 처지다.'는 낙심하여 풀이 죽고 기가 꺾일 때 사용하는 관용 표현입니다.

# 7 읽기의 과정 이해하기 ❻

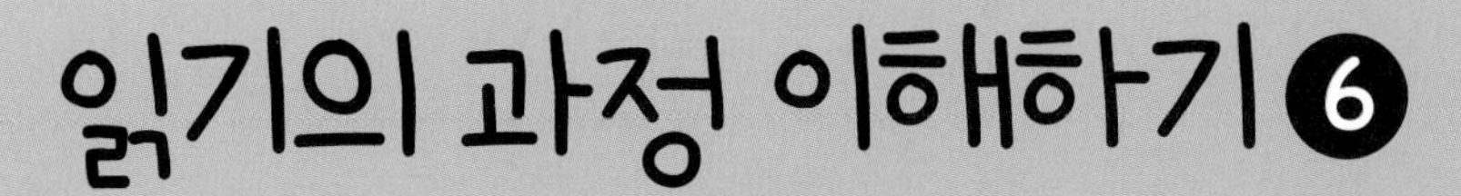

아는 내용이나 겪은 일과 관련지어 읽기 | 글의 특성에 따라 적절한 읽기 방법 적용하기 | 글을 읽고 중심 내용 요약하기

공부한 날 월 일

정리 읽기의 과정에 따라 어떻게 읽어야 하는지 알맞은 설명을 찾아 선으로 바르게 이어 보세요.

**읽기의 과정**

- 아는 내용이나 겪은 일 떠올리며 읽기 •
- 추론하며 읽기 •
- 글의 짜임 파악하며 읽기 •
- 요약하기 •

• 글에 직접 드러나 있지 않은 부분을 글의 앞뒤 사실을 바탕으로 미루어 생각하며 읽는 것을 말한다.
  - 제목이나 차례를 보고 글의 내용을 짐작한다.
  - 앞뒤 내용을 살펴 짐작한다.

• 글을 읽기 전이나 읽는 중에 아는 내용이나 듣거나 보거나 읽었던 경험을 떠올리며 글을 읽는 것이다.
  - 제목이나 화제를 보고 아는 내용이나 겪은 일을 떠올린다.
  - 글을 읽으면서, 겪은 일이나 관련된 아는 내용을 떠올린다.

• 글에서 중심적인 내용을 정리하여 간추려 쓰는 것이다.
  - 글의 짜임을 파악하여 간결하게 정리한다.
  - 알맞은 틀을 활용하여 정리한다.

• 글이 어떻게 전개되는지 파악하며 글을 읽는 것을 말한다.
  순서 짜임, 비교와 대조 짜임, 문제와 해결 짜임, 나열 짜임 등이 있다.

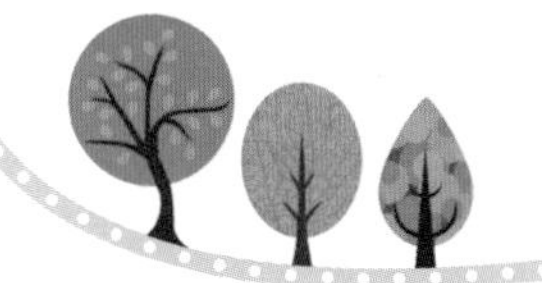

절취선대로 자르세요.

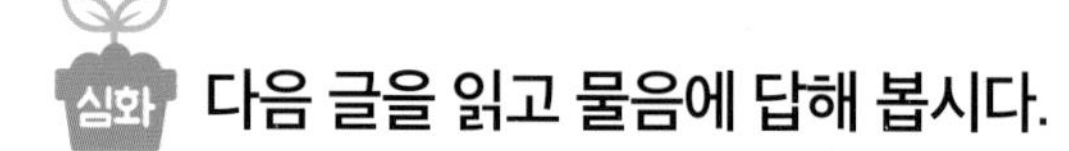


다음 글을 읽고 물음에 답해 봅시다.

## 어린이 보행 안전

내 블로그 | 게시판 | 방명록

- 내 블로그
- 게시판
- 방명록

자동차가 많아지면서 교통사고는 심각한 사회 문제가 되고 있다. 신문 기사나 뉴스에서는 거의 날마다 교통사고에 대한 소식을 ㉠<u>전하고 있다.</u> 전체 교통사고 중에서 어린이 교통사고는 그 비율이 매우 낮다. 그러나 교통사고로 사망하는 유형을 보면 보행 중에 교통사고로 사망하는 어린이의 ㉡<u>비율이 매우 높다.</u> 어린이의 생명을 지키려면 보행 중 어린이의 교통사고를 줄일 수 있는 ㉢<u>방법을 찾아야 한다.</u>

어린이 보행 사고를 줄이는 방법은 무엇일까? 운전자에게 어린이 보행 안전에 대한 교육을 철저히 해야 한다. '연령층별 인구 10만 명당 보행 중 사상자 수'를 조사한 그래프를 살펴보면, 14세 이하 어린이 사망자 수는 15~20세보다 ㉣<u>높게 나타난다.</u> 어린이는 위험에 대처하는 능력이 미숙하기 때문에 큰 사고로 이어질 가능성이 매우 높다. 그러므로 운전자에게 어린이 보행자를 보호할 수 있는 안전 교육을 실시하여 어린이 보행 사고가 일어나지 않도록 해야 한다.

어린이를 위한 보행 안전시설이 더 필요하다. 학교 앞길에는 과속 운전 차량을 단속하는 장치를 마련하여야 한다. 그리고 학교 근처에 어린이 보호 구역을 현재 반지름 300미터보다 더 넓게 설정하여 어린이들이 안전하게 다닐 수 있게 해야 한다. 그뿐만 아니라 어린이들이 많이 다니는 길에는 과속 방지 턱을 만들어 [ ㉤ ]. 이와 같은 안전시설은 어린이 교통사고를 줄일 수 있다.

어린이도 스스로 노력하면 보행 사고를 줄일 수 있다. 도로에서 발생하는 수많은 비극은 교통 법규를 무시하고 조금 빨리 가려다가 발생한다. 운전자와 보행자 모두 도로에서 시간적 여유를 가지는 마음이 필요하다. 보행 신호가 초록색으로 바뀌지도 않았는데 무리하게 길을 건너면 사고를 당할 수도 있다. 그리고 신호가 바뀌자마자 좌우를 살피지 않고 출발하다가 사고를 당하기도 한다. 따라서, 조급하게 서두르지 말고 교통 법규와 안전 수칙을 지키며 생활하여야 한다.

이제부터라도 어린이 보행 사고를 없애야 한다. 그러자면 우리 모두의 노력이 중요하다. 어린이 보행 안전은 남에게 미룰 수도 없고, 남이 대신하여 줄 수도 없는 일이다. 우리 모두 노력하여 어린이 보행 사고가 일어나지 않도록 하자. 어린이는 미래의 희망이요, 우리 모두의 꿈이다.

어린이 보행 사고가 큰 사고로 이어질 가능성이 높은 까닭은 무엇인가요?

① 자동차가 많아졌기 때문에
② 어린이들은 잘 걸어 다니지 않기 때문에
③ 우리나라는 교통사고 비율이 매우 높기 때문에
④ 어린이들은 횡단보도로 길을 건너지 않기 때문에
⑤ 어린이들은 위험에 대처하는 능력이 부족하기 때문에

2. 이 글에서 제안하는 어린이를 위한 보행 안전시설에 해당하지 않는 것을 모두 고르세요. (정답 2개)

① 육교 ② 안내 표지판 ③ 과속 방지 턱
④ 어린이 보호 구역 ⑤ 과속 운전 차량 단속 장치

3. 이 글에서 어린이 보행 사고를 줄일 수 있는 방법으로 제시한 것이 아닌 것은 무엇인가요?

① 어린이 보행 안전시설을 더 만들어야 한다.
② 어린이도 교통 법규와 안전 수칙을 꼭 지켜야 한다.
③ 어린이 보행 사고가 주로 일어나는 장소를 조사해야 한다.
④ 운전자와 보행자가 모두 도로에서 시간적 여유를 가져야 한다.
⑤ 운전자에게 어린이 보행 안전에 대한 교육을 철저히 해야 한다.

4. ㉠~㉣ 중 글의 짜임을 드러내는 말로 알맞은 것을 찾아 기호를 써 보세요.

( )

5. ㉤에 들어갈 내용으로 알맞은 것은 무엇인가요?

① 차량의 수를 줄이도록 해야 한다 ② 차량의 수를 늘리도록 해야 한다
③ 차량의 속도를 높이도록 해야 한다 ④ 차량의 속도를 낮추도록 해야 한다
⑤ 차량에 안전장치를 의무적으로 달아야 한다

6. 이 글의 내용과 관련된 경험을 알맞게 떠올린 친구는 누구인가요?

① **정민**: 초등학생이 인사를 잘하는 것은 매우 중요한 일이라는 생각이 들었어.
② **우진**: 책을 읽는 것은 매우 중요한 일이야. 그러므로 꾸준히 책을 읽어야 해.
③ **하음**: 매일 꾸준히 걷는 것은 건강에 몹시 유익하다는 정보를 책에서 읽었어.
④ **진영**: 어린이는 미래를 이끌어 갈 주인공이라고 말한 사람은 방정환 선생이야.
⑤ **민우**: 텔레비전에서 초등학생이 길을 걷다 교통사고를 당한 것을 본 적이 있어.

7. 글쓴이의 주장은 무엇인가요?

① 어린이를 대상으로 한 교통안전 교육이 시급하다.
② 운전자만 조심하면 어린이 보행 사고를 줄일 수 있다.
③ 어린이 보행 사고를 줄일 수 있도록 노력하여야 한다.
④ 어린이 보행 사고의 원인을 정확하게 파악하여야 한다.
⑤ 어린이 보호 구역에서 얼마나 많은 교통사고가 일어나는지 조사하여야 한다.

체크 체크 정답 확인

오늘의 읽기 실력은?   

## 8 이 글을 전개한 방법으로 알맞은 것에 ○표 하세요.

(1) 공간의 변화에 따라 설명하였다. ································ (　　　)

(2) 공통점과 차이점을 중심으로 설명하였다. ································ (　　　)

(3) 문제점과 그에 대한 해결 방법을 제시하였다. ································ (　　　)

(4) 하나의 주제에 대하여 몇 가지 특징을 늘어놓았다. ································ (　　　)

## 9 이 글의 내용을 요약할 때 빈칸에 들어갈 알맞은 내용을 써 보세요.

보행 중에 교통사고로 사망하는 어린이의 비율이 매우 높다. 어린이 보행 사고를 줄이려면 먼저 운전자에게 어린이 보행 안전에 대한 교육을 철저히 해야 한다. 그리고 어린이를 위한 보행 안전시설을 확보해야 한다. 마지막으로 (　　　　　　　　　　　　　　　　　　　　).
이제부터라도 우리 모두 노력하여 어린이 보행 사고가 일어나지 않도록 해야 한다.

# '성공'과 관련된 속담

다음 뜻에 알맞은 속담이 되도록 빈칸에 들어갈 알맞은 말을 써 보세요.

공들여 쌓았으니 무너지지 않겠지?

힘을 다하고 정성을 다하여 한 일은 그 결과가 반드시 헛되지 아니함을 비유적으로 이르는 말

➡ 공든 [　　　] 이/가 무너지랴.

몹시 고생을 하는 삶도 좋은 운수가 터질 날이 있다는 말

➡ 쥐구멍에도 [　　　] 들 날 있다.

1, 2, 3, 4, 5, 6, 7, 8, 9, 10

여러 번 계속해서 노력하면 안 되는 일이 없다는 말

➡ 열 번 찍어 아니 넘어가는 [　　　] 없다.

**왜 그럴까?**

'성공'은 목적한 바를 이루는 것을 말합니다. 우리 속담에는 성공과 관련된 것이 있습니다. '공든 탑이 무너지랴.'는 정성을 다한 일은 좋은 결과를 얻는다는 뜻, '쥐구멍에도 볕 들 날 있다.'는 당장은 힘들어도 언젠가는 좋은 날이 있다는 뜻, '열 번 찍어 아니 넘어가는 나무 없다.'는 여러 번 노력하면 안 되는 일이 없다는 뜻입니다.

읽기 목표

# 8 글쓴이의 관점 파악하기 ❶

35일

| 글쓴이의 관점이 드러난 부분 찾기 | 같은 제재에 대한 다른 관점의 글 읽기 | 글쓴이의 관점을 파악하고 나의 관점 비교하기 |
|---|---|---|

공부한 날 월 일

글쓴이가 사물이나 현상에 대하여 생각하는 태도나 방향을 글쓴이의 관점이라고 합니다. 글에는 이러한 글쓴이의 관점이 나타나 있습니다. 같은 사물이나 현상에 대한 관점은 글쓴이에 따라 다를 수 있습니다. 글쓴이의 관점이나 의도를 파악하며 글을 읽으면 글을 이해하는 데 도움이 됩니다. 또한, 글에 나타난 다양한 관점을 비교하고, 나의 관점을 글쓴이의 생각과 비교하며 읽으면 나의 비판적 읽기 능력을 향상시킬 수 있습니다.

자, 그럼 이제 글쓴이의 관점을 파악하며 글을 읽어 볼까요?

절취선대로 자르세요.

## 다음 글을 읽고 물음에 답해 봅시다.

이번 주말에 가족들과 함께 할머니 생신 잔치를 하기로 하였다. 나는 할머니께 드릴 선물을 고민하다가 평소에 할머니께서 떡을 즐겨 드시는 것이 생각이 나서 떡 케이크를 드리기로 하였다. 떡 케이크를 사서 드리는 것보다는 직접 만들어서 드리면 할머니께서 더 기뻐하실 것 같아 떡 케이크를 만들기로 하였다. 요리 교실에 가서 선생님께서 가르쳐 주시는대로 케이크를 만들다 보니 떡 케이크는 금방 완성되었지만, 여러 가지 아름다운 꽃 모양으로 케이크의 윗부분을 장식하는 데에 오랜 시간이 걸렸다.

\- 채린

겉으로 보기에만 그럴듯하게 만드는 것은 좋은 방법이 아니라고 생각한다. 떡 케이크는 먹는 음식이므로 장식하는 것에 시간을 들이기보다는 어떻게 하면 더 맛있게 만들 수 있는지에 대해 시간과 정성을 들이는 것이 옳다.

\- 시민

겉모양새를 잘 꾸미는 것도 맛만큼 중요하다고 생각한다. 할머니께서는 떡 케이크의 맛뿐만 아니라 예쁘게 장식된 떡 케이크의 겉모습을 보고, 채린이의 정성을 충분히 느끼실 수 있을 것이다.

\- 유미

**1** 시민과 유미의 관점을 잘 드러내는 속담을 보기 에서 각각 골라 기호를 써 보세요.

(1) 시민 : (　　　　　　　)　　　(2) 유미 : (　　　　　　　)

**보기**
㉠ 빛 좋은 개살구
㉡ 남의 손의 떡은 커 보인다.
㉢ 못된 음식이 뜨겁기만 하다.
㉣ 보기 좋은 떡이 먹기도 좋다.

**2** 글쓴이의 관점에 대한 설명으로 옳지 않은 것은 무엇인가요?

① 글에는 글쓴이의 관점이 나타나 있다.
② 글쓴이의 관점은 같은 대상에 한하여 대개 비슷하다.
③ 글쓴이의 관점은 글쓴이가 처한 입장에 따라 달라진다.
④ 같은 사물이나 현상에 대한 관점은 글쓴이에 따라 다를 수 있다.
⑤ 글쓴이가 사물이나 현상에 대하여 생각하는 태도나 방향을 글쓴이의 관점이라고 한다.

## 다음 글을 읽고 물음에 답해 봅시다.

　쌀을 만들어 내기 위하여 우리는 벼를 키운다. 벼를 키우려면 먼저 모판에 모를 길러야 한다. 논에 옮겨 심으려고 키우는 어린 벼를 '모'라고 한다. 농부는 좋은 볍씨를 골라서 물에 담가 소독한 다음, 싹을 틔워 모판에 심는다. 그리고 온도 관리, 물 관리, 거름 주기, 병충해 방제 등을 하면서 정성껏 모를 기른다.

　그렇게 40~45일이 지나 10여 센티미터 정도의 키가 되면 이제 논에 옮겨 심는다. 바닥을 갈아엎은 논에 물을 댄 뒤, 모판의 모를 논에 내다 심는다. 모를 심을 때는 네댓 줄기씩 모아서 심는데, 줄기가 자라면서 여러 번 새끼를 치게 되어 나중에 수확할 무렵에는 20~30줄기로 풍성하게 자라게 된다.

　벼가 자랄 동안 우리는 서너 번 거름을 주고, 농약을 뿌리고 논에 물이 마르지 않도록 수시로 확인하여야 한다. 행여 가뭄이나 장마가 들거나 태풍이 몰아칠 때면 우리는 밤잠을 설치며 논가를 서성여야 한다. 우리의 뜨거운 땀과 굳은살, 휘어진 허리, 여든여덟 번의 수고를 거쳐 만들어지는 것이 쌀이다.

**3** 글쓴이가 알려 주고 있는 내용이 아닌 것은 무엇인가요?

① 모를 심을 때는 네댓 줄기씩 모아서 심는다.
② 벼를 키우려면 먼저 모판에 모를 길러야 한다.
③ 벼가 10여 센티미터 정도 자라면 수확을 해야 한다.
④ 모를 기른 지 40~45일이 지나면 논에 옮겨 심는다.
⑤ 논에 옮겨 심으려고 키우는 어린 벼를 '모'라고 한다.

**4** 모를 기르기 위하여 필요한 것으로 알맞지 않은 것은 무엇인가요?

① 물 관리　② 거름 주기　③ 온도 관리
④ 병충해 방제　⑤ 가뭄과 장마

**5** 다음 ㉠에 들어갈 알맞은 말은 무엇인가요?

| ㉠ 의 관점에서 바라본 쌀 |
|---|

① 주부　② 농부　③ 학생
④ 요리사　⑤ 쌀가게 주인

6 글쓴이의 관점을 파악하는 방법을 잘못 말한 친구의 이름을 써 보세요.

은아: 글쓴이가 알려 주고 있는 내용이 무엇인지 알아보아야 해.
태형: 글쓴이의 생각을 나타내는 표현이 무엇인지 찾아 보아야 해.
우민: 글쓴이가 글의 제목을 그렇게 붙인 까닭을 생각해 보아야 해.
소미: 글쓴이가 가장 길고 어렵게 쓴 문장이 무엇인지 찾아 보아야 해.

( )

# 농사일과 관련된 낱말

농사일과 관련된 다음 낱말의 뜻을 보기 에서 찾아 기호를 써 보세요.

보기
㉠ 농작물이 병과 해충으로 인하여 입은 피해
㉡ 익은 농작물을 거두어들임. 또는 거두어들인 농작물
㉢ 씨를 뿌려 모를 키우기 위하여 만들어 놓은 곳

왜 그럴까?

농사일과 관련된 낱말 중에는 한자어가 많아 낱말 뜻이 다소 어렵게 느껴질 수도 있습니다. '모판'은 '묘판'과 비슷한 낱말이고, '수확'은 '벼를 수확하다.', '가을은 수확의 계절이다.'와 같이 쓰이며, '병충해'는 '병벌레해'와 비슷한 낱말입니다. 이처럼 어려운 낱말은 뜻이 비슷한 낱말이나 그 낱말이 쓰인 문장의 앞뒤 내용을 살펴 그 뜻을 짐작할 수 있습니다.

읽기 목표

# 8 글쓴이의 관점 파악하기 ②

| 글쓴이의 관점이 드러난 부분 찾기 | 같은 제재에 대한 다른 관점의 글 읽기 | 글쓴이의 관점을 파악하고 나의 관점 비교하기 |
|---|---|---|

공부한 날 월 일

## 다음 시조를 읽고 물음에 답해 봅시다.

**하여가**

이방원

이런들 어떠하며 저런들 어떠하리.
만수산 드렁칡이 얽혀진들 그 어떠하리.
우리도 이같이 얽혀져 백 년까지 누리리라.

**단심가**

정몽주

이 몸이 죽어 죽어 일백 번 고쳐 죽어
백골이 진토 되어 넋이라도 있고 없고,
임 향한 일편단심이야 가실 줄이 있으랴.

고려의 충신 정몽주가 내 뜻을 알아차리고 답을 주었군.
「단심가」에 담긴 정몽주의 관점은 무엇일까?

**1** 「단심가」에서 '고려 왕조'를 뜻하는 낱말로 알맞은 것은 무엇인가요?

① 몸　② 백골　③ 진토　④ 넋　⑤ 임

**2** 두 시조를 읽고 '고려 왕조'에 대한 이방원의 관점에는 '이', 정몽주의 관점에는 '정'을 써 보세요.

(1) 백 번을 다시 죽어도 고려 왕조를 섬겨야 하며 새 왕조를 섬기는 일은 절대 안 된다. ········· (　　　)

(2) 고려 왕조에 대한 정절을 굳이 고단하게 지키지 말고 새 왕조 편이 되어 서로 사이좋게 영원히 살아가자. ········· (　　　)

**3** 다음은 글쓴이의 관점을 파악하면 좋은 점입니다. 알맞은 말에 ○표 하세요.

> 글 속에 드러난 글쓴이의 관점을 파악하면 글을 ( 외우는 / 이해하는 ) 데 도움이 된다.

절취선대로 자르세요.

## 다음 글을 읽고 물음에 답해 봅시다.

가

### 우리 아이 공부, 빨리 시작할수록 좋아요

㉠조기 교육은 특정한 과목을 실제 공부할 나이보다 앞서 가르치는 교육입니다. 영어 조기 교육은 막 말을 배우기 시작할 때부터 영어를 가르치는 것이지요. 인간의 뇌가 발달하기 시작할 때부터 교육하면 영어도 국어를 배우듯이 자연스럽게 더 잘 배울 수 있습니다. 공부를 시작하는 시기가 늦어지면 늦어질수록 아동들의 머릿속에 국어의 문법과 어순이 박혀서 국어와 문법과 어순이 전혀 다른 외국어를 배우는 데 점점 더 힘이 듭니다.

반면, 갓난아기 때부터 다양한 학습 자극을 주면 아이들은 스펀지가 물을 흡수하듯이 자연스럽게 빨리 받아들입니다. 우리 학원에 다니고 있는 학생들이 그 살아 있는 예라 할 수 있습니다. 김영재 학생은 초등학교 1학년이면서도 원어민과 영어로 술술 대화를 하고, 유천재 학생은 초등학교 2학년이 되면서부터 영어로 일기를 쓰고 있습니다. ㉡이 두 학생은 해외에서 공부한 경험은커녕 한 번도 해외에 나가 본 적이 없지만 그 누구보다도 영어를 좋아하고 잘한다고 자신 있게 말할 수 있습니다.

㉢△△ 영어 학원과 함께라면 김영재, 유천재 학생처럼 누구나 자연스럽게 영어를 배울 수 있습니다. ㉣너무 늦기 전에 지금 빨리 시작하세요. ㉤영어 교육, 빠르면 빠를수록 좋습니다. 오래전부터 수많은 아이들을 가르쳐 온 △△ 영어 학원에서 성심성의껏 도와드립니다.

○○ 심리 상담 센터　　센터 소개 | 커뮤니티 | 상담 신청 | 공지 사항

나

### 공부에는 때가 있다

학습자의 발달 단계나 학습자가 받아들일 준비가 되었는지에 따라 적절한 시기에 가장 적절한 교육을 시키는 것을 적기 교육이라고 한다. 반면 특정 과목을 실제 공부할 나이보다 앞서 가르치는 교육을 조기 교육이라 하는데, 요즈음 우리나라에 아주 어린 영유아에게까지 조기 교육 열풍이 불고 있어 문제가 된다.

지나친 조기 교육 열풍으로 마음이 병든 어린아이들이 고통을 견디다 못해 아동 심리 상담 센터를 찾아오는 경우가 늘고 있다. 조기 교육은 아이들이 스스로 하고자 하는 의지를 꺾고, 어릴 때에 받아들이기 어려운 학습 내용으로 인하여 좌절을 겪게 하며, 지나친 스트레스를 받게 할 수 있다.

특히 요즈음 불고 있는 영어 조기 교육 열풍은 신중하게 고민해 보아야 한다. 모국어가 완전히 자리 잡지 않은 시기의 어린아이들에 대한 영어 교육은 조심스럽게 시작되어야 하기 때문이다. 섣불리 시작하는 영어 조기 교육이 아동 사고력 발달을 방해할 수 있다. 영유아 시기에는 모국어를 중심으로 사고력을 향상시키는 것이 우선되어야 한다. 수많은 연구에서 우리나라와 같은 외국어 학습 환경에서는 어느 정도 나이가 들었을 때에 하는 외국어 교육이 효과가 가장 좋다는 결과가 나오고 있다. 아이의 두뇌가 발달하고 받아들일 충분한 준비가 되었을 때 시작하는 교육은 최고의 효과를 낸다. 서두르지 말아야 한다. 모든 공부에는 때가 있는 법이다.

## 4 가와 나의 내용으로 볼 때, 글쓴이는 누구인지 선으로 바르게 이어 보세요.

(1) 가 •
(2) 나 •

• 아동 심리 상담가
• 학교 교장 선생님
• 영어 학원 원장 선생님

## 5 가의 ㉠~㉤ 중 글쓴이의 생각을 나타내는 문장이 아닌 것은 무엇인가요?

① ㉠　② ㉡　③ ㉢　④ ㉣　⑤ ㉤

## 6 나에서 알려 주는 내용을 바르게 설명한 것은 무엇인가요?

① 조기 교육은 아이들에게 스트레스를 주지 않는다.
② 적기 교육 열풍이 어린아이들에게까지 불고 있다.
③ 적절한 시기에 가장 적절한 교육을 시키는 것이 조기 교육이다.
④ 조기 교육으로 고통받는 아이들이 아동 심리 상담 센터를 찾고 있다.
⑤ 적기 교육은 특정한 과목을 실제 공부할 나이보다 앞서 가르치는 교육이다.

## 7 가와 나는 각각 어떤 방법으로 영어 교육을 해야 한다고 하였는지 보기에서 알맞은 말을 찾아 써 보세요.

(1) 가 : (　　　　　)　(2) 나 : (　　　　　)

보기 인성 교육　조기 교육　창의 교육　적기 교육

## 8 가와 나의 글쓴이가 각각 전하고자 하는 생각은 무엇인지 알맞은 번호를 써 보세요.

(1) 가 : (　　　　　)　(2) 나 : (　　　　　)

① 일기 쓰기는 초등학교 2학년에 시작하여야 한다.
② 우리 학원에서 빨리 영어 공부를 시작하여야 한다.
③ 영어 조기 교육 열풍은 한때의 유행에 그치고 말 것이다.
④ 모든 공부에는 때가 있으므로 교육을 서두를 필요는 없다.
⑤ 인위적인 교육은 지나친 스트레스를 주므로 최대한 늦게 시작하는 것이 좋다.

**9** 같은 사물이나 현상에 대한 글쓴이의 관점이 다른 까닭으로 알맞은 것을 모두 고르세요. (정답 3개)

① 글쓴이의 생김새가 달라서
② 글쓴이의 독서량이 달라서
③ 글쓴이의 처지나 입장이 달라서
④ 글쓴이가 글을 쓴 의도가 달라서
⑤ 글쓴이가 가지고 있는 정보가 달라서

## 한자 성어의 뜻 알기

다음 한자 성어는 각각 어떤 뜻인지 선으로 바르게 이어 보세요.

일편단심(一片丹心) •

죽마고우(竹馬故友) •

조삼모사(朝三暮四) •

• '아침에 세 개, 저녁에 네 개'라는 뜻으로, 눈앞에 보이는 차이만 알고 결과가 같은 것을 모르는 어리석은 상황을 비유하는 말. (먹이를 아침에 세 개, 저녁에 네 개씩 주겠다는 말에는 원숭이들이 적다고 화를 내더니 아침에 네 개, 저녁에 세 개씩 주겠다는 말에는 좋아하였다는데서 유래함.)

• '한 조각의 붉은 마음'이라는 뜻으로, 진심에서 우러나오는 변치 아니하는 마음을 이르는 말

• '대나무 말을 타고 놀던 벗'이라는 뜻으로, 어릴 때부터 같이 놀며 자란 벗을 이르는 말

**왜 그럴까?**

한자 성어 혹은 고사성어는 옛이야기에서 유래한 한자로 이루어진 말로, 지혜로운 옛사람들의 삶과 경험이 녹아 있는 교훈을 담고 있습니다. 대부분 네 글자로 된 것이 많지만, 두 글자로 된 것도 있고 네 글자가 넘는 것도 있습니다. 각 한자 성어의 한자 음과 뜻을 살펴보면 다음과 같습니다.

| 한자 성어 | 한자 음과 뜻 |
|---|---|
| 일편단심(一片丹心) | 一 한 일, 片 조각 편, 丹 붉을 단, 心 마음 심 |
| 죽마고우(竹馬故友) | 竹 대나무 죽, 馬 말 마, 故 옛 고, 友 벗 우 |
| 조삼모사(朝三暮四) | 朝 아침 조, 三 석 삼, 暮 저녁 모, 四 넉 사 |

'일편단심'은 마음, '죽마고우'는 친구, '조삼모사'는 생활 속에서 얻은 깨달음과 관계있는 한자 성어입니다.

읽기 목표

# 8 글쓴이의 관점 파악하기 ❸

| 글쓴이의 관점이 드러난 부분 찾기 | 같은 제재에 대한 다른 관점의 글 읽기 | 글쓴이의 관점을 파악하고 나의 관점 비교하기 |
|---|---|---|

공부한 날 월 일

## 다음 글을 읽고 물음에 답해 봅시다.

가 ㉠우리 사회에서 '빨리빨리' 문화는 생활 전반에 녹아 있다. 신호가 바뀌었는데 앞차가 바로 출발하지 않는다고 경적을 울려 대고, 5초 이내에 접속되지 않는 홈페이지는 열지 않고 닫아 버린다. 엘리베이터가 저절로 닫히는 시간을 기다리지 못하여 너도나도 눌러 대는 통에 닫힘 버튼은 어느 곳이든 하얗게 바래 있다. ㉡심지어 복권이 가장 많이 팔리는 때는 복권 마감 시간 직전이라고 한다. ㉢남보다 빨리, 남보다 앞서야 한다는 강박 관념이 이 사회를 지배하고 있다. ㉣이러한 성향이 속도 경쟁력을 높였다는 평가도 있다. 그러나 '빨리빨리' 때문에 우리는 과정보다 결과를, 안전보다는 우선 성과를 지향하였다. 그 결과 백화점이 무너지고, 다리가 붕괴되는 심각한 사회 문제가 불거지기도 했다. 가장 큰 문제는 속도 속에 가려진 인간성 상실이다. 다른 의견을 듣지 않고, 다양한 요소를 고려하지 않고 밀어붙이는 조급한 성과 중심주의에서 인간은 하나의 도구일 뿐이다. ㉤'빨리빨리'보다 사람을 보고, 한 번 더 생각하는, '급할수록 돌아가는 지혜'가 더욱 절실하게 필요한 요즈음이라 하겠다.

나 무엇이든 빠르게 처리하려고 하는 한국인의 성향에 대하여 그간 자성의 목소리가 높았다. 그러나 한국인의 이 '빨리빨리' 정신이야말로 짧은 기간 내에 기적이라 불리는 눈부신 경제 성장을 이루어 낸 원동력이라 할 수 있을 것이다. 빠른 일처리를 원하는 이러한 성향은 초고속 인터넷을 발달시켰고, 한국의 정보 기술력은 세계 최정상이라 평가된다. 속도가 중요한 글로벌 경쟁 시대에 뒤처지지 않게 해 준 것도 이 '빨리빨리' 정신이다. 이 특성을 잘 활용하는 것이 가속화되는 무한 경쟁 시대에 살아남는 전략이 될 수 있을 것이다.

**1** 가에서 '빨리빨리' 문화를 보여 주는 예시가 아닌 것은 무엇인가요?

① 급할수록 돌아가는 것
② 복권이 마감 시간 직전에 많이 팔리는 것
③ 엘리베이터 닫힘 버튼이 하얗게 바랜 것
④ 5초 이내에 접속되지 않는 홈페이지를 닫는 것
⑤ 앞차가 바로 출발하지 않으면 경적을 울리는 것

**2** 가의 ㉠~㉤ 중 글쓴이의 관점이 가장 잘 드러난 부분은 무엇인가요?

① ㉠ ② ㉡ ③ ㉢ ④ ㉣ ⑤ ㉤

**3** 나에 나타난 글쓴이의 관점은 무엇인지 빈칸에 알맞은 말을 써 보세요.

• (                    ) 정신의 특성을 잘 활용하여야 한다.

절취선대로 자르세요.

## 다음 글을 읽고 물음에 답해 봅시다.

**가** 통계청의 발표에 따르면 2016년 가구 부문 1인당 연간 쌀 소비량은 전년 대비 1.6퍼센트 감소한 61.9킬로그램으로 역대 최저 수준이다. 쌀 소비량은 식생활의 다양화, 고령화, 저출산 등이 가속화됨에 따라 감소 추세를 나타내고 있다. 반면 밀가루, 잡곡류, 두류 등 기타 양곡의 1인당 연간 소비량은 9.3킬로그램으로 전년 대비 5.7퍼센트 증가하였다. 이러한 상황에서 많은 이들은 쌀 품종의 고급화, 농업 기술 개발을 통해 수확량 높은 쌀 생산으로 벼농사를 발전시키고자 하였다.

그러나 지금과 같은 상황에서 벼농사를 발전시키는 데에는 어느 정도 한계가 있는 것이 사실이다. 이제 벼농사만 고집하여서는 더 이상 농가 수익 증대를 꾀하기 어렵다. 이제는 시대의 흐름을 받아들여 벼농사 위주의 농업 정책에서 벗어나야만 한다. 버섯, 녹차, 인삼 등 새 시대의 요구에 부응하는 수요가 높은 작물을 재배하고 영농 다각화에 힘써야만 농가 경쟁력을 향상시킬 수 있다. 벼농사보다 농가의 생산성에 부합하는 작물의 선택과 집중이 필요하다.

**나** 최근 식생활 습관이 서구화되고 육류와 유제품의 소비가 늘어나고 있다. 반면에 우리 밥상에서 쌀이 차지하는 자리는 점점 줄어들고 있다. 이에 따라 해마다 쌀 소비량이 줄어 농가에서 어려움을 호소하는 실정이다. 1950년대에 비하여 농업 인구가 계속 줄고 있으며, 벼농사의 가치와 소중함도 점점 옅어지고 있다. 그러나 벼농사는 쌀을 생산할 뿐만 아니라 국토 환경과 사회를 유지시키는 중요한 기능을 한다. 벼농사가 주는 여러 가지 이로움에 대하여 깊이 생각하여 보아야 할 때이다.

첫째, 벼농사를 짓는 논은 홍수를 예방하는 역할을 한다. 논에서는 물을 채워 농작물을 재배한다. 논 주위를 논두렁으로 둘러싸고 논바닥을 평평하게 하여 3~10센티미터의 물을 채우는데, 이렇게 우리나라 논에 가둘 수 있는 물의 양은 춘천댐의 약 24배에 달한다. 우리나라의 논을 모두 없앤다면 6~8월 강우기의 홍수 사태가 더욱 많아질 것이다. 실제 중국에서는 양쯔 강 변의 논을 공장과 도시로 개발하면서 홍수 사태가 일어나게 되었다.

둘째, 논은 환경을 깨끗하게 해 준다. 벼는 물을 정화하는데, 빗물이 땅으로 스며들어 지하수가 되기 전에 빗물 속의 질소 화합물을 흡수하여 수질 오염을 막는다. 질소 화합물은 인체에는 유해하지만 벼에는 영양분으로 작용한다. 또, 벼는 공기를 맑게 해 준다. 벼는 단위 면적당 가장 많은 산소를 공급하는 식물로 밝혀졌다. 벼는 연간 약 2천만 톤 이상의 이산화 탄소를 흡수하고, 약 1천 4백만 톤의 산소를 배출하여 공기를 정화시킨다.

셋째, 벼농사는 전통문화의 계승, 발전에 도움이 된다. 정월 대보름, 단오, 추석 등 우리나라 고유의 명절은 모두 농업에서 비롯되었다. 추수에 감사하고 이듬해의 풍년을 기원하는 마음으로 모여서 춤과 노래를 즐기던 풍습이 오늘날의 추석이다. 풍물놀이, 두레 등의 오래된 전통문화도 벼농사에서 유래하였다. 이렇게 우리의 전통문화를 향유하고 보존하게 하는 벼농사는 무엇과도 바꿀 수 없는 가치를 지니고 있다.

쌀 소비량은 계속 줄어들고 있는 추세이다. 1인당 연간 쌀 소비량은 1970년도에 136킬로그램에서 2008년에는 75.8킬로그램으로 줄었다. 이렇듯 쌀 소비량이 줄어들면서 논도 급격히 줄어들고 있다. 하지만, 벼농사는 국토를 지켜 주고 환경을 정화하며 유지하고 발전시키는 국토 지킴이이자 전통문화를 보존하게 하는 문화 지킴이이다. 우리는 벼농사를 지켜야 한다. 우리가 먹는 밥 한 그릇이 벼농사를 지키는 힘이 될 것이다.

- 전라북도 농업기술원 어린이 농업 교실(http://www.jbares.go.kr)

## 4

가와 나에서 모두 다루고 있는 문제는 무엇인가요?

① 환경 오염 문제
② 식생활의 다양화
③ 대체 작물 생산 확대
④ 쌀 소비량 감소 추세
⑤ 전통문화의 가치 하락

## 5

가를 통해 알 수 있는 2016년 1인당 연간 쌀 소비량과 기타 양곡 소비량의 변화를 바르게 나타낸 것은 무엇인가요?

| | 1인당 연간 쌀 소비량 | 1인당 연간 기타 양곡 소비량 |
|---|---|---|
| ① | 증가 | 증가 |
| ② | 증가 | 감소 |
| ③ | 감소 | 증가 |
| ④ | 감소 | 감소 |
| ⑤ | 증가 | 알 수 없음. |

## 6

가에 나타난 글쓴이의 생각으로 알맞지 않은 것은 무엇인가요?

① 벼농사를 발전시키는 데에는 어느 정도 한계가 있다.
② 시대의 요구에 부응하는 수요가 높은 작물을 재배하여야 한다.
③ 벼농사만 고집하여서는 더 이상 농가 수익 증대를 꾀하기 어렵다.
④ 쌀 품종의 고급화, 농업 기술 개발을 통해 벼농사를 발전시켜야 한다.
⑤ 시대의 흐름을 받아들여 벼농사 위주의 농업 정책에서 벗어나야 한다.

## 7

나를 읽고 알 수 있는 내용으로 알맞지 않은 것은 무엇인가요?

① 논은 환경을 깨끗하게 해 준다.
② 벼농사는 전통문화의 계승, 발전에 도움이 된다.
③ 벼농사를 짓는 논은 홍수를 예방하는 역할을 한다.
④ 식생활 습관이 서구화되면서 쌀 소비량이 늘고 있다.
⑤ 벼농사는 쌀을 생산할 뿐만 아니라 국토를 지켜 주고 전통문화를 보존하게 하는 중요한 기능을 한다.

## 8

가와 나에 나타난 글쓴이의 관점을 바탕으로 각각의 글에 알맞은 제목을 찾아 번호를 써 보세요.

① 벼농사를 지키자
② 전통문화를 지키자
③ 쌀 소비를 감소시키자
④ 현대인의 식습관 개선 방안을 찾자
⑤ 새 시대의 요구에 맞는 작물을 생산하자

(1) 가: (                    )    (2) 나: (                    )

정답 확인

오늘의 읽기 실력은?

9 다음 빈칸에 들어갈 알맞은 말을 보기 에서 찾아 써서, 두 글쓴이의 관점이 다른 까닭을 정리하세요.

가의 글쓴이는 시대의 흐름을 받아들여 벼농사 위주의 농업 정책에서 벗어나야 한다고 말한 반면, 나의 글쓴이는 벼농사를 지켜야 한다고 말하고 있다. 이처럼 두 글쓴이의 관점이 다른 까닭은 두 글쓴이가 벼농사에 대하여 다른 (1) (이)나 (2) 을/를 가지고 있기 때문이다.

보기 제목 태도 생김새 생각 주제 길이

(1): ( ) (2) : ( )

## 가르다? 가리다?

다음 그림과 같은 상황에 알맞은 낱말에 ○표 하세요.

(1) 가위바위보를 하여 편을 ( 가르자 / 가리자 ).

(2) 빵을 두 조각으로 ( 가르고 / 가리고 ) 사이좋게 나누어 먹었다.

(3) 찬바람이 불어 목도리로 얼굴을 ( 가르고 / 가리고 ) 천천히 걸어갔다.

**왜 그럴까?**

'가르다'와 '가리다'는 헷갈리기 쉬운 낱말입니다. '가르다'는 '승부나 등수 따위를 서로 겨루어 정하다.', '쪼개거나 나누어 따로따로 되게 하다.' 등과 같은 뜻을 가집니다. '가리다'는 '보이거나 통하지 못하도록 막다.', '여럿 가운데서 하나를 구별하여 고르다.' 등과 같은 뜻을 가집니다.

파이팅!

38일

읽기 목표

# 8 글쓴이의 관점 파악하기 ④

| 글쓴이의 관점이 드러난 부분 찾기 | 같은 제재에 대한 다른 관점의 글 읽기 | 글쓴이의 관점을 파악하고 나의 관점 비교하기 |
| --- | --- | --- |

공부한 날 월 일

**다음은 아메리카 원주민의 땅을 탐낸 백인들이 땅을 사들이려고 하자 시애틀 추장이 연설한 내용입니다. 연설문을 읽고 물음에 답해 봅시다.**

당신들은 돈으로 하늘을 살 수 있다고 생각하는가?
당신들은 비를, 바람을 소유할 수 있다는 말인가?
내 어머니가 옛날 내게 이렇게 말씀하신 적이 있다.
이 땅의 한 자락 한 자락 그 모든 곳이 우리 종족에게는 성스럽다고.
전나무 잎사귀 하나 물가의 모래알 하나
검푸른 숲속에 가득 피어오르는 안개의 물방울 하나하나
초원의 풀 하나하나
웅웅거리는 곤충 한 마리 한 마리마다
우리 종족의 가슴속에 그 모두가 성스럽게 살아 있는 것들이라고.

언젠가 내 아버지가 내게 이렇게 말씀하신 적이 있다.
나는 나무들 몸속에 흐르는 수액을
내 혈관에 흐르는 피처럼 잘 알고 있노라고.
우리는 이 땅의 일부이고 이 땅은 우리의 일부라고.
대지 위에 피어나는 꽃들은 우리의 누이들이라고.
곰과 사슴과 독수리는 우리의 형제라고.
바위산 꼭대기, 널따란 들판 / 그 위를 달리는 말들
그 모두가 한가족이라고.

- 수잔 제퍼스 글, 최권행 옮김, 「우리는 모두 형제이다」 중에서

1 시애틀 추장은 '곰, 사슴, 독수리'를 어떻게 불렀는지 이 글에서 찾아 써 보세요.

( )

2 다음 중 '땅'에 대한 백인의 관점에는 '백', 원주민의 관점에는 '원'이라고 써 보세요.

(1) 땅은 우리의 가족이다. ( )
(2) 땅은 돈으로 사고 파는 것이다. ( )

절취선대로 자르세요.

**다음은 호영이가 받은 두 통의 전자 우편입니다. 글을 읽고 물음에 답해 봅시다.**

받은 편지함 | 보낸 편지함 | 편지 쓰기

미래엔 메일

☆ 우리 반 친구들, 많이 웃어 보아요.

답장 | 전달 | 삭제

보낸 사람 | 담임 선생님

받는 사람 | 반 친구들

가

**제목: 우리 반 친구들, 많이 웃어 보아요.**

요즈음 우리 반 친구들의 웃음을 보는 것이 점점 힘들어지고 있습니다. 작은 말 한마디에도 쉽게 짜증 내고 화를 내는 친구들이 많이 보이네요. 그 때문에 우리 교실 전체에 어둡게 그늘이 지고 있습니다. 분노와 화도 감기처럼 쉽게 전염되는 법입니다. 나의 화난 얼굴을 본 다른 이들도 또 다른 이에게 짜증과 분노를 전달하게 되고 말지요.

공부에 지치고 힘이 들수록 더욱 필요한 것이 웃음입니다. 어둡고 축 처지는 기분을 털어 버리고 기운을 북돋아 주는 마법 같은 힘이 웃음 안에 담겨 있기 때문입니다. 예로부터 우리 선조들은 '소문만복래'라고 하여 웃는 집 대문으로는 온갖 복이 들어온다고 여겼습니다. 또, 웃음에는 막연히 개인의 기분을 좋게 하는 것만이 아니라 혈압을 안정화하고, 폐 속에 남아 있는 공기를 감소시키며, 소화를 촉진하고, 근육에 산소 공급을 증가시키고, 엔도르핀 분비로 통증까지 완화하는 생리적 효과가 있다고 합니다. 또, 사람과 사람 사이의 마음을 이어 주는 데에도 큰 역할을 하지요. 힘들고 지치더라도 오늘 한 번 더 친구들에게 웃음을 지어 보이면 어떨까요? 금세 나도 다른 이로부터 행복한 웃음을 되돌려 받을 수 있을 것입니다. 웃으면 복이 옵니다.

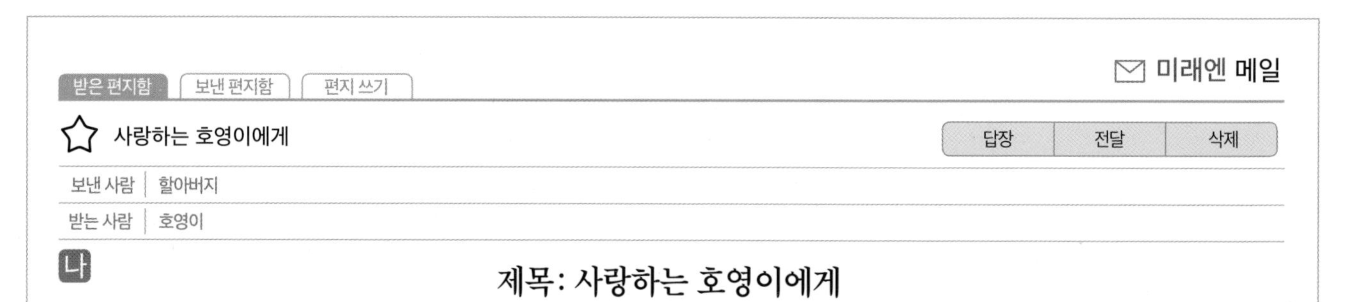


나

**제목: 사랑하는 호영이에게**

웃음 많은 착한 우리 손자 호영아!

요즈음 학교에서도 그렇게 웃음이 많은지 걱정이구나. 물론 밝고 호탕한 너의 웃음은 우리 가족 모두에게 큰 행복과 기쁨이다만, 학교에서도 그렇게 때와 장소를 가리지 않고 크게 웃기만 하면 어쩌나 은근히 걱정이 되는 것도 사실이란다. 웃어야 할 때에는 웃고, 슬픔이 있는 곳에서는 침묵하며 슬퍼해 줄 줄 아는 것도 필요하기 때문이지. 지난번에 동생이 고민을 이야기하는 상황에서 네가 웃었을 때, 할아버지는 깜짝 놀랐단다. 그런 상황에서의 웃음은 자칫 비웃음으로 오해받을 수 있어. 선생님께서 설명하시거나 친구가 자신의 이야기를 할 때에는 잠시 [ ㉠ ] 을/를 멈추고 귀를 기울여 들어주는 태도도 필요하단다. 부디 때와 장소에 맞게 웃을 수 있도록 하렴. 할아버지의 조언을 흘려듣지 말고, 곰곰이 곱씹어 생각해 보기를 바란다. 사랑한다, 호영아.

**3** 가를 쓴 사람은 누구인가요?

① 친구 ② 동생 ③ 담임 선생님
④ 호영이 ⑤ 할아버지

**4** 가의 글쓴이가 글을 쓴 까닭과 관계있는 상황은 무엇인가요?

① 반 친구들이 공부를 안 해서
② 반 친구들이 말을 많이 해서
③ 반 친구들이 마법에 관심이 많아서
④ 반 친구들이 전자 우편을 많이 써서
⑤ 반 친구들의 웃음을 보는 것이 힘들어져서

**5** 가에서 알 수 있는 '소문만복래'의 뜻은 무엇인가요?

① 웃으면 복이 온다. ② 소문난 잔치에 먹을 것 없다.
③ 말을 조심하면 온갖 복이 온다. ④ 나쁜 소문일수록 더 빨리 퍼진다.
⑤ 소리 소문도 없이 슬그머니 움직이다.

**6** 가에 나타난 웃음의 효과로 알맞지 않은 것은 무엇인가요?

① 통증 완화 ② 소화 촉진
③ 혈압 안정화 ④ 근육에 산소 공급 감소
⑤ 폐 속에 남아 있는 공기 감소

**7** 나에서 글쓴이는 언제 깜짝 놀랐다고 하였나요?

① 호영이가 밝고 호탕하게 웃었을 때
② 호영이가 할아버지의 말씀을 비웃었을 때
③ 호영이가 동생의 고민을 듣는 중에 웃었을 때
④ 호영이가 선생님의 설명을 듣는 중에 웃었을 때
⑤ 호영이가 친구의 이야기에 귀를 기울이지 않았을 때

**8** 나의 글쓴이가 말하고자 하는 것은 무엇인지 빈칸에 들어갈 알맞은 말을 찾아 써 보세요.

| (1) 과/와 (2) 에 맞게 웃을 수 있도록 하길 바란다. |
|---|

(1) : ( ) (2) : ( )

**9** 나의 내용으로 보아, ㉠에 들어갈 알맞은 말은 무엇인가요?

① 말 ② 웃음 ③ 걸음
④ 울음 ⑤ 손짓

오늘의 읽기 실력은?   

## 10 가와 나의 글쓴이가 '웃음'에 대하여 가지고 있는 관점은 무엇인지 선으로 바르게 이어 보세요.

(1) 가 •

(2) 나 •

• 복이 오도록 많이 웃자.

• 웃음에도 때와 장소를 가려야 있다.

• 웃음 속에 칼이 있으니 웃음을 조심해야 한다.

• 웃음 끝에 눈물이 오는 것이 세상의 이치이다.

# 외래어와 외국어를 우리말로 다듬기

다음 외래어와 외국어를 우리말로 알맞게 다듬어 고쳐 써 보세요.

메신저 → (          )

파티 → (          )

세일 → (          )

게스트 → (          )

외래어는 다른 나라 말을 빌려 와서 우리말처럼 쓰는 말이고, 외국어는 외국에서 들어온 말로 아직 국어로 받아들여지지 않은 말입니다. 이러한 외래어나 외국어를 우리말로 다듬어 사용하면 우리말을 아낄 수 있고, 낱말의 뜻을 쉽게 파악할 수 있습니다. '메신저'는 '인터넷에서 실시간으로 문자와 자료를 주고받을 수 있는 프로그램', '파티'는 '친목을 도모하거나 무엇을 기념하기 위한 잔치나 모임', '세일'은 '할인하여 판매함.', '게스트'는 '라디오나 텔레비전의 프로그램에서 특별히 초대한 사람'을 말합니다.

읽기 목표

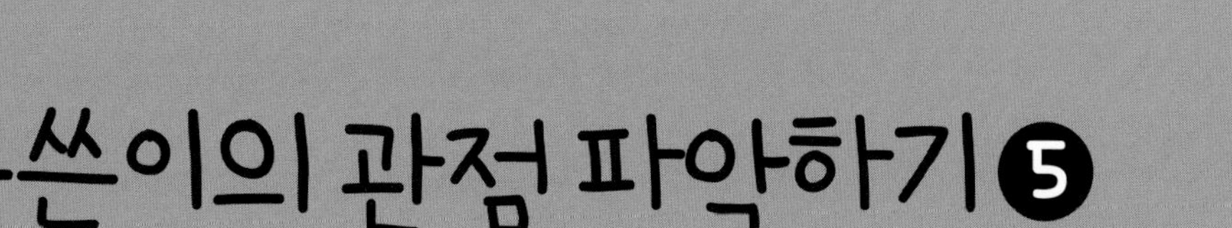


글쓴이의 관점이 드러난 부분 찾기 | 같은 제재에 대한 다른 관점의 글 읽기 | 글쓴이의 관점을 파악하고 나의 관점 비교하기

공부한 날 월 일

## 다음 글을 읽고 물음에 답해 봅시다.

가 거짓말은 '나쁘다'는 것이 일반적인 생각이다. 사실이 아닌 것을 사실인 양 말하는 거짓된 말은 일반적으로 해서는 안 되는 것으로 여겨진다.

그러나 사람 사이에 항상 진실만이 필요한 것은 아니다. 오히려 선의의 거짓말은 인간관계를 더욱 부드럽고 윤택하게 해 주는 윤활유와 같은 역할을 한다. 몸이 아파 입원한 친구가 오랫동안 씻지 못하여 냄새가 날까 봐 미안해하는 상황에서 어떻게 말하는 것이 좋은 것일까? 상대방이 나를 생각하여 열심히 고른 선물이 마음에 들지 않는 상황에서 진실을 말하는 것이 언제나 옳은 일일까? 이때 진실을 그대로 말하는 것은 모두에게 아무런 도움이 되지 않는다. 이럴 때에 상대를 생각하여 꾸며낸 선의의 거짓말은 누구도 상처받지 않고 둘 사이의 관계를 돈독하게 해 주는 전략이 될 수 있다.

나 독일의 철학자 임마누엘 칸트는 그 어느 순간에도 우리에게 주어진 도덕 법칙을 따라야 한다고 하였다. 우리는 어느 상황에서라도 진실을 말해야 한다. 물론 진실을 말한다고 항상 좋은 결과가 나오는 것은 아니다. 하지만 결과가 나쁘게 나왔다 하더라도 우리가 바른 마음으로 행동하였다면 그 행동은 옳은 것이다. 반대로 '거짓말'은 그 자체로서 나쁜 것이므로 '선의의 거짓말'로 좋은 결과가 나왔다고 하더라도 이 행동이 옳았다고 볼 수는 없다. 거짓말은 또 다른 거짓말을 낳는다. 또 거짓말임이 드러났을 때 상대방은 기분이 상하게 된다. 선한 거짓말도 마찬가지이다. 이러한 거짓말이 반복되면 결국 서로 간의 신뢰가 깨진다. 한번 깨어진 신뢰는 다시는 회복하기 어렵다. 오직 진실만이 그 어느 때에도, 그 누구에게도 옳은 것이다.

**1** 가와 나의 글쓴이의 관점에 알맞게 각각 글의 기호를 써 보세요.

| 선의의 거짓말은 해도 된다. | (　　　) |
|---|---|
| 선의의 거짓말도 해서는 안 된다. | (　　　) |

**2** '선의의 거짓말'에 대한 다음 관점에 맞는 까닭을 써 보세요.

선의의 거짓말은 상황에 따라 해도 된다. 그 까닭은 (

)

절취선대로 자르세요.

다음 글을 읽고 물음에 답해 봅시다.

가 ㉠

산업 단지를 조성하면 현재 무질서하게 난립한 공장들을 관리하는 것보다 더 효과적이고 체계적으로 공장을 지도하고 감독할 수 있습니다. 또, 산업 단지에 다양한 공장들이 모여 일을 하면 서로가 미치는 긍정적인 영향으로 더 큰 경제적 파급 효과를 낼 수 있습니다. 비슷한 산업 시설이 모여 우리 지역에 기반 시설이 다져지면 물류의 배송과 보관, 유통에 드는 비용을 줄일 수 있고, 기술 교류가 가능하여 동반 상승 효과를 낼 수 있습니다.

산업 단지에서 필요로 하는 일자리가 많아짐에 따라 우리 지역의 많은 사람들이 직장을 얻게 됩니다. 약 9만 명 정도의 고용 창출 효과가 기대되고 있습니다. 또, 이렇게 들어온 기업들이 내는 세금으로 우리 지역 세금 수입이 확대됩니다. 세금 수입 증가로 지방 재정이 넉넉해지면 그간 우리 지역이 세금 수입 부족으로 하지 못했던 지하철 노선을 확충할 수 있습니다. 또, 지역 체육 시설 확충, 도로 환경 개선, 문화 센터 확충, 편의 시설 증대를 꾀할 수 있습니다. 오롯이 지역 주민들에게 산업 단지 조성의 혜택이 돌아가게 됩니다. 우리 지역에 산업 단지를 조성하여 우리 지역 발전을 앞당깁시다.

-행복시 취업 준비생

나 ㉡

행복시 산업 단지 조성은 세금 수입 확보와 고용 창출 효과가 큰 사업입니다. 그러나 경제적 이익만을 위해 포기할 수 없는 더욱 소중한 가치들을 생각해 보아야 할 때입니다.

행복시에는 이미 수많은 공장이 설립되어 있습니다. 주거 지역 주변에 위치한 화학 공장에서 나오는 오염 물질로 인해 행복시 주민들은 오래전부터 고통받아 왔습니다. 더구나 이미 조성되어 있는 기존 공장 단지들 근처에 주민들이 생활하는 주거 단지를 만드는 바람에 주민의 건강이 위협받고 있습니다. 특히 수많은 주민들이 비오는 날이나 남들이 모두 잠든 시각, 어느 공장에서 나오는지도 모르고, 성분이 무엇인지도 모르는 악취에 시달려 건의를 하였지만 여전히 원인조차 파악하지 못하고 있습니다. 이미 우리 시는 오염된 공기와 물로 인하여 어른, 아이 할 것 없이 각종 호흡기 질환과 피부병에 시달리고 있는데 우리 시에 또 다른 산업 단지를 세우면 절대 안 됩니다.

또, 산업 단지 예정지 주변에 어린이집과 유치원, 초등학교, 중·고등학교가 모두 50여 개나 설립되어 있는데 어른들이 잘못된 판단을 내리면 아이들의 교육 환경이 심각한 위험에 빠질 것입니다.

더구나 지금 산업 단지가 들어설 예정인 땅은 황조롱이, 금개구리, 삵 등 10여 종의 법정 보호종이 살아가는 녹지입니다. 아름다운 생태계를 보존하여 다음 세대에 물려주는 것은 우리의 의무입니다. 더구나 이 땅에 우거진 푸른 숲과 녹지는 맑은 공기를 공급하는 우리 지역의 폐와 같습니다. 이런 곳을 없애고 산업 단지를 세운다는 것은 생태계를 파괴하고 주민들의 안전과 건강을 심각하게 위협하는 일입니다.

-행복시에 사는 두 아이의 아빠

## 3 가와 나에서 공통적으로 다루고 있는 문제는 무엇인가요?

① 행복시 피부병 유행
② 행복시 생태계 보호
③ 행복시 일자리 감소
④ 행복시 산업 단지 조성
⑤ 행복시 편의 시설 부족

## 4 '행복시'에 대한 설명으로 알맞지 않은 것은 무엇인가요?

① 주민들이 악취 문제로 고통받고 있다.
② 주민들이 호흡기 질환과 피부병에 시달리고 있다.
③ 법정 보호종의 종수가 10여 종에서 4종으로 줄었다.
④ 세금 수입 부족으로 지하철 노선을 확충하지 못하고 있다.
⑤ 현재 수많은 공장들이 무질서하게 난립해 있는 상태이다.

## 5 가에서 말한 산업 단지 조성의 결과로 알맞지 않은 것은 무엇인가요?

① 도로 환경이 개선된다.
② 고용 창출 효과가 있다.
③ 지하철 노선이 확충된다.
④ 지역의 세금 수입이 줄어든다.
⑤ 물류의 배송과 보관, 유통에 드는 비용이 감소한다.

## 6 나에 나타난 글쓴이의 생각과 관련 있는 말이 아닌 것은 무엇인가요?

① 또 다른 산업 단지를 세우면 절대 안 된다.
② 아이들의 교육 환경이 심각한 위험에 빠질 것이다.
③ 산업 단지는 주민의 안전과 건강을 심각하게 위협한다.
④ 공장의 오염 물질 배출로 행복시 주민들은 오래전부터 고통받아 왔다.
⑤ 산업 단지 조성은 세금 수입 확보와 고용 창출을 위해 시급한 사업이다.

## 7 가와 나에 나타난 글쓴이의 관점을 바탕으로 ㉠과 ㉡에 각각 들어갈 알맞은 제목을 찾아 번호를 써 보세요.

① 생태계 파괴하는 행복시 산업 단지
② 교육 환경 위협하는 행복시 산업 단지
③ 득보다 실 많은 행복시 산업 단지 반대한다
④ 행복시 산업 단지 조성으로 지역 발전 앞당기자
⑤ 행복시 산업 단지 조성으로 문화 센터 건립 실현하자

(1) ㉠: (                    )
(2) ㉡: (                    )

**8** 다음은 가와 나를 읽고 친구들이 나눈 대화입니다. 글쓴이의 관점과 자신의 관점을 잘못 비교한 친구의 이름을 써 보세요.

> 은아: 가의 글쓴이는 일자리를 구하고 싶은 취업 준비생의 입장으로, 행복시에 산업 단지를 조성하면 행복시의 경제가 발전한다는 관점을 갖고 있어. 그러나 나는 산업 단지 조성으로 인한 환경 오염 처리 비용이 더 든다는 생각이 들어.
>
> 태형: 나의 글쓴이는 아이에게 살기 좋은 깨끗한 환경을 주고 싶은 아버지의 입장으로, 산업 단지 조성을 반대하는 관점을 갖고 있어. 그렇지만 나는 푸른 숲이 있는 공원에서 노는 걸 별로 좋아하지 않고 개구리도 싫어하기 때문에 녹지를 없애고 산업 단지를 조성하는 것이 더 좋겠다고 생각해.

( )

## 낱말 앞에 붙는 말

다음 그림을 보고 빈칸에 들어갈 알맞은 말을 보기 에서 찾아 써 보세요.

보기: 풋 햇 맨 한 정 여

**왜 그럴까?**

낱말의 앞에 붙어 새로운 낱말이 되게 하는 말을 '접두사'라고 합니다. '햇-'은 낱말의 앞에 붙어서 '당해에 난', '얼마 되지 않은'의 뜻을 더합니다. '햇병아리, 햇과일, 햇양파' 등의 말이 있습니다. '맨-'은 낱말의 앞에 붙어서 '다른 것이 없는'의 뜻을 더합니다. '맨다리, 맨땅, 맨주먹' 등의 말이 있습니다. '풋-'은 '처음 나온' 또는 '덜 익은', '미숙한', '깊지 않은'의 뜻을 더하는 말입니다. '풋김치, 풋콩, 풋사랑, 풋잠' 등의 말이 있습니다.

# 8 글쓴이의 관점 파악하기 ❻

읽기 목표

| 글쓴이의 관점이 드러난 부분 찾기 | 같은 제재에 대한 다른 관점의 글 읽기 | 글쓴이의 관점을 파악하고 나의 관점 비교하기 |
|---|---|---|

공부한 날 　월 　일

**정리** 글쓴이의 관점 파악에 대해 정리하면서 빈칸에 알맞은 말을 보기 에서 찾아 써 보세요.

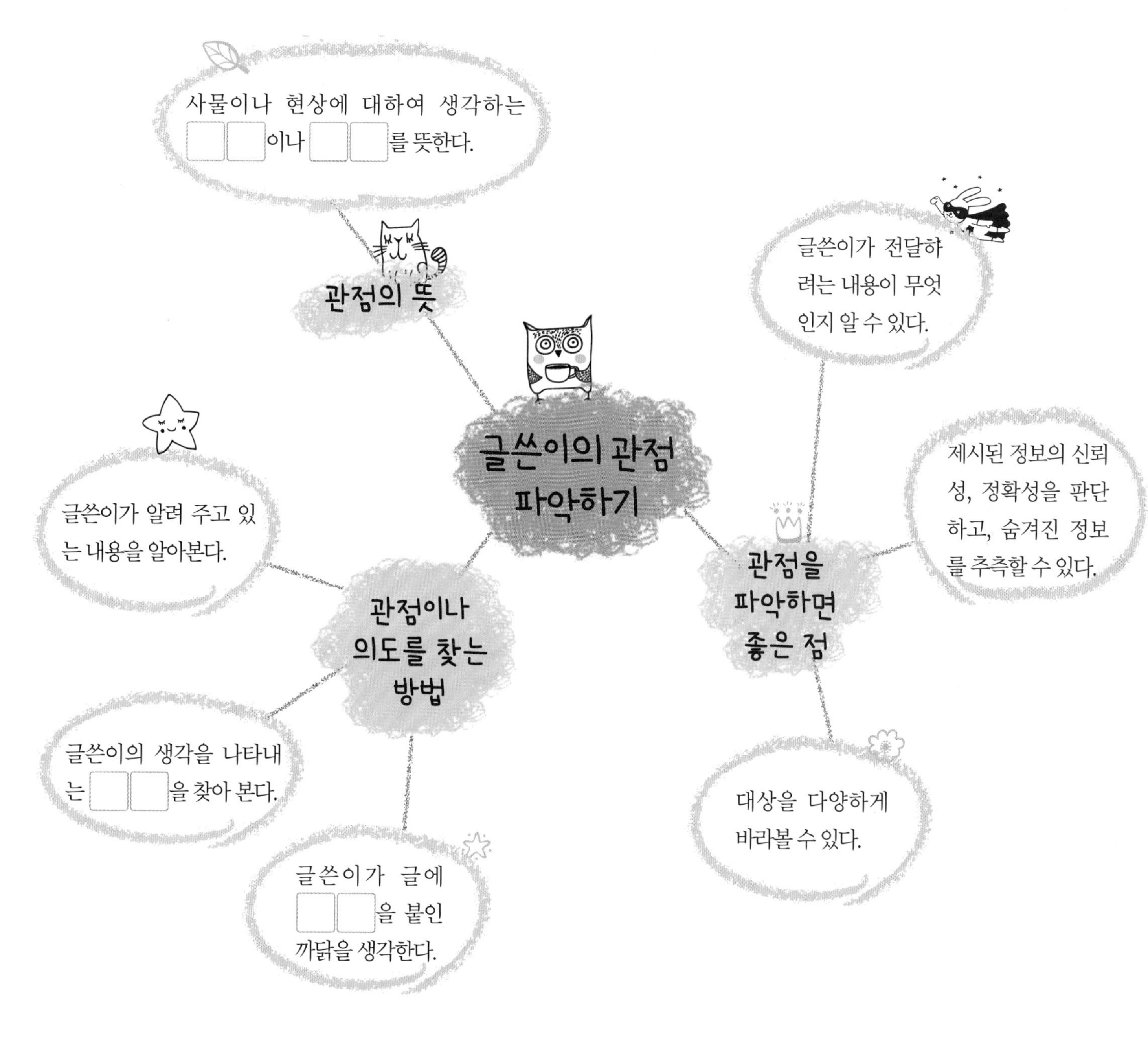

보기 표현 방향 태도 제목

다음은 조선 시대 왕이었던 인조에게 올라온 상소문입니다. 두 글을 읽고 물음에 답해 봅시다.

가 오랑캐와의 화친으로 백성과 나라를 망치기가 오늘날과 같이 쉬운 적이 없습니다. 지금 명나라의 세력이 약해지고 청나라의 세력이 강해졌다고는 하나, 명나라는 분명히 우리 태조 대왕께서 이 나라를 세운 후 2백 년 넘게 두터운 신의를 쌓아 온 나라입니다. ㉠명나라와의 이런 신의를 저버리는 것은 있을 수 없는 일입니다.

더구나 ㉡지난 임진왜란 때에 우리는 명나라의 도움을 받아 일본을 물리칠 수 있었습니다. 그 당시 명나라는 어려운 사정에도 불구하고 우리나라를 위하여 20만 명이나 되는 군사를 보내 주었습니다. 그런데 이제 와서 명나라가 어려움에 처했다고 하여 어찌 등을 돌릴 수 있다는 말입니까?

백 보를 양보해 청나라와 화친을 한다고 하더라도 반드시 싸우고 난 뒤에 해야 합니다. 처음부터 화친을 청한다면 화친 또한 바랄 수 없는 것이 현실입니다. 어느 나라가 싸우지도 않고 처음부터 화친을 원하는 나라를 대접하려고 하겠습니까? 따라서, 지금 청나라와의 화친을 도모하는 것은 명분에서는 물론, 전술적 측면에서도 옳지 않습니다. ㉢지금 이 순간에도 척화의 기치를 높이 들어 명과 더불어 청나라와 싸워야 합니다.

나 주화를 주장하면 마치 역적인 양 몰아붙이지만, 그럼에도 불구하고 청나라와 화친하는 일이 그르다고 생각하지 않습니다. 현재 청나라와의 전쟁을 주장하는 사람들은 모두 청나라의 누르하치가 스스로를 황제라 하였으니 그들과 왕래를 해서는 안 된다고 하지만, 그들이 오랑캐인 이상 황제라 일컫든 말든 우리가 상관할 바가 아닙니다.

또, 저들은 화친을 맺어 나라를 보존하는 것보다 차라리 의를 지켜 망하는 것이 옳다고 하였으나, 이는 신하의 절개를 지키는 데에 쓰이는 말에 불과할 뿐입니다. 나라의 보존과 멸망이 어찌 개인의 경우와 같을 수가 있겠습니까? 경박하게 큰소리만 쳐서 저들의 노여움을 불러일으킴으로써 백성이 도탄에 빠지고, 종묘와 사직에 제사마저 지내지 못하게 된다면 누가 책임을 지겠습니까?

지금 우리는 임진왜란과 정묘호란을 겪으면서 국력은 바닥나 있고 백성의 살림은 어려운 반면, 오랑캐의 병력은 강하기만 합니다. ㉣지금 우리에게 중요한 것은 인재를 등용하고 땅을 개간하며 백성들의 삶을 보살피는 일입니다. 그다음에 군사를 훈련시키고 성을 수리하여 전쟁에 대비해야 합니다. ㉤준비도 없는 상황에서 명분 때문에 전쟁을 한다는 것은 무모한 일입니다.

1 이 글의 내용으로 보아, 조선이 처한 안팎의 상황으로 알맞은 것은 무엇인가요?

① 백성의 살림이 풍족하다.
② 청나라의 병력은 변변치 않다.
③ 임진왜란과 정묘호란을 겪었다.
④ 조선의 국력은 그 어느 때보다 막강하다.
⑤ 과거 청나라의 도움을 받아 일본을 물리쳤다.

## 2 가와 나에서 모두 다루고 있는 문제는 무엇인가요?

① 일본과 화친을 맺을 것인가
② 명나라와 전쟁을 할 것인가
③ 청나라와 어떻게 지낼 것인가
④ 청나라를 도와 일본과 전쟁을 할 것인가
⑤ 명나라를 도와 일본과 전쟁을 할 것인가

## 3 가와 나의 글쓴이가 각각 글을 통해 알려 주는 내용을 구분하여 번호를 써 보세요.

① 백성의 살림은 어렵다.
② 명나라의 세력이 약해졌다.
③ 명나라와 2백 년 넘게 신의를 쌓아 왔다.
④ 임진왜란과 정묘호란을 겪으면서 국력은 바닥나 있다.
⑤ 임진왜란 때에 명나라가 20만 명의 군사를 보내 주었다.

(1) 가: (                    )   (2) 나: (                    )

## 4 ㉠~㉤ 중 글쓴이의 생각이 나타난 표현이 아닌 것은 무엇인가요?

① ㉠   ② ㉡   ③ ㉢   ④ ㉣   ⑤ ㉤

## 5 가와 나에서 파악할 수 있는 글쓴이의 관점을 선으로 바르게 이어 보세요.

(1) 가 •   • 청나라를 치고 명나라와의 의리를 지키자.

(2) 나 •   • 현실적 여건을 고려하여 청나라와 평화롭게 지내자.

체크 체크 정답 확인

오늘의 읽기 실력은?

다음은 가와 나를 읽고 친구들이 나눈 대화입니다. 글쓴이의 관점과 자신의 관점을 바르게 비교하지 못한 친구의 이름을 써 보세요.

소미: 가의 글쓴이는 과거 우리를 도와준 명나라와의 신의를 지키기 위해 청나라와 전쟁을 하여야 한다고 생각하는 관점이야. 나는 과거에 조선이 위험에 처했을 때 명나라가 도와준 것을 고맙게 여겨야 한다는 점에는 동의하지만, 그렇다고 두 번의 전쟁으로 국력이 약할 때에 굳이 강한 청나라와 전쟁을 할 필요는 없다고 생각해.

우민: 싸움을 거는 나라에게 우선 맞서 싸워야 한다는 가의 관점에 적극 동의해. 나는 싸움을 아주 잘하거든. 평소에 운동을 꾸준히 해 왔기 때문에 싸움은 무조건 이기지.

태형: 나의 글쓴이는 국내외 현실을 생각하여 청나라와 화친을 하여야 한다는 관점이야. 나라 안팎의 상황을 정확히 보고, 백성들의 삶을 먼저 보살펴 힘을 키우는 것이 먼저라는 생각에 동의해.

(　　　　　　　)

재미있는 낱말 놀이터

# 틀리기 쉬운 말

다음 문장의 괄호 안의 말 중 알맞은 낱말에 ○표 하세요.

**왜 그럴까?**

'저버리다'는 '마땅히 지켜야 할 도리나 의리를 잊거나 어기다.'라는 뜻을 가진 하나의 낱말이지만 '져 버리다'는 '지다'에 '버리다'가 붙어 앞말이 나타내는 행동이 이미 끝났음을 나타냅니다. '두껍다'는 '두께가 보통의 정도보다 크다.', '두텁다'는 '믿음, 관계, 우정 등이 굳고 깊다.'를 뜻합니다. '반드시'는 '꼭'이라는 뜻이고, '반듯이'는 '물체나 행동 등이 비뚤어지거나 기울지 않고 바르게'의 뜻입니다. '바라다'는 무언가가 이루어지기를 바랄 때 사용하고, '바래다'는 색이 변하거나 변형이 되었을 때 사용합니다.

힘내!

41일

읽기 목표

# 9 광고의 설득 전략 파악하기 ❶

광고의 목적과 표현 특성 알기 / 광고의 의도와 설득 전략 파악하기 / 광고의 신뢰성 평가하기

공부한 날 월 일

광고는 상품이나 생각을 널리 알리거나 권장하는 것으로, 사람들에게 강한 인상을 주기 위하여 글, 그림, 소리, 동영상 등과 같은 효과적인 표현을 사용하여 상대를 설득합니다.

광고를 볼 때에는 무작정 그 내용을 받아들이기보다 광고에서 전하고자 하는 것이 무엇인지 알아보아야 합니다. 그리고 광고에 과장되거나 거짓된 내용이 있는지, 감추고 있는 내용이 있는지도 찾아 보아야 합니다.

자, 그러면 광고의 특성을 알고 여러 가지 광고의 의도를 파악하며 광고를 읽어 볼까요?

절취선대로 자르세요.

## 다음 광고를 보고 물음에 답해 봅시다.

가

또또 피자

새우 피자
불고기 피자
감자 피자
토마토 피자
햄 피자
고구마 피자

15** - 00##

나

맛나 피자

3번 주문하면 1번이 공짜!

15** - 00##

**가, 나의 광고의 의도가 무엇인지 써 보세요.**

(　　　　　　　　　　　　　　　)

**2** **나를 보고 떠올린 생각으로 가장 알맞은 것에 ○표 하세요.**

(1) 공짜로 음식을 준다고 하는 걸 보니 이 가게는 재정적으로 튼튼하구나. 이 가게를 여기저기에 알려야겠어. ······························ (　　　)

(2) 음식을 세 번 주문하면 돈을 내지 않고 음식을 한 번 먹을 수 있구나. 다음에 돈을 내지 않고 먹기 위해서 이 가게에서 주문해야겠어. ······························ (　　　)

**3** **나에서 글자를 크게 쓴 까닭은 무엇일까요? (정답 2개)**

① 보는 이의 주의를 끌기 위해서
② 사람들에게 재미를 주기 위해서
③ 눈에 잘 띄게 하고 강조하기 위해서
④ 알리고 싶지 않은 내용을 감추기 위해서
⑤ 시력이 좋지 않은 이들을 배려하기 위해서

## 다음 글을 읽고 물음에 답해 봅시다.

광고는 화면, 소리, 문자 등을 이용하여 광고하는 대상에 대한 호감도나 관심을 높여, 보는 이로 하여금 그 대상을 구매하게 하거나 또는 광고에서 주장한 것을 실천하도록 [ ㉠ ] 한다. 이때, 광고의 화면, 소리, 문자 등은 서로 긴밀하게 관련이 되어 있다.

광고에서 보는 이의 관심을 끄는 것은 대부분 화면이다. 광고는 화려한 그림과 색, 음악 등을 사용하여 보는 이의 관심을 끈다. 특히 사진은 카메라의 특수 효과를 더해 만들어진 것이지만 실제 있는 대상을 그대로 모방하기 때문에 보는 이는 있는 사실을 그대로 보여 준다는 착각에 빠지게 된다. 또한 요즈음에는 오직 광고를 위하여 음악을 제작하여 활용하는 경우가 많다. 음악이 강렬하게 인식되면 보는 이는 음악 때문에 그 광고를 더 유심히 살피게 된다.

광고에서 의도하는 내용을 쉽게 표현하는 방법 중 하나가 문자이다. 문자는 크기나 진하기에 따라 다른 역할을 한다. 대체로 가장 크고 진한 색으로 표현된 글자는 광고에서 가장 눈에 띄는 곳에 위치하여 보는 이의 주의를 끈다. 이것보다 조금 더 작고 연한 색으로 표현된 글자는 광고하려는 내용과 관련된 정보를 제공하는 역할을 한다.

**4** 광고의 목적과 의도에 대한 설명으로 알맞은 것은 무엇인가요?

① 사람들이 잘 알지 못하는 사실을 제대로 알려 주기 위해서이다.
② 보는 사람이 광고하는 것을 사거나 실천하도록 하기 위해서이다.
③ 내용을 예술적으로 표현하여 보는 이에게 감동을 주기 위해서이다.
④ 많은 정보를 한눈에 보기 좋게 정리하여 사람들에게 편리함을 주기 위해서이다.
⑤ 실제 일어나지 않은 일을 일어난 것처럼 만들어 사람들을 놀라게 하기 위해서이다.

**5** 광고의 표현 특성에 대한 설명으로 알맞지 않은 것은 무엇인가요?

① 화려한 그림과 색 등을 사용한다.
② 문자를 통해 의도하는 내용을 표현한다.
③ 강렬하게 인식될 수 있는 음악을 사용한다.
④ 광고의 화면과 소리, 문자 등은 서로 관련이 없는 것으로 사용한다.
⑤ 특수 효과를 활용한 사진을 통해 실제 있는 대상을 모방하여 표현한다.

**6** 광고의 성격을 생각할 때, ㉠에 들어갈 말로 가장 알맞은 것은 무엇인가요?

① 상상 ② 설득 ③ 평가 ④ 짐작 ⑤ 과장

 이 글을 읽고, 다음 광고에 쓰인 표현 특성과 광고의 의도를 찾아 빈칸에 들어갈 알맞은 말을 써 보세요.

| | |
|---|---|
| 표현 특성 | • 엄마와 아이가 손을 씻는 사진과 크고 작은 글씨로 표현하였다.<br>• 글씨 옆에 손 씻는 그림을 같이 표현하였다.<br>• 강조하고자 하는 부분의 글씨를 파란색으로 표시하였다.<br>• '손 씻기'를 '(　　　　　)'와 '백신'에 비유하였다. |
| 광고에서 전하려는 생각 | (　　　　　)을/를 깨끗이 씻자. |

- 한국방송광고진흥공사

# 발음이 비슷한 낱말

다음 문장의 괄호 안의 말 중에 알맞은 낱말에 각각 ○표 하세요.

아이는 ( 주의 / 주위 ) 사항을 읽어 본 뒤 ( 주의 / 주위 )를 둘러보았다.

빨간 옷을 입어 눈에 ( 띄는 / 띠는 ) 아이가 미소를 ( 띄며 / 띠며 ) 손을 흔들고 있었다.

팔을 ( 다친 / 닫힌 ) 아이가 들어가려는데 갑자기 문이 ( 다쳤다 / 닫혔다 ).

## 왜 그럴까?

우리말에는 발음이 같거나 비슷한 낱말이 있습니다. 이러한 낱말을 구별하여 쓰지 않으면 말의 뜻을 헷갈릴 수 있습니다. '주의'는 '마음에 새겨 두고 조심함.', '주위'는 '어떤 사물이나 사람을 둘러싸고 있는 것'을 뜻합니다. '띄다'는 '눈에 보이다.', '띠다'는 '감정이나 기운 따위를 나타내다.'를 뜻합니다. '다치다'는 '신체에 상처를 입다.', '닫히다'는 '문짝, 서랍 등이 제자리로 돌아가 막아지다.'를 뜻합니다.

읽기 목표

# 9 광고의 설득 전략 파악하기 ❷

파이팅! 42일

광고의 목적과 표현 특성 알기 | 광고의 의도와 설득 전략 파악하기 | 광고의 신뢰성 평가하기

공부한 날 월 일

다음 광고를 보고 물음에 답해 봅시다.

- 한국방송광고진흥공사

**1** 이 광고의 그림에서 특징적인 표현은 무엇인지 빈칸에 들어갈 알맞은 말을 써 보세요.

공장의 굴뚝을 (　　　　　　　)(으)로 표현하였다.

**2** 이 광고에서 말하려고 하는 내용으로 알맞은 것은 무엇인가요?

① 물을 마실 때 빨대를 사용하지 말자.
② 깨끗한 물과 공기를 다른 나라에 팔자.
③ 우리가 마시는 음료수의 종류는 여러 가지이다.
④ 물 이외에 다른 먹을거리를 개발하도록 힘쓰자.
⑤ 깨끗한 공기를 마실 수 있도록 우리 모두 노력하자.

점선대로 자르세요

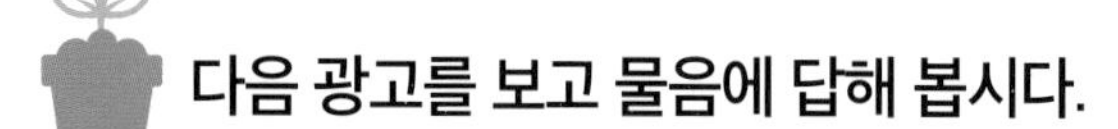
다음 광고를 보고 물음에 답해 봅시다.

## 3 이 광고에서 권장하는 것에는 ○표, 권장하지 않는 것에는 X표 하세요.

| 밟지 말고 | 잡지 말고 | 담으세요! |
| --- | --- | --- |
| (　　　) | (　　　) | (　　　) |
| 올리세요! | 잡으세요! | 담지 말고 |
| (　　　) | (　　　) | (　　　) |

## 4 다음은 이 광고에서 사람들의 생활 모습을 권장하는 것과 권장하지 않는 것으로 나눈 기준입니다. 빈칸에 공통으로 들어갈 알맞은 말은 무엇인가요?

> 우리의 [　　　] 을/를 해치는 행동은 권장하지 않고, 우리의 [　　　] 을/를 보호하는 행동은 권장하고 있다.

① 마음　　② 환경　　③ 권리　　④ 전통　　⑤ 이익

## 5 ㉠의 의미로 알맞은 것에 ○표 하세요.

(1) 겉모습만으로 사람을 판단해서는 안 된다. ……………… (　　　)
(2) 과학의 발달로 인해 기술을 잘 이용하는 사람이 결국 성공한다. ……………… (　　　)
(3) 비슷한 행동을 하고 있지만, 나중에 환경에 미칠 영향은 다르게 나타날 것이다. ……………… (　　　)

## 6 이 광고에 나타난 표현 특성을 알맞게 말한 것을 찾아 ○표 하세요.

| 글자의 크기와 색깔을 일정하게 하여 내용을 오래 기억할 수 있도록 하였어. | 어떤 상황에서 할 수 있는 두 가지 행동을 서로 대비시켜 화면을 구성하고 있어. | 카메라의 특수 효과를 사용하여 실제로는 일어나지 않는 일을 일어나는 것처럼 꾸몄어. |
| --- | --- | --- |
| (　　　) | (　　　) | (　　　) |

 다음은 이 광고에 새로 들어갈 수 있는 장면을 그린 것입니다. 빈칸에 어울리는 광고 문구를 만들어 써 보세요.

## 여러 가지 뜻을 가진 낱말

다음 그림의 빈칸에 모두 들어갈 알맞은 낱말을 각각 써 보세요.

**왜 그럴까?**

하나의 낱말이 두 가지 이상의 관련된 의미로 쓰이는 낱말을 '다의어'라고 합니다. 다의어의 예로는 '눈, 다리, 먹다, 맵다, 고치다, 잡다' 등이 있습니다. 이 낱말들은 원래의 뜻 외에 여러 가지 뜻으로 쓰이지만 원래 뜻에 바탕을 두고 사용되기 때문에 원래 뜻과 크게 다르지 않습니다. 이와 같은 다의어의 뜻을 알려면 그 낱말이 쓰인 앞뒤 내용을 잘 살피면서 읽어야 합니다. 국어사전에서는 하나의 낱말에 「1」과 「2」처럼 작은 번호를 매겨 뜻을 설명하고 있습니다.

# 9 광고의 설득 전략 파악하기 ❸

읽기 목표

광고의 목적과 표현 특성 알기 | 광고의 의도와 설득 전략 파악하기 | 광고의 신뢰성 평가하기

공부한 날 월 일

다음 광고를 보고 물음에 답해 봅시다.

- 한국방송광고진흥공사

1 이 광고를 보고 알 수 있는 사실이 아닌 것은 무엇인가요?

① 플러그를 꽂아 두면 전기가 새어 나간다.
② 플러그를 뽑으면 전기 기구의 수명이 길어진다.
③ 플러그를 뽑으면 전기 요금의 11퍼센트가 줄어든다.
④ 에너지를 쉬게 하면 우리나라 사람들의 건강이 좋아진다.
⑤ 플러그를 꽂아 두기만 해도 한 해 5천억 원의 전기가 낭비된다.

2 이 광고의 표현 특성을 가장 잘 설명한 것에 ○표 하세요.

(1) 곧게 뻗은 나무를 의도적으로 배치하여 굳은 의지를 나타내었다. ············ (　　)
(2) 나무에 플러그가 설치된 사진을 제시하여 광고의 의도를 잘 표현하였다. ············ (　　)
(3) 글자의 크기를 동일하게 하여 사람들의 시선이 글자에 먼저 가도록 하였다. ············ (　　)

절취선대로 자르세요.

## 다음 광고를 보고 물음에 답해 봅시다.

- 한국방송광고진흥공사

## 3 장면 ①~③과 ⑤~⑦에 나오는 학생들의 모습은 각각 어떻게 표현되었는지 알맞게 설명한 것을 보기에서 모두 찾아 기호를 써 보세요.

보기
㉠ 활발하게 대화를 나누고 있다.
㉡ 할 말을 찾지 못해 답답해하고 있다.
㉢ 말문이 막혀 이야기를 하지 못하고 있다.
㉣ 욕설이나 은어 등의 거친 말을 사용하여 이야기를 하고 있다.

(1) 장면 ①~③: ( ) (2) 장면 ⑤~⑦: ( )

## 4 장면 ⑤~⑦의 "……"가 뜻하는 것은 무엇인가요?

① 말을 하지 않고 시간을 보내는 것은 힘든 일이다.
② 욕설이나 은어를 쓰지 않으면 대화를 하기 어렵다.
③ 우리말로만 대화를 하려면 대화가 잘 이어지지 않는다.
④ 자신의 생각을 당당하게 표현하지 못하는 친구가 있다.
⑤ 여러 사람이 함께 모였을 때에는 말을 잘하지만 혼자 말을 하려면 힘들어한다.

## 5 장면 ⑧에 대한 설명으로 알맞은 것을 각각 찾아 선으로 이어 보세요.

화면 •
• 입을 뻐끔거리는 금붕어의 모습이 재미를 느끼게 한다.
• 욕설이나 은어 없이는 말을 하지 못하는 상황을 금붕어에 빗대었다.
• 유리처럼 깨끗한 어항을 제시하여 자신의 삶을 되돌아보게 하였다.

글 •
• 나도 그러한 언어생활을 하고 있는지 살펴보게 하였다.
• 우리 집에도 금붕어를 키우는지 다시 생각해 보게 하였다.
• 환경을 아름답게 하기 위해 노력하고 있는지 반성하게 하였다.

이 광고의 의도로 가장 알맞은 것은 무엇인가요?

① 바르고 고운 말을 사용하자.
② 다른 사람이 듣기 좋은 말만 하자.
③ 여러 사람이 모인 공간에서는 조용히 하자.
④ 다른 사람이 쉽게 알아들을 수 있게 설명하자.
⑤ 듣는 이를 고려하여 알맞은 방법으로 설득하자.

## 고유어 알기

다음 밑줄 친 고유어의 뜻으로 알맞은 것을 찾아 선으로 바르게 이어 보세요.

| 방 정리를 서둘러 <u>갈무리</u>하였다. | 친구는 <u>불그스레한</u> 얼굴로 발표를 하였다. | 나와 동생은 세 살 <u>터울</u>이다. |
|---|---|---|
| 조금 붉은, 불그스름한 | 한 어머니의 먼저 낳은 아이와 다음에 낳은 아이와의 나이 차이 | 일을 처리하여 마무리함. |

'고유어'는 '순우리말' 또는 '토박이말'이라고도 부르는데, 우리말에 본디부터 있던 낱말이나 그것을 바탕으로 하여 새로 만들어진 낱말을 말합니다. '갈무리'는 '마무리'와 비슷한 말이고, '불그스레하다'는 '불그스름하다'와 비슷한 말입니다. 각 고유어가 쓰인 상황을 살펴 그 뜻을 알 수 있습니다.

# 9 광고의 설득 전략 파악하기 ④

| 광고의 목적과 표현 특성 알기 | 광고의 의도와 설득 전략 파악하기 | 광고의 신뢰성 평가하기 |
| --- | --- | --- |

공부한 날 월 일

**정리** 광고에 대한 내용을 정리하면서 빈칸에 알맞은 말을 보기 에서 찾아 써 보세요.

**광고**

**광고의 목적**

화면, 소리, 문자 등을 이용하여 광고하는 대상에 대한 호감도나 관심을 높여, 보는 이로 하여금 그 대상을 [  ][  ]하거나, 광고하는 것을 [  ][  ]하도록 하는 것이다.

**광고의 설득 전략**

**화면**

- 색이나 그림 등을 화려하게 하여 사람들의 관심을 끈다.
- 사진은 실제 있는 대상을 생생하게 보여 주기 때문에 [  ][  ]이라고 생각하게 만든다.

**문자**

- 광고에서 [  ][  ]하는 내용을 쉽게 표현할 수 있다.
- 가장 핵심적인 내용을 광고에서 가장 눈에 띄는 곳에 두어 보는 이의 주의를 끈다.
- 크기나 진하기, 색을 달리하여 보는 사람의 [  ][  ]을 끈다.

보기 관심 구매 사실 상업 실천 의도



점선대로 자르세요.

## 다음 광고를 보고 물음에 답해 봅시다.

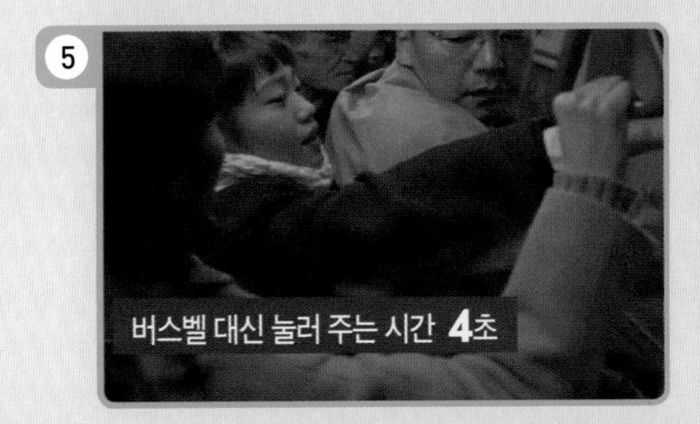

- 한국방송광고진흥공사

1 이 광고가 만들어진 까닭은 무엇일까요?

① 사람들이 시간을 아껴 쓰지 않아서
② 다른 사람에게 함부로 말하는 사람이 많아서
③ 무심코 이기적인 행동을 하는 사람이 많아서
④ 잘 알지 못하면서 남의 말을 퍼뜨리는 사람이 있어서
⑤ 다른 사람을 배려하는 행동을 하는 사람이 많지 않아서

2 이 광고에서 주인공이 한 일을 모두 찾아 ○표 하세요. (정답 3개)

| 떨어진 신문을 대신 던져 줌. | 횡단보도를 건너시는 할머니를 도움. | 후배에게 커피를 타 줌. | 버스에서 다친 사람을 도와줌. | 눈 오는 거리를 깨끗이 청소함. |
| --- | --- | --- | --- | --- |

3 장면 ② ~ ⑥에서 숫자를 다른 글자에 비해 크게 제시한 까닭으로 가장 알맞은 것은 무엇인가요?

① 숫자를 빨리 계산할 수 있도록 하기 위해서
② 숫자를 가장 아름답게 표현하는 것을 보여 주기 위해서
③ 제시된 시간 안에 정확하게 할 수 있는 일인지 확인하기 위해서
④ 다른 사람을 대신해서 일을 할 때 걸리는 시간을 과장하기 위해서
⑤ 다른 사람을 배려하는 데 걸리는 시간이 생각보다 짧다는 것을 알려 주기 위해서

4 ㉠ '세상을 아름답게 하는 시간'이 의미하는 것은 무엇인가요?

① 다른 사람을 위해 배려하는 시간
② 세상을 깨끗이 하는 데 걸리는 시간
③ 우리 모두가 함께 조용히 잠드는 시간
④ 다른 사람에게 짜증을 내지 않는 시간
⑤ 다른 사람에게 피해를 주지 않으려고 노력하는 시간

5 이 광고에서 하고 싶은 말은 무엇인가요?

① 시간을 조금 내어 다른 사람을 도와주세요.
② 다른 사람이 착한 행동을 하면 칭찬해 주세요.
③ 어려운 이웃에게 따뜻한 성금을 마련해 주세요.
④ 다른 사람에게 먼저 다가설 수 있도록 노력해 주세요.
⑤ 우리에게 주어진 시간이 많지 않다는 것을 기억해 주세요.

체크체크 정답 확인 | 오늘의 읽기 실력은?   

**6** 다음은 이 광고에 새로 들어갈 수 있는 장면을 그린 것입니다. 빈칸에 알맞은 말을 써서 장면에 어울리는 광고 문구를 완성하세요.

이웃을 위해 엘리베이터를 (　　　　　　) 시간 8초

# 맞춤법에 맞게 쓰기

다음 밑줄 친 말을 맞춤법에 맞게 바르게 고쳐 써 보세요.

저녁을 먹고 난 후 아버지가 <u>설겆이</u>를 하셨다.

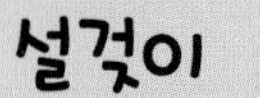 

설겆이 ➔

아영이는 <u>웬지</u> 기분이 좋지 않았다.

웬지 ➔

엄마 오늘이 <u>몇 일</u>이죠?

몇 일 ➔

영화관에서 <u>세째</u> 줄에 앉아 영화를 보았다.

세째 ➔

왜 그럴까?

예전에는 '설겆다'라는 말이 있어서 '설겆이'라는 말을 썼지만 '설겆다'라는 말이 없어지면서 소리 나는 대로 '설거지'라고 씁니다. '왠지'는 '왜인지'가 줄어든 말입니다. '웬'을 써야 하는 경우는 '웬 떡?', '웬 돈?'과 같이 이것이 어찌 된 것이냐고 물을 때입니다. '몇 일'은 '며칠'의 잘못된 표현이고, '순서가 세 번째가 되는 차례'를 말할 때에는 '셋째'라고 써야 합니다.

읽기 목표

# 10 주제 파악하기 ❶

| 글을 읽고 주된 이야깃거리 찾기 | 글쓴이가 글을 쓴 의도 짐작하기 | 글의 주제 파악하여 정리하기 |
|---|---|---|

공부한 날 월 일

글에는 글쓴이가 글을 통하여 전하려고 하는 생각이 담겨 있습니다. 글에서 가장 중요하게 드러내려는 중심 생각을 주제라고 합니다. 주제를 파악하며 글을 읽으면 글쓴이가 가치 있게 여기는 것이 무엇인지를 이해할 수 있습니다. 또 글의 전체적인 내용을 잘 파악할 수 있기 때문에 글의 내용을 기억하기도 쉽습니다.

자, 이제 글을 읽고 주제를 파악해 볼까요?

## 다음 글을 읽고 물음에 답해 봅시다.

추석을 맞아 시골 할머니 댁에 갔다. 대학생인 삼촌과 함께 들판에 나가 보았다. 시골에는 도시에서 볼 수 없는 것들이 많았다. 그 가운데에서도 특히 내 눈길을 끈 것은 푸른 풀밭을 폴짝폴짝 뛰어다니는 방아깨비들이었다.

풀숲을 뛰어다니고 날아다니는 녀석들을 좀 더 자세히 보려고 고양이처럼 살금살금 다가가서 한 마리를 잡았다. 먼저, 머리를 보았다. 머리의 앞부분은 뾰족하였다. 머리에는 더듬이가 두 개 달려 있었다. 더듬이는 마치 칼처럼 생겼다.

이번에는 방아깨비를 뒤집어서 배의 모습을 살펴보았다. 방아깨비의 배는 여러 개의 줄이 있어 옷장처럼 칸이 나뉘어 있는 것처럼 보였다. 배를 만져 보니 미끌미끌하고 말랑말랑했다. 자세히 들여다보니 배에는 작은 구멍들이 여러 개 있었다. 삼촌께서는 그것이 방아깨비의 숨구멍이라고 하셨다. 그 구멍으로 숨을 쉰다는 것이었다.

- 김일준(학생 작품), 「방아 찧는 방아깨비」 중에서

**1** 이 글에서 소개하는 대상이 무엇인지 찾아 ○표 하세요.

| 추석 | 시골 | 삼촌 | 방아깨비 |
|---|---|---|---|

**2** 이 글의 내용에 맞게 빈칸에 알맞은 낱말을 써 보세요.

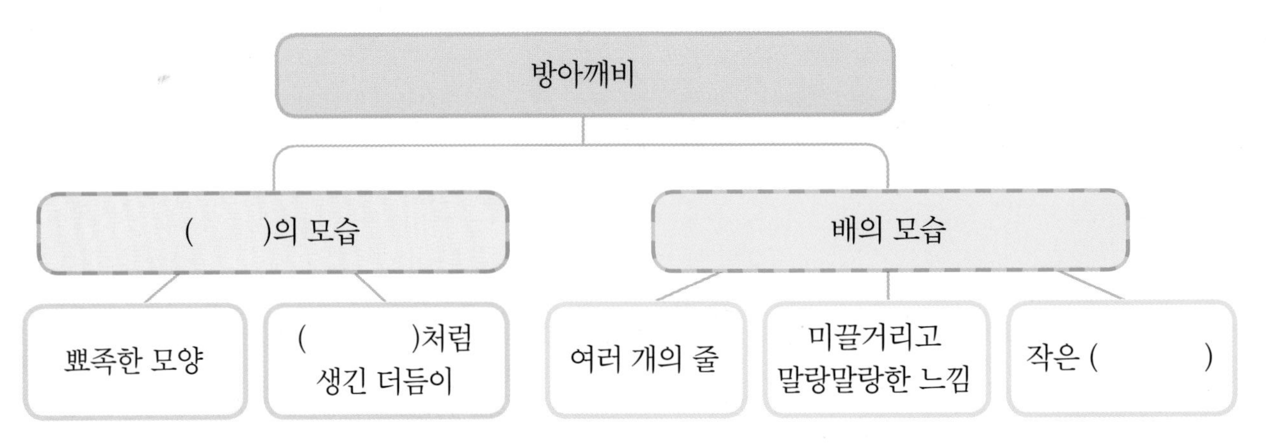


**3** 이 글의 주제를 찾아 ○표 하세요.

(1) 삼촌에게 배운 자연의 신비 ……………………………………( )
(2) 방아깨비의 머리와 배의 모습 …………………………………( )
(3) 도시에서 볼 수 없는 시골의 풍경 ……………………………( )

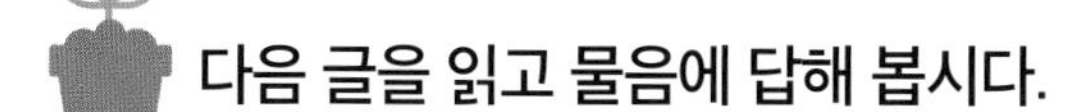

다음 글을 읽고 물음에 답해 봅시다.

가 미국의 권위 있는 건강 전문 월간지 『헬스』는 2006년 우리나라의 김치를 '세계 5대 건강식품'의 하나로 선정하였다. 우리나라에는 김치처럼 조상 대대로 이어 온 발효 식품이 많다. "음식 맛은 장맛이다."라는 말이 있듯이 된장, 간장, 고추장 같은 장류도 있고, 새우젓 같은 젓갈류 등도 역시 대표적인 발효 식품이다. 이러한 발효 식품은 처음에는 먹을거리를 오래 저장할 목적으로 만들어진 것이라고 한다.

미래학자 앨빈 토플러는 세계의 음식 문화가 제3의 맛인 '발효의 맛'으로 옮겨 갈 것이라고 예측하였다. 음식이 발효하면 영양소가 분해되어 소화되기 쉬운 상태가 되고, 음식의 저장성이나 맛이 좋아질 뿐만 아니라 우리 몸에 유익한 균이 만들어진다는 점 때문이다. 우리나라 사람이 조류 인플루엔자, 신종 인플루엔자 등에 대하여 면역력을 가질 수 있었던 것도 이러한 발효 식품을 먹어 왔기 때문이라는 의견도 있다.

우리나라의 발효 식품은 몇 가지 기준으로 나누어 볼 수 있는데, 여기에서는 주재료에 따른 발효 식품과 그 특징을 살펴보기로 한다.

먼저, 채소 발효 식품인 김치류가 있다. 배추와 무에 소금, 마늘, 고춧가루, 생강, 젓갈 등의 부재료를 섞어 발효시킨 저장 식품으로서, 주재료의 종류와 담그는 방법이 지역마다, 집집마다 매우 다양하다. 김치의 종류는 재료에 따라 187종이 넘는다고 하는데, 그중에서 배추김치, 깍두기, 총각김치, 동치미, 오이소박이김치, 나박김치 등이 대표적이다. 김치가 숙성되는 과정에서 생기는 유산균은 인간의 몸속에 각종 부패 세균이 생기는 것을 막아 주고 면역력까지 높인다. 또, 김치 양념에 들어가는 고추와 마늘의 '알리신' 성분도 면역력을 높여 주고 각종 질병으로부터 몸을 보호하는 데 효과가 있다.

다음으로 수산물 발효 식품인 젓갈류가 있다. 젓갈류는 새우, 굴, 조개, 멸치 같은 어패류나 생선의 내장, 알, 아가미 등을 소금에 절여 숙성시키는 발효 식품이다. 젓갈을 만드는 방법은 지역마다 다를 뿐만 아니라, 새우젓, 멸치젓, 자리젓, 갈치젓, 오징어젓, 낙지젓, 창난젓, 명란젓, 조개젓, 굴젓 등 그 종류도 다양하다. 젓갈류는 보통 2~6개월 동안 발효시키는데, 이 과정에서 우리 몸에 유익한 단백질이 소화되기 좋게 변할 뿐만 아니라 구수한 맛까지 곁들여지게 된다.

나 우리나라의 발효 음식인 김치류, 젓갈류, 장류에는 오랜 시간 저장하고 보관하여 두기 위한 우리 조상의 슬기와 지혜가 담겨 있다. 우리나라의 전통 발효 식품을 더욱 자랑스럽게 생각하여야겠고, 건강을 위하여 좀 더 즐겨 먹어야겠다.

4 이 글의 이야깃거리는 무엇인지 찾아 써 보세요.

( )

5 이 글에 근거하였을 때 사실이 아닌 것에 ×표 하세요.

(1) 우리나라의 음식 맛은 모두 장맛에 의해 좌우된다. ……………………………………………( )
(2) 발효 식품은 영양소가 분해되어 있기 때문에 소화하기가 쉽다. ……………………………( )
(3) 우리나라에서 젓갈을 만드는 방법은 지역마다 다르고 종류도 다양하다. ………………………( )
(4) 우리나라에서 대대로 이어져 온 발효 식품에는 장류나 젓갈류 등이 있다. ……………………( )

**6** 발효 식품을 주재료에 따라 나눌 때 빈칸에 들어갈 알맞은 말을 각각 써 보세요.

| (　　　) 발효 식품 | (　　　) 발효 식품 |
|---|---|
| 배추김치, 깍두기, 총각김치, 동치미, 오이소박이김치, 나박김치 등 | 새우젓, 멸치젓, 자리젓, 갈치젓, 오징어젓, 낙지젓, 창난젓, 명란젓, 조개젓, 굴젓 등 |

**7** 이 글의 주제로 알맞은 것은 무엇인가요?

① 김치가 숙성되는 과정을 익히자.
② 발효된 음식은 소화시키기 쉽다.
③ 우리 조상의 슬기와 지혜를 배우자.
④ 김치를 많이 먹어 면역력을 높이자.
⑤ 우리나라의 전통 발효 식품을 좀 더 즐겨 먹자.

## 음식 이름 바르게 알기

다음 음식의 이름을 맞춤법에 맞게 바르게 쓴 것에 ○표 하세요.

된장찌개
된장찌게
명난젓
명란젓
깍두기
깎두기
오이소배기
오이소박이

**왜 그럴까?**

우리가 흔히 접하는 음식 이름 중에도 헷갈리기 쉬운 말이 많이 있습니다. 오이를 갈라 소(속에 넣은 여러 가지 재료)를 박은 김치인 '오이소박이'는 '박다'와 의미적으로 밀접한 관련이 있어 '-박이'로 합니다. '명란젓'에서 '명란(明卵)'은 한자어로 '명태의 알'을 뜻합니다. 또한, '창난젓'에서 '창난'은 '명태의 창자'를 뜻합니다.

읽기 목표

# 10 주제 파악하기 ❷

글을 읽고 주된 이야깃거리 찾기 | 글쓴이가 글을 쓴 의도 짐작하기 | 글의 주제 파악하여 정리하기

공부한 날 월 일

## 다음 글을 읽고 물음에 답해 봅시다.

나눔 아파트 주민 여러분, 안녕하십니까?

주민 여러분께 부탁드릴 것이 있습니다. 아파트에서 애완동물을 기르지 말아 주십시오. 요즈음 우리 아파트에 애완동물을 기르는 집이 많아지고 있습니다. 그러나 애완동물을 기르면 여러 문제가 발생합니다.

첫째, 애완동물이 내는 소리가 이웃에게 피해를 줄 수 있습니다. 주인에게는 사랑스러운 소리일지 몰라도 다른 사람에게는 그렇지 않을 수 있습니다.

둘째, 애완동물의 털에 기생충이나 병원균이 있을 수도 있으며, 어떤 사람들은 동물의 털에 과민 반응을 일으키기도 합니다.

셋째, 애완동물의 배설물을 잘 치우지 않고, 아파트 꽃밭 등에 버리면 해충이나 병원균이 발생하여 사람이나 짐승에게 질병을 일으킬 수 있습니다.

이렇게 아파트에서 애완동물을 기르면 여러 문제가 발생합니다. 따라서, 애완동물을 기르지 말아야 합니다. 주민 여러분의 협조를 부탁드리겠습니다. 감사합니다.

**1** 이 글의 이야깃거리를 보기 에서 찾아 기호를 써 보세요.

보기
㉠ 다양한 종류의 애완동물이 늘고 있다는 것
㉡ 아파트에서 애완동물을 기를 때 생기는 문제
㉢ 애완동물을 함부로 버리는 사람이 많아지는 것

( )

**2** 이 글의 주제는 무엇인지 써 보세요.

( )

**3** 이 글의 주제와 반대되는 글의 주제로 알맞은 것은 무엇인가요?

① 애완동물 전문가를 양성해야 한다.
② 애완동물을 사지 말고, 입양해야 한다.
③ 아파트에서 애완동물을 키우면 장점이 많다.
④ 애완동물의 배설물을 잘 처리해야 한다.
⑤ 안전을 위해 애완동물에 목줄을 착용해야 한다.

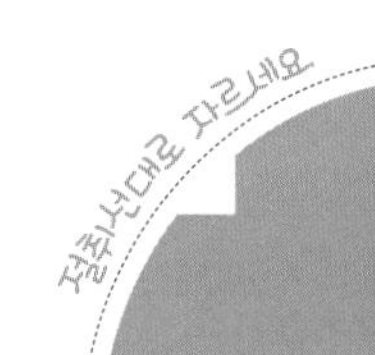

## 다음 글을 읽고 물음에 답해 봅시다.

가 여러분은 음식물 쓰레기가 얼마나 큰 문제를 일으키는지 알고 있습니까?

날마다 쏟아져 나오는 음식물 쓰레기로 경제적 낭비가 심각합니다. ㉠한 해에 약 20조 원에 해당하는 음식물 쓰레기가 버려진다니 정말 놀랍지 않습니까? 음식을 먹을 만큼만 만들어 음식물 쓰레기를 줄인다면, 음식을 만드는 비용과 함께 남은 쓰레기를 처리할 때에 사용되는 비용까지 줄일 수 있습니다.

음식물 쓰레기는 환경 오염의 주범이기도 합니다. 음식물 쓰레기를 땅에 묻고 처리하는 과정에서 발생하는 악취와 세균 등은 부패한 물질을 만들어 환경을 오염시킵니다. 음식물 쓰레기로 인하여 오염된 공기와 물을 마시는 것은 결국 우리입니다. 따라서, 음식물 쓰레기를 줄이는 일은 환경은 물론 우리를 지키는 일입니다.

여러분이 학교나 집에서 실천할 수 있는 음식물 쓰레기 줄이는 방법을 생각하여 봅시다. 혹시 점심시간에 많은 양의 음식을 남겨서 버렸던 적은 없습니까? 집에서 나오는 음식물 쓰레기가 지나치게 많지는 않습니까?

음식물 쓰레기 문제에 대한 무관심이 낭비를 낳고, 환경 오염을 일으킵니다. 여러분의 관심과 참여가 필요한 순간입니다.

우리 학교에서는 음식물 쓰레기 문제에 관심을 가지도록 하기 위하여 '노래로 깨끗한 세상 만들기' 대회를 개최하려고 합니다. '노래로 깨끗한 세상 만들기'는 음식물 쓰레기 문제를 다른 사람들에게 널리 알리고, 음식물 쓰레기를 줄이기 위하여 실천할 수 있는 여러 가지 방법을 노래로 만들어 홍보하고자 하는 대회입니다.

하고 싶은 말을 노래로 만들면 재미가 있습니다. 아무리 중요한 내용이라도 재미가 없다면 사람들의 관심을 끌기가 어렵습니다. 그러나 어려운 내용이라도 귀에 쏙쏙 들어오는 노랫말과 마음을 파고드는 선율로 만들어 부르다 보면 쉽고 재미있게 배울 수 있게 됩니다. 음식물 쓰레기 문제의 해결 방안도 노래로 만들어 부르면 누구나 재미있게 익히게 될 것입니다.

나 '노래로 깨끗한 세상 만들기' 대회는 혼자서 참가할 수도 있고, 2~4명이 단체로 참가할 수도 있습니다. 참가 희망자는 '개인 참가 신청서' 또는 '단체 참가 신청서'를 작성하여 담임 선생님께 제출합니다. 참가 신청서는 학교 누리집 '공지 사항'에서 내려받을 수 있습니다. 단체 참가의 경우, 신청서를 제출한 뒤에는 인원수나 참가자의 변경이 어려우므로 주의하시기 바랍니다.

여러분, 음식물 쓰레기를 줄이자는 뜻을 담아 노래로 만듭시다. 참가자는 먼저 노래를 직접 불러 파일로 제작합니다. 동영상이나 녹음 파일 등 노래를 전할 수 있는 방식이면 어떠한 형태도 가능합니다. 제작된 노래를 20○○년 ○○월 ○○일까지 학교 누리집 게시판에 올려 주세요. 뽑힌 노래는 전교생이 함께 배워 환경 운동에 쓰이게 됩니다. 점심시간마다 여러분이 만든 노래가 울려 퍼진다고 생각하여 봅시다. 생각만 해도 가슴 떨리지 않습니까? 지금 바로 도전하십시오.

여러분이 만든 노래가 환경을 깨끗하고 아름답게 할 뿐만 아니라, 음식물로 낭비되는 자원까지 절약하게 해 줄 수 있습니다. 지금 바로 음식물 쓰레기 줄이기를 실천할 수 있는 방법을 노래로 만들어 보세요. 여러분의 참여가 우리 마을, 우리나라, 우리 지구를 깨끗하고 아름답게 해 줄 것입니다. 여러분의 노래가 세상을 아름답고 깨끗하게 바꾸는 데 큰 힘이 됩니다.

4 이 글에서 말한 음식물 쓰레기의 문제를 모두 고르세요.(정답 2개)

① 환경 오염을 일으킨다.
② 사람들이 살찌게 된다.
③ 경제적 낭비가 심각하다.
④ 음식을 만들기 힘들어진다.
⑤ 우리나라 전통 음식이 사라진다.

5 ㉠의 숨은 뜻을 가장 바르게 파악한 것에 ○표 하세요.

(1) 20조 원이 상당히 큰 돈이라는 걸 알려주는 것 같아. ········ (　　　)
(2) 한 해에 약 20조 원이니까 여러 해면 얼마인지 계산을 해 보라는 뜻이야. ········ (　　　)
(3) 20조 원이라는 큰돈만큼의 음식이 쓰레기로 버려지고 있다는 뜻일 거야. ········ (　　　)

'노래로 깨끗한 세상 만들기' 대회의 목적은 무엇인가요?

① 우리 마을, 우리나라, 우리 지구를 대표할 만한 노래를 만드는 것
② 중요한 내용에 노랫말을 붙여 듣는 사람이 어렵게 느끼도록 하는 것
③ 음식물 쓰레기 문제에 관심을 가지게 하여 음식물 쓰레기를 줄이는 것
④ 한 해에 엄청나게 버려지는 음식물 쓰레기 문제를 쉽고 빠르게 해결하는 것
⑤ 대회에 많은 사람들이 참여하게 하여 내년에도 이 대회를 계속 개최하는 것

'노래로 깨끗한 세상 만들기' 대회에 참여하는 방법으로 알맞지 않은 것은 무엇인가요?

① 반드시 혼자 참가해야 한다.
② 참가 신청서를 담임 선생님께 제출한다.
③ 학교 누리집에서 참가 신청서를 내려받는다.
④ 음식물 쓰레기를 줄이자는 뜻을 담아 노래로 만든다.
⑤ 동영상이나 녹음 파일 등 다양한 형태로 파일을 제작한다.

'노래로 깨끗한 세상 만들기' 대회에 대한 관심을 끌기 위하여 글쓴이가 사용한 방법은 무엇인가요?

① 대회에 참여하여 우승한 사람의 모습을 보여 주었다.
② 글 가운데 부분의 글자를 달리하여 시각적으로 보기 좋게 꾸몄다.
③ 우리 학교에서 하루 동안 버려지는 음식물 쓰레기의 양을 조사한 결과를 알려 주었다.
④ '노래로 깨끗한 세상 만들기' 대회에 참여하면 좋은 점을 글의 첫 부분에 알려 주었다.
⑤ 음식물 쓰레기가 우리 사회에 큰 문제가 되고 있다는 사실을 글의 첫 부분에 알려 주었다.

이 글의 주제를 한 문장으로 쓸 때 빈칸에 들어갈 알맞은 말을 써 보세요.

(                    ) 줄이기를 실천할 수 있는 방법을 노래로 만들어 '노래로 깨끗한 세상 만들기' 대회에 참여하세요.

## 띄어쓰기

띄어쓰기를 바르게 한 것에 ○표 하세요.

이번 공사로 ( 우리학교 / 우리 학교 ) 운동장 놀이 시설이 확 달라졌다.

모두 한마음으로 ( 우리나라 / 우리 나라 ) 선수들을 응원했다.

고마워, 잘 ( 먹을게 / 먹을 게 ).

반찬이 ( 먹을게 / 먹을 게 ) 없어요.

우리도 ( 한번 / 한 번 ) 해 볼까?

제가 전학 간 친구를 만난 건 딱 ( 한번 / 한 번 ) 뿐이었어요.

**왜 그럴까?**

같은 낱말이라도 낱말의 뜻이나 쓰임에 따라 띄어쓰기가 달라집니다. '우리'는 다른 낱말과는 띄어 쓰는 것이 원칙이나 '우리나라', '우리글', '우리말'은 하나의 낱말로 보고 붙여 쓰도록 되어 있습니다. '게'는 보통 앞말에 붙여 쓰지만, '게'가 '것이'라는 뜻을 나타낼 때에는 띄어 씁니다. 그리고 '한번'이 '시도', '기회', '강조'의 의미일 때에는 붙여 쓰고, '한 번, 두 번'이라는 횟수의 의미일 때에는 띄어 씁니다.

읽기 목표

# 10 주제 파악하기 ❸

| 글을 읽고 주된 이야깃거리 찾기 | 글쓴이가 글을 쓴 의도 짐작하기 | 글의 주제 파악하여 정리하기 |
|---|---|---|

공부한 날 월 일

**다음 글을 읽고 물음에 답해 봅시다.**

우리나라에도 바다사자가 살았다. 아주 먼 옛날의 이야기가 아니다. 불과 백여 년 전만 하더라도 우리나라 해안에서 바다사자를 볼 수 있었다. 우리나라 사람들은 이 바다사자를 '강치'라고 불렀다.

강치는 바다사자의 한 종류로 동해안에 살면서 오징어나 물고기 등을 잡아먹고 살았다. 특히 독도는 강치들의 집이라고 할 수 있었다. 독도는 강치가 쉬기에 적절한 곳이 많았고 난류와 해류가 만나기 때문에 먹이가 풍부했다. 강치는 독도를 안식처로 삼아 종족 번식을 하며 그 개체 수를 늘려 나갔다. 그래서 1900년대만 하더라도 독도 연안에서 강치들이 떼 지어 다니는 모습을 쉽게 볼 수 있었다. 그 당시 사람들은 강치를 독도의 수호 동물이라고 여겼기 때문에 강치를 함부로 공격하지 않았다.

그러나 이상하게도 1994년 국제 자연 보전 연맹은 강치의 멸종을 공개적으로 선언했다. 독도의 수호 동물이라고 여기던 강치는, 20~30마리씩 떼 지어 다니던 그 많던 강치는 도대체 어디로 갔을까? 강치의 가죽이나 기름이 값비싸게 팔리던 1905년 일본은 독도를 주인이 없는 땅이라고 하며 자신의 영토로 불법 편입시켰다. 일본 어부들은 이것을 빌미로 독도로 들어와 강치를 무분별하게 잡아들이기 시작했다. 그 당시 일본 어부들이 잡아들인 강치는 무려 5,600여 마리에 이른다. 그리고 강치는 우리나라 독도에서 영원히 사라졌다.

**1** 강치에 대한 설명으로 바르지 않은 것은 무엇인가요?

① 바다사자의 한 종류이다.
② 오징어나 물고기 등을 잡아먹는다.
③ 우리나라 해안에서도 볼 수 있었다.
④ 독도를 주 안식처로 삼으며 살았다.
⑤ 우리나라 사람들이 강치를 함부로 공격하였다.

**2** 이 글의 주제를 찾아 빈칸에 알맞은 말을 써 보세요.

( )가 사라진 ( )

**3** 강치가 사라진 까닭으로 알맞은 것에 ○표 하세요.

| 환경 오염 | 먹이의 부족 | 일본 어부들의 무분별한 포획 |
|---|---|---|
| ( ) | ( ) | ( ) |

절취선대로 자르세요.

## 다음 글을 읽고 물음에 답해 봅시다.

가 저녁상을 물리고 마당에 펴 놓은 평상에 누우면 하늘에는 별이 총총하였다. 마당가에서는 모깃불이 매캐한 연기를 뿜으며 타고, 가끔씩 누런 암소의 울음소리가 들렸다.

품이 작아진 형의 저고리를 매만지며 바느질하시는 어머니의 무릎에 누워 있던 소년은 갑자기 아랫배가 아파 왔다.

나 이런 때 어머니께서는 늘 ㉠손이 모자라는 밭일을 혼자 돌보느라 콩깍지같이 까칠해진 손마디가 배꼽에 느껴지도록 소년의 배를 쓰다듬으면서 말씀하셨다.

"엄마 손은 약손, 아기 배는 똥배."

소년은 속으로

'엄마 손으로 정말 아픈 배가 나을까?'

하고 생각하는데, 어머니께서 얼마쯤 쓸어 주시자 신기하게도 배는 점점 편해졌다.

다 소년의 배가 나은 것처럼 수많은 사람이 엄마 손의 약효를 경험하면서 자랐다. 좋은 약이 얼마든지 있는 요즈음에도 어머니들은 칭얼거리는 아이에게 약보다 먼저 '엄마 손은 약손' 처방을 내리고 있다.

약보다 먼저인 엄마 손의 치료 효과는 얼토당토않은 것이 아니라 과학적으로 여러 가지 근거가 있다. 먼저, 이것은 속임약 효과가 있다. 속임약 효과는 환자의 불안감을 없애기 위하여 의사가 환자에게 주사하거나 먹게 하는, 해도 없고 그렇다고 치료 효과도 없는 약물로 생기는 효과를 말한다. 약이 실제로 효과가 없어도 ㉡그 약을 먹으면 나을 것이라는 믿음 때문에 고통이 사라진다고 한다.

라 아이들은 어머니의 품에서 자라면서 당연히 엄마 손이 고통을 없애 줄 수 있다고 굳게 믿는데, 이러한 믿음이 배앓이를 멎게 한다.

아이들이 배가 아픈 것은 낮에 찬 것을 너무 많이 먹어 소화가 제대로 되지 않았기 때문일 수도 있으므로 따뜻한 손길로 배를 쓸어 주면 배를 따뜻하게 해 주어 차가운 상태에 있던 배가 안정되고 배앓이가 치료되는 것이다.

또, 배를 쓸어 주면 장운동이 활발해지기 때문에 아픔이 사라지기도 한다. 한의학에서는 위와 장이 약한 사람에게 배를 둥글게 비벼 주는 운동을 적극적으로 권한다. 배꼽을 중심으로 시계 방향으로 원을 그리면서 배를 꾹꾹 누르며 쓸어 주면, 장운동이 활발해져 변비가 사라지고 아랫배의 살이 빠지는 효과를 볼 수 있다고 한다.

마 엄마 손의 약효는 '사랑 확인 이론'으로 설명되기도 한다. 영국의 한 유명한 동물학자는 동물들끼리 서로 털 손질을 해 주면서 병에 걸리는 것을 막는다고 주장하였다. 그리고 이 털 손질 행위가 서로 친밀감을 느끼게 함으로써 병을 낫게 하는 것이라고 보았다.

그는 사람들이 겪는 질병을 매우 심각한 병과 비교적 가벼운 병으로 나누었다. 이에 따르면, 배앓이는 가벼운 병에 해당하므로 몸에 이상이 생겨서 나타나기도 하지만, 사랑을 확인하고 싶은 마음이 병으로 나타난 것이라고 할 수도 있다. 그래서 아픈 사람에게 주위 사람들의 동정심과 보살핌이 전해지면, 아픈 사람은 심리적 안정을 얻게 되어 병이 치료되는 것이다.

- 전용훈, 「엄마 손은 약손」 중에서

## 4 '엄마 손은 약손' 처방은 무엇인가요?

① 일부러 엄마의 손을 거칠게 만드는 것
② 배가 아픈 아이의 배를 엄마가 손으로 쓸어 주는 것
③ 배가 아픈 아이의 배를 온 가족이 손을 모아 문지르는 것
④ 배가 아픈 아이가 스스로 자신의 배를 손으로 쓰다듬는 것
⑤ 엄마가 자신의 배를 만진 손으로 아이의 손을 쓰다듬는 것

## 5 '속임약'을 처방하는 예로 알맞은 것은 무엇인가요?

① 전쟁에 참여한 군인을 사랑한다고 꼭 안아 주는 것
② 속이 좋지 않은 어린이를 침대에 누워 있게 하는 것
③ 암에 걸린 사람에게 새로 개발된 신약을 먹게 하는 것
④ 팔을 다쳐 수술한 학생에게 아픔이 느껴지지 않는 약을 주는 것
⑤ 머리가 아픈 사람에게 비타민을 약효가 좋은 두통약이라고 주는 것

## 6 ㉠이 의미하는 것은 무엇인가요?

① 일할 사람이 부족하다.
② 집에 손님이 오지 않았다.
③ 밭에 심을 농작물이 부족하다.
④ 일을 하는 능력이 매우 부족하다.
⑤ 밭일을 하는 데 필요한 도구가 부족하다.

## 7 '엄마 손은 약손'이 과학적으로 타당하다는 근거가 아닌 것에 ×표 하세요.

(1) 배를 쓸어 주는 것은 장운동을 활발하게 해 준다. ……………………………………………( )
(2) 수많은 사람들이 엄마 손의 약효를 경험하며 자란다.……………………………………………( )
(3) 따뜻한 손길로 배를 쓸어 주면 따뜻함이 전달되어 배앓이가 진정된다. ………………………( )
(4) 아이들은 엄마 손이 자신의 고통을 없애 줄 것이라는 믿음을 가지고 있다. …………………( )

## 8 '사랑 확인 이론'에 대한 설명으로 알맞지 않은 것은 무엇인가요?

① 영국의 동물학자가 주장한 이론이다.
② 동물들은 서로 털 손질을 하면서 친밀감을 느낀다.
③ 동물들끼리 서로 털 손질을 해 주는 것을 보고 주장한 이론이다.
④ 아프지 않아도 다른 사람의 관심을 얻기 위해 아픈 척해야 한다는 이론이다.
⑤ 다른 사람의 관심을 얻게 되면 심리적으로 안정감을 느껴 병이 치료된다는 이론이다.

## 9 ㉡이 가리키는 것은 무엇인가요?

① 의사가 주는 모든 약
② 엄마가 먹여 주는 약
③ 배앓이를 없애 주는 약
④ 먹으면 절대 안 되는 약
⑤ 해도 없고 효과도 없는 약

10 빈칸에 알맞은 말을 써서 이 글의 주제를 완성하세요.

'엄마 손은 약손'의 치료 (            ).

재미있는 낱말 놀이터

## '앓이'로 끝나는 낱말

다음 그림의 상황을 잘 보고, 빈칸에 들어갈 알맞은 낱말을 보기 에서 찾아 써 보세요.

| 주인공인 소년과 소녀의 (          ) 가 너무 가슴 아파. | 내가 아플 때면 어머니의 (          ) 는 시작되었다. | 덥다고 이불을 덮지 않으면 (          ) 를 할 수도 있어. |
|---|---|---|
| 남자와 여자 사이의 사랑 때문에 괴로워하는 일 | 안타까워 마음속으로만 애달파하는 일 | 배에 탈이 나서 아픔을 느끼는 일 |

보기 가슴앓이 사랑앓이 배앓이

**왜 그럴까?**

'앓이'는 '병에 걸려 고통을 겪다'는 뜻을 가진 '앓다'의 변하지 않는 부분인 '앓-'에 명사를 만드는 '-이'가 붙어 만들어진 낱말이에요. '앓이' 앞에 '사랑'이 합쳐지면 '사랑앓이'로, '사랑으로 인해 고통을 겪는 일'을 의미해요. 이처럼 '배앓이', '가슴앓이' 등 '앓이' 앞에 신체 부위가 합쳐져서 새로운 낱말을 만들기도 해요.

읽기 목표

# 10 주제 파악하기 ④

글을 읽고 주된 이야깃거리 찾기 / 글쓴이가 글을 쓴 의도 짐작하기 / 글의 주제 파악하여 정리하기

공부한 날 월 일

다음 시를 읽고 물음에 답해 봅시다.

**싸움한 날**

김종영

싸움하고 집으로 가는 날
내 그림자는 더 길어지고
마음은 더 멀어집니다.

나는 ㉠바람찬 언덕 위
앙상한 겨울나무.

어머니의 따스한 손이
내 마음을 녹이고
어머니의 사랑의 말씀이
눈물이 됩니다.

㉡그날 밤
밤새도록 달려갑니다.
달을 안고
친구에게로 달려갑니다.

1 말하는 이가 자신을 ㉠과 같이 표현한 까닭은 무엇인가요?

① 친구에 비하여 몸집이 작았기 때문에
② 친구와 다투어 마음이 쓸쓸하고 외로웠기 때문에
③ 집으로 돌아가려면 언덕 위를 지나가야 하기 때문에
④ 친구가 말하는 이에게 앙상한 겨울나무라고 하였기 때문에
⑤ 친구와 다투고 집으로 돌아가는데 바람이 몹시 세게 불었기 때문에

2 ㉡은 언제인가요?

① 친구와 함께 잠을 잔 날 밤
② 어머니께 꾸중을 들은 날 밤
③ 춥고 바람이 몹시 불던 날 밤
④ 어머니와 가족회의를 한 날 밤
⑤ 친구와 싸우고 어머니께 위로의 말씀을 들은 날 밤

3 이 시의 주제는 무엇인지 빈칸에 들어갈 알맞은 말을 써 보세요.

친구와 다툰 후 (                    )을/를 하고 싶은 마음

절취선대로 자르세요.

## 다음 글을 읽고 물음에 답해 봅시다.

집에 들어서자마자 웨스는 아내가 열네 살 된 딸 앨리를 꾸중하는 소리를 들었습니다.

"이젠 정말 신물이 난다!"

아내가 소리쳤습니다.

"날마다 직장에서 파김치가 되어 돌아오면 항상 부엌은 이렇게 어질러져 있고……. 너와 네 친구들은 왜 간식을 만들어 먹을 때마다 부엌을 이렇게 엉망으로 만들어 놓니? 앞으로 한 번만 더 그러면 저녁은 먹을 생각도 하지 마!"

앨리는 상처받은 표정으로 이 층으로 뛰어 올라갔습니다.

몇 주일 뒤에 웨스네 가족은 올랜도행 비행기를 탔습니다. 앨리는 어머니께 꾸중을 들은 뒤로 항상 우울한 모습이었습니다. 동생 매그가 앨리 옆에서 까불고 장난치고 있었지만, 앨리는 자리에 앉아 창밖만 물끄러미 바라보고 있었습니다. 마침내 앨리가 입을 열었습니다.

"이번 휴가는 정말 꽝일 거야. 어머니께서는 분명히 내가 어디를 가지도 못하게 하고, 놀지도 못하게 하실 거라고."

매그는 누나의 기분을 즐겁게 해 주려고 노력하였습니다.

"아버지께서 그러는데 범고래 공연이 정말 멋있대!"

㉠"참도 근사하겠다!"

공연이 시작되기 전에 앨리는 우울한 얼굴을 하고 기운 없이 앉아 있었지만, 범고래들이 공연을 시작하자 범고래들의 공연에 완전히 넋을 잃고 말았습니다. 공연이 끝나자 앨리의 입에서는 저절로 감탄사가 나왔습니다.

"정말 멋졌어!"

주 경기장에서 나온 웨스는 아내와 아이들과 함께 무대 뒤편으로 갔습니다.

"어떻게 이렇게 하도록 가르칠 수 있지요?"

아내가 질문을 하였습니다.

"제 생각으로는 벌이나 겁을 준다고 해서 말을 들을 것 같지는 않은데요."

"물론입니다. 범고래는 어떤 해양 동물이든 먹어 치울 수 있습니다. 이러한 동물을 겁을 주어 훈련시킬 수는 없습니다. 만일, 이 범고래들과 우정을 형성하지 못하고 부정적인 태도를 보인다면, 아마 범고래들은 우리가 싫다는 반응을 바로 그 자리에서 보일 것입니다."

"그럼 어떻게 하면 되지요?"

"간단합니다. 부정적인 것에 초점을 맞추는 대신 잘한 일에 주의를 기울이는 것입니다. 우리는 항상 범고래들이 잘한 일을 발견하려고 노력합니다. ㉡칭찬해 주지 않으면서 우리가 원하는 것을 범고래가 하기를 바랄 수는 없는 일입니다."

- 켄 블랜차드 글, 조천제 옮김, 『칭찬은 고래도 춤추게 한다』 중에서

## 4 아내가 앨리를 혼낸 까닭은 무엇인가요?

① 앨리가 친구들과 놀기만 해서
② 앨리가 저녁을 먹지 않는다고 해서
③ 앨리가 동생에게 간식을 나누어 주지 않아서
④ 앨리와 친구들이 부엌을 지저분하게 사용해서
⑤ 앨리가 친구들과 먹을 간식을 만들어 달라고 해서

## 5 앨리가 이번 휴가가 꽝일 것이라고 말한 까닭은 무엇인가요?

① 범고래들의 공연을 보는 것이 싫었기 때문에
② 올랜도는 평소 자신이 자주 가 본 곳이기 때문에
③ 어머니와 갈등이 계속될 것이라고 생각했기 때문에
④ 동생 매그가 앨리 옆에서 까불고 장난을 쳤기 때문에
⑤ 앨리는 원래 비행기 타는 것을 별로 좋아하지 않기 때문에

## 6 ㉠이 의미하는 것은 무엇인가요?

① 정말로 근사할 거야.
② 절대 근사하지 않을 거야.
③ 반드시 근사하다고 말을 해 줘.
④ 너는 근사할 거라고 생각하고 있구나.
⑤ 근사할지 그렇지 않을지 확신할 수 없어.

## 7 앨리가 범고래들의 공연을 볼 때 완전히 넋을 잃은 까닭은 무엇인가요?

① 범고래들의 공연이 아주 멋졌기 때문에
② 범고래들의 공연을 보느라 너무 지쳤기 때문에
③ 범고래들이 공연을 하면서 물이 다 튀었기 때문에
④ 범고래들을 훈련시키는 사육사가 무서웠기 때문에
⑤ 범고래들이 울부짖는 소리가 귀에 거슬렸기 때문에

## 8 ㉡의 뜻으로 가장 바른 것은 무엇인가요?

① 범고래를 칭찬하는 것은 무척 힘든 일이다.
② 칭찬을 하는 것과 범고래를 훈련시키는 것은 아무 관계가 없다.
③ 칭찬을 해 준다면 우리가 원하는 것을 범고래에게 훈련시킬 수 있다.
④ 칭찬을 한다고 해도 우리가 원하는 대로 범고래를 훈련시킬 수 없다.
⑤ 칭찬을 해 주지 않는다면 우리가 원하는 대로 범고래를 훈련시킬 수 있다.

## 9 범고래를 훈련시킨 방법은 무엇인지 빈칸에 들어갈 알맞은 말을 각각 써 보세요.

(　　　　)이나 (　　　　)을/를 주는 것이 아니라 (　　　　)을/를 해야 한다.

**10** 이 글의 주제는 무엇인가요?

① 동물에게도 배울 점이 있다.
② 가족과 많은 시간을 보내자.
③ 고래를 훈련시키는 직업을 갖자.
④ 올랜도의 범고래 공연을 반드시 관람하자.
⑤ 칭찬을 하면 다른 사람을 변화시킬 수 있다.

## 사이시옷이 들어가는 낱말, 들어가지 않는 낱말

다음 낱말 중 바르게 쓰인 말에 ○표 하세요.

문제의 ( 초점 / 촛점 )을 흐려서는 안 됩니다.

나는 무대 ( 뒤편 / 뒷편 )의 모습이 궁금했다.

앙상한 ( 나무가지 / 나뭇가지 )에 잎이 하나 달려 있었다.

열심히 연습을 하니, 골이 들어가는 ( 회수 / 횟수 )가 늘어났다.

두 낱말이 합해진 합성어에서 앞말이 모음으로 끝났을 때 'ㅅ'이 끝소리로 들어가는 경우가 있는데, 이 'ㅅ'을 사이시옷이라고 합니다. 사이시옷을 쓰는 경우는 뒷말의 첫소리가 된소리로 나는 경우(냇가, 찻잔 등), 뒷말의 첫소리 'ㄴ, ㅁ' 앞에서 'ㄴ' 소리가 덧나는 경우(콧날, 잇몸 등), 뒷말의 첫소리 모음 앞에서 'ㄴㄴ' 소리가 덧나는 경우(나뭇잎, 깻잎 등)입니다. 그리고 한자어의 경우에는 '숫자(數字), 횟수(回數), 셋방(貰房), 곳간(庫間), 툇간(退間), 찻간(車間)'처럼 여섯 개의 낱말에만 사이시옷을 씁니다.

읽기 목표

# 10 주제 파악하기 ⑤

글을 읽고 주된 이야깃거리 찾기 | 글쓴이가 글을 쓴 의도 짐작하기 | 글의 주제 파악하여 정리하기

공부한 날 월 일

## 다음 편지를 읽고 물음에 답해 봅시다.

항상 귀가 아플 정도로 말하고 있는 일이니 너도 알겠지. 무엇인가 일을 할 때에는 그것이 어떠한 일이든 오직 그 일에 집중하는 것이 중요하다. 그 외의 일을 생각해서는 안 된다.

법률 고문이었던 스위트 씨는 국사를 한 몸에 떠맡아 그것을 처리한 뒤에 모임에도 얼굴을 내밀고 모두와 함께 식사할 시간도 충분히 있었다고 한다. 언제나 이렇게 많은 일을 처리한 뒤에도 놀러 나갈 ㉠틈이 있었다. 그리하여 도대체 어떤 식으로 시간을 사용하고 있는지 질문을 받은 스위트 씨는 이렇게 대답하였다고 한다.

"별로 어려운 방법은 쓰고 있지 않습니다. 다만 한 번에 한 가지 일을 할 뿐입니다. 그리고 오늘 할 수 있는 일은 절대로 내일로 미루지 않습니다. 그것뿐입니다."

다른 일에 정신을 흐트러뜨리지 않고 한 가지 일에 확실히 집중할 수 있는 스위트 씨의 힘은 대단한 것이라고 생각한다. 이런 일을 할 수 있다는 것이야말로 천재의 확실한 증거와 같은 것이 아닐까?

- 체스터필드 글, 오금용 옮김, 『사랑하는 아들아 너의 인생은 이렇게 살아라』 중에서

**1** 글쓴이가 스위트 씨의 일을 이야기한 까닭은 무엇인가요?

① 스위트 씨가 위대한 일을 할 수 있게 된 까닭을 설명하려고
② 법률 고문이었던 스위트 씨가 어떻게 일을 하였는지 미리 알려 주려고
③ 천재와 천재가 아닌 사람을 구별하는 기준을 스위트 씨를 통해 알려 주려고
④ 어떤 일을 할 때 그 일에 집중하는 것이 중요하다는 것을 다시 한 번 알려 주려고
⑤ 어떤 일에 집중하여 일을 하면 스위트 씨처럼 높은 직책에 오를 수 있다는 것을 말해 주려고

**2** ㉠과 같은 뜻의 '틈'이 쓰인 문장에 ○표 하세요.

(1) 사람들 틈에 끼어 있으니 몸을 움직이기 힘이 든다. ( )
(2) 이제껏 보이지 않았던 영희가 어느 틈에 학교에 나타났다. ( )
(3) 장독에 틈이 생겨 물이 새기 시작하자 콩쥐는 엉엉 울었다. ( )
(4) 네가 그렇게 행동을 하니까 친구들 사이에 틈이 자꾸 벌어지는 거야. ( )

**3** 이 글의 주제는 무엇인지 빈칸에 들어갈 알맞은 말을 써 보세요.

어떤 일을 할 때에는 한 가지 일에 확실히 (            )하는 것이 좋다.

절취선대로 자르세요.

 다음 드라마의 장면을 보고 물음에 답해 봅시다.

## 소나기

소녀가 조약돌을 던지고 갈대숲으로 뛰어간 뒤, 그것을 바라보던 소년이 조약돌을 주워 듦.

2

소년은 부모님의 대화 내용을 듣고 소녀의 처지를 알게 됨.

3

소년과 소녀가 들판에서 뛰어놂. 소년이 소녀에게 꽃다발을 만들어 줌.

4

소년과 소녀가 수숫단 속에서 소나기를 피하면서 더욱 친해짐.

5

## 4 소녀에 대하여 알 수 있는 사실은 무엇인가요?

① 고아원에서 살다가 왔다.
② 소나기 맞는 것을 좋아한다.
③ 소년의 집에서 함께 살고 싶어 한다.
④ 윤 초시가 없으면 돌보아 줄 어른이 없다.
⑤ 윤 초시 집에 머무르는 것으로 보아 성이 '윤'이다.

## 5 소녀가 소년에게 던진 '조약돌'과 같은 의미를 지닌 물건을 찾아 세 글자로 써 보세요.

( )

## 6 소년과 소녀의 관계가 어떻게 변화하는지 빈칸에 알맞은 말을 보기 에서 찾아 각각 써 보세요.

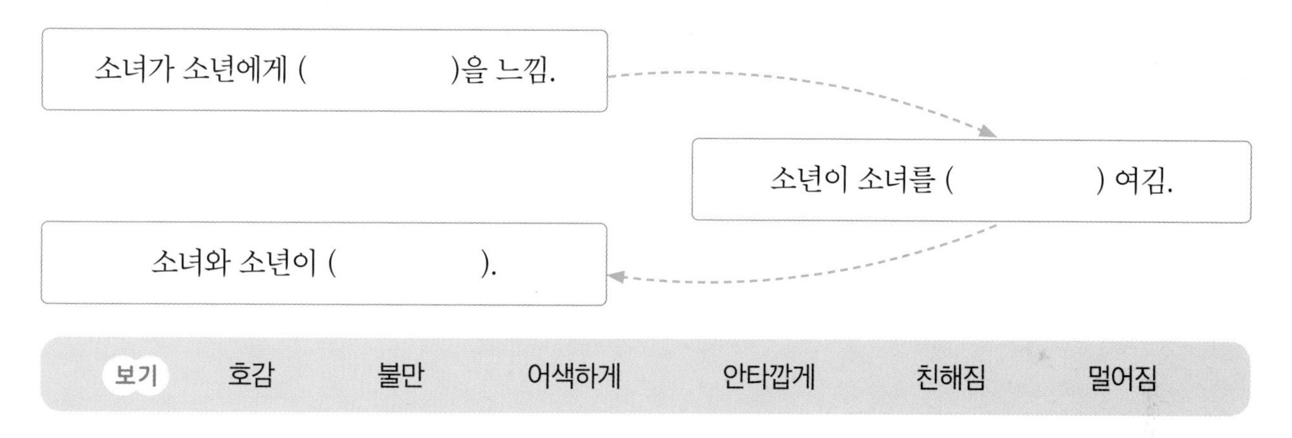


보기 호감 불만 어색하게 안타깝게 친해짐 멀어짐

## 7 장면 ❺에 들어갈 내용을 가장 알맞게 짐작한 것은 무엇인가요?

① 소년과 소녀가 크게 싸운다.
② 소녀가 병에 걸려 많이 아프게 된다.
③ 소녀의 집에 소년이 들어와서 함께 산다.
④ 윤 초시가 소년의 집에 와서 소년을 혼낸다.
⑤ 소년과 소녀가 다시 함께 들판에 놀러 나간다.

## 8 이 드라마의 제목이 「소나기」인 까닭을 짐작하여 쓴 것입니다. 빈칸에 들어갈 알맞은 내용을 써 보세요.

소년과 소녀가 많이 ( ) 된 계기가 바로 '소나기'이기 때문입니다. 처음엔 서먹했던 소년과 소녀는 소나기를 피하려고( ) 속에 같이 들어앉게 되면서 서로를 더 잘 이해하게 됩니다. 그래서 이 드라마의 제목이 「소나기」라고 생각합니다.

이 이야기와 주제가 가장 비슷한 작품은 무엇인가요?

① 자식이 아픈 부모님을 위해 희생하는 이야기
② 부모가 자식을 위해 힘든 모험을 하는 이야기
③ 주인공이 욕심을 부리다가 모든 것을 잃는 이야기
④ 주인공이 자신을 희생하여 다른 사람들을 돕는 이야기
⑤ 서로 다른 상황에 처한 두 주인공이 서로 사랑하는 이야기

## 드라마와 관련된 용어

드라마 촬영 또는 제작 등에 사용되는 아래의 낱말의 뜻을 잘 살펴보고, 우리말로 바꾸어 보세요.

### 시나리오(scenario)

감독은 작품의 완성도를 위해 시나리오를 다시 수정했다.

→ (            )

시나리오: 영화를 만들기 위하여 쓴 각본. 장면이나 그 순서, 배우의 행동이나 대사 따위를 상세하게 표현함.

### 신(scene)

촬영 팀은 드라마의 마지막 신을 찍기 위해 장소를 이동했다.

→ (            )

신: 영화를 구성하는 극적 단위의 하나. 같은 장소, 같은 시간 내에서 이루어지는 일련의 행동이나 대사가 이루어지는 부분

### 내레이션(narration)

이 드라마는 소년의 내레이션으로 시작한다.

→ (            )

내레이션: 영화, 방송극, 연극 따위에서, 장면에 나타나지 않으면서 장면의 진행에 따라 그 내용이나 줄거리를 밖에서 해설하는 일

**왜 그럴까?**

드라마와 관련된 용어는 순우리말이 아닌 외래어인 경우가 많습니다. 이처럼 새로 들어온 외국어나 외래어 등은 쉽고 쓰기 좋은 우리말로 다듬어 쓰는 것이 좋습니다. 여러분도 평소 많이 사용하는 외래어가 없는지 돌아보고 우리말로 다듬어 써 보세요.

# 10 주제 파악하기 ❻

글을 읽고 주된 이야깃거리 찾기 / 글쓴이가 글을 쓴 의도 짐작하기 / 글의 주제 파악하여 정리하기

공부한 날 월 일

**정리** 글의 주제에 대해 정리하면서 빈칸에 알맞은 말을 보기 에서 찾아 써 보세요.

**글의 주제**

- **주제의 의미와 특징**
  - 의미 : 글에서 가장 중요하게 드러내려는 □□ □□이다.
  - 특징 : 주제가 제시되는 위치는 글의 형식에 따라 다를 수 있다.
- **주제를 파악하는 방법**
  - 글에서 소개하는 대상, 화제가 무엇인지 찾는다.
  - 글쓴이가 읽는 이에게 가장 알려 주고 싶은 □□이 무엇인지 찾는다.
  - 글쓴이가 읽는 이에게 그 대상을 소개하는 □□을 생각한다.
  - 글쓴이가 그 대상에 대해 어떤 □□을 가지는지 생각한다.
  - □□에 글쓴이의 □□를 덧보태면 주제를 파악할 수 있다.

보기 | 화제 | 관점 | 내용 | 목적 | 의도 | 중심 생각

절취선대로 자르세요.

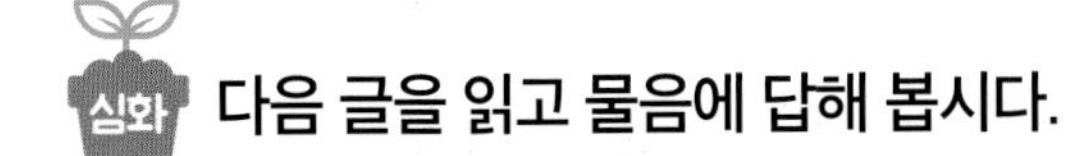

## 심화 다음 글을 읽고 물음에 답해 봅시다.

옛날, 어느 마을에서 있었던 일이다. 가뭄이 들자 마을에는 농사에 쓸 물이 부족하였다. 그래서 사람들은 큰 저수지를 만들자고 하였다. 하지만, 저수지를 만드는 일은 너무나 큰일이어서 ㉠어느 누구도 엄두를 내지 못하였다.

"아무것도 없는 땅에 그렇게 큰 못을 어떻게 판담."

"그러게 말이네. 못이 필요하기는 해도 언제 끝날지 모를 일인데㉡……."

마을 사람들은 하나같이 입을 모았다.

그러던 어느 날, 마을의 한 젊은이가 저수지를 만들 자리에 막대기를 꽂고는 마을 사람들에게 큰 소리로 말하였다.

"우리 모두 여기 막대기가 꽂힌 곳을 지날 때마다 한 치씩만 땅을 파고 갑시다."

마을 사람들은 그 말을 잊지 않고 그곳을 지날 때마다 젊은이의 말과 저수지를 생각하였다.

그로부터 몇 년이 지나자 ㉢그곳에는 큰 저수지가 만들어졌다. 사람들이 모두 "한 치쯤이야." 하며 지나갈 때마다 땅을 한 치씩 팠기 때문이었다. 그래서 사람들은 그 저수지를 '한치못'이라고 불렀다.

그 일이 있고 난 뒤부터 마을 사람들은 아무리 큰일이라도 조금씩 힘을 합하면 쉽게 이룰 수 있다는 것을 깨닫게 되었다. 그리고 어떤 환경에서나 ㉣서로 협동하면 잘 살 수 있다는 것도 알게 되었다.

얼룩말이 빙 둘러서서 먹이를 먹는 것은 공동의 힘으로 적을 물리치기 위해서이다. 그러지 않고 무리로부터 떨어져 나와 혼자서 풀을 먹다가는 사나운 맹수의 공격을 받게 된다. 우리가 살아가는 이치도 이와 다르지 않다.

우리는 무슨 일이 잘될 때에 "손발이 맞다."라는 말을 한다. 사람이 걸을 때에는 오른손과 왼발, 왼손과 오른발이 함께 나아가야 한다. 손발이 맞아야 제대로 걸을 수 있는 것처럼, 같은 사회의 구성원끼리 서로 마음이 맞으면 쉽게 일을 할 수 있다. 무거운 물건을 두 사람이 들고 움직일 수 있는 것도 호흡이 잘 맞기 때문이다. 이처럼 우리는 다른 사람과 호흡을 맞추며 살아간다.

사람이 혼자서 큰일을 하기는 힘들다. 때로 자기 능력만 믿고 혼자 그 일을 다 하려다 결국 감당하지 못하여 포기하기도 한다. 그러나 여럿이 모여서 꾸준히 힘을 합하면 힘든 일도 쉽게 할 수 있다. 함께하는 지혜를 발휘하여 밝고 아름다운 사회를 이루도록 노력하자.

**1** 마을 사람들이 큰 저수지를 만들려고 한 까닭은 무엇인가요?

① 아무것도 없는 땅에 만들 것이 없었기 때문에
② 가뭄이 들어 농사에 쓸 물이 부족하였기 때문에
③ 사람들이 모두 한 치씩 땅을 파기로 했기 때문에
④ 비가 많이 와서 홍수가 나는 일이 잦았기 때문에
⑤ 마을 청년들이 저수지를 만들자고 하였기 때문에

**2** ㉠의 뜻으로 알맞은 것에 ○표 하세요.

(1) 누구든지 먼저 저수지를 만들려고 하였다. ························ (　　)
(2) 누구도 저수지를 만들 마음조차 먹지 못하였다. ························ (　　)

**3** ㉡의 말줄임표에 생략된 말을 짐작하여 알맞은 것에 ○표 하세요.

(1) 어떻게 그 일을 해? ···························( )

(2) 늦기 전에 빨리 시작해야겠어. ···························( )

**4** ㉢이 가리키는 곳으로 알맞지 않은 것은 무엇인가요?

① 한치못이 만들어진 곳
② 저수지를 만들기로 한 곳
③ 젊은이가 막대기를 꽂은 곳
④ 공동의 힘으로 적을 물리친 곳
⑤ 사람들이 한 치씩 땅을 파기로 한 곳

**5** 이 글에서 '저수지'와 바꾸어 쓸 수 있는 말을 찾아 한 글자로 써 보세요.

( )

**6** 마을 사람들이 '저수지'를 만들 수 있었던 까닭은 무엇인가요?

① 사람들이 땅을 파는 일을 재미있어 하였기 때문에
② 사람들이 다른 일은 하지 않고 매일 땅만 팠기 때문에
③ 젊은이가 한 말을 지키지 않으면 마을에서 쫓겨나기 때문에
④ 사람들이 "한 치쯤이야." 하며 지날 때마다 땅을 팠기 때문에
⑤ 마을의 젊은이들이 모두 함께 모여 저수지를 만들었기 때문에

**7** ㉣과 비슷한 뜻을 가진 속담은 무엇인가요?

① 등잔 밑이 어둡다.
② 도둑이 제 발 저리다.
③ 백지장도 맞들면 낫다.
④ 발 없는 말이 천 리 간다.
⑤ 콩 심은 데 콩 나고 팥 심은 데 팥 난다.

**8** 글쓴이가 이 글을 통해 전달하고 싶은 말로 가장 알맞은 것은 무엇인가요?

① 혼자서 잘난 척을 하면 안 된다.
② 다른 사람을 이해하고 배려하자.
③ 한치못처럼 우리도 큰 저수지를 만들자.
④ 어떤 힘든 일이든 서로 힘을 합치면 할 수 있다.
⑤ 세계에서 가장 힘센 나라가 되도록 모두 힘을 모으자.

9 이 글을 읽고 '주제 찾기'와 관계있는 말을 한 친구의 이름을 써 보세요.

소미: 젊은이가 한 말이 사실인지 따져 보자.
우민: 젊은이가 어떻게 생겼을지 상상해 보자.
은아: 이 글에 나오는 어려운 낱말의 뜻을 알아보자.
태형: 이 글을 통해 글쓴이가 하고 싶은 말이 무엇인지 생각해 보자.

(　　　　　　　)

## 상황에 어울리는 표현

다음 그림 속 인물이 처한 상황에 어울리는 속담을 찾아 선으로 바르게 이어 보세요.

소 잃고 외양간 고친다.　　배보다 배꼽이 더 크다.　　티끌 모아 태산

일상생활에서 속담을 사용하면 길게 설명해야 하는 상황이나 설명하기에 복잡한 상황을 보다 간결하고 효과적으로 표현할 수 있습니다. '배보다 배꼽이 더 크다.'는 기본이 되는 것보다 덧붙이는 것이 더 크거나 많아서 마땅히 커야 할 것이 작고, 작아야 할 것이 크다는 말입니다. '티끌 모아 태산'은 아무리 작은 것이라도 모이고 모이면 나중에 큰 덩어리가 됨을 비유적으로 이르는 말이고, '소 잃고 외양간 고친다.'는 일이 잘못된 뒤에는 후회하고 손을 써도 소용이 없다는 말입니다.

| 부모님용 |

# 바른답과 지도 방법

하루 한 장 학습지의 안에 수록된 QR 코드를 찍어 보세요.
바른답은 물론, 수록된 글에 대한 설명과 문제의 해설을 확인하실 수 있습니다.

| 읽기 목표 | 주요 학습 내용 | 학습 일차 |
|---|---|---|
| 1. 신문 기사와 뉴스에 대한 자신의 의견 정리하기 | 신문 기사와 뉴스의 내용을 요약하고, 그 안에 담겨 있는 관점을 파악할 수 있어요. | 1~4일차 |
| 2. 토론의 주제에 알맞은 자료를 들어 토론하기 | 토론 주제에 대한 주장의 타당성과 근거로 제시한 자료의 적절성을 판단할 수 있어요. | 5~10일차 |
| 3. 관용 표현의 의미 알기 | 여러 가지 관용 표현의 의미를 알고, 상황에 알맞은 관용 표현을 사용할 수 있어요. | 11~14일차 |
| 4. 작품에서 말하는 이 알기 | 작품에서 말하는 이를 찾고, 말하는 이가 처한 상황을 이해할 수 있어요. | 15~20일차 |
| 5. 작품에 나타난 비유적 표현 알기 | 작품 속 비유적 표현의 의미를 이해하고, 비유적 표현의 특성과 방법, 그에 따른 효과를 알 수 있어요. | 21~24일차 |
| 6. 문학 작품의 갈래 알기 | 시, 동화, 희곡의 갈래적 특성을 알고 감상할 수 있어요. | 25~28일차 |
| 7. 읽기의 과정 이해하기 | 읽기 전 - 읽기 중 - 읽기 후의 과정에 따라 적절한 읽기 방법을 적용하여 글을 읽을 수 있어요. | 29~34일차 |
| 8. 글쓴이의 관점 파악하기 | 사람마다 관점이 다를 수 있음을 이해하고, 글에 나타난 글쓴이의 관점을 파악할 수 있어요. | 35~40일차 |
| 9. 광고의 설득 전략 파악하기 | 광고에 사용된 표현을 보고, 광고의 의도와 설득 전략을 파악할 수 있어요. | 41~44일차 |
| 10. 주제 파악하기 | 글쓴이가 글을 쓴 의도를 짐작하며 글의 주제를 파악하고 정리할 수 있어요. | 45~50일차 |

## “하루 한 장 독해”를 개발하신 선생님

**안부영** 대구한샘초등학교 | 07개정, 09개정, 15개정 초등 국어 교과서 및 지도서 집필

**강미정** 전주송북초등학교 | 09개정, 15개정 초등 국어 교과서 및 지도서 집필

**원정화** 세종다정초등학교 | 07개정, 09개정, 15개정 초등 국어 교과서 및 지도서 집필

**박지혜** 수원율현초등학교 | 07개정, 09개정, 15개정 초등 국어 교과서 및 지도서 집필

**하근희** 대구포산초등학교 | 09개정, 15개정 초등 국어 교과서 및 지도서 집필

읽기 목표 1

# 신문 기사와 뉴스에 대한 자신의 의견 정리하기

## ❶-1일차

**1.** ①　　**2.** ④

**3.** 작은 벌레, 조식 공룡, 육식 공룡

**4.** (3)

**5.** (1) 의　(2) 사　(3) 사　(4) 의

**6.** 오프라인

**7.** 소미

❷ 제목은 내용 전체를 대표할 수 있는 것이어야 하므로 가장 핵심적인 내용을 담고 있어야 합니다. 또한 기사문의 제목은 독자의 눈을 끌 수 있는 것이어야 합니다. 이 기사문의 내용을 대표하면서 독자의 눈을 끌 수 있는 제목을 고를 수 있도록 도와주세요. 학생이 스스로 제목을 만들어 보게 하는 것도 좋은 방법입니다.

❺ 의견은 어떤 대상에 대하여 가지는 생각이기 때문에 사람에 따라 다를 수 있습니다. 예를 들어, 업체 관계자 2는 온라인 게임 산업이 한 단계 도약하기 위해서는 교육 서비스로의 진출이 필수적이라 하였지만, 그렇지 않다고 생각하는 사람도 있을 수 있습니다. 따라서 이 내용은 의견이라고 보아야 합니다. 주어진 내용에 뉴스를 만든 사람의 생각이 드러나는지 아닌지를 파악하여 사실과 의견을 구분하도록 지도해 주세요.

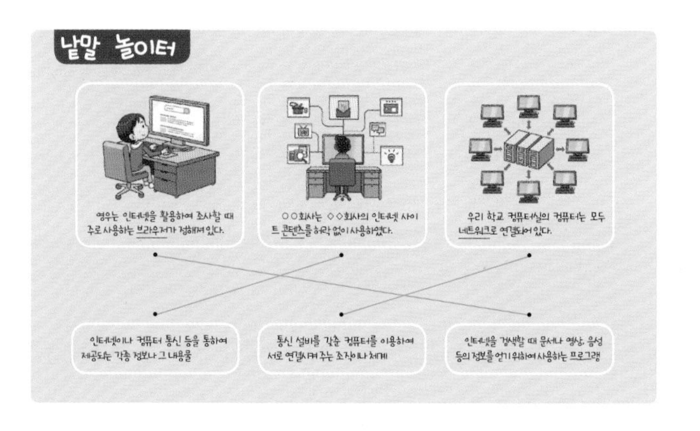


## ❷-2일차

**1.** (3)

**2.** 야생 동물 보호 협회, 보호

**3.** ①　**4.** ①　**5.** ㉠　**6.** ㉤

**7.**

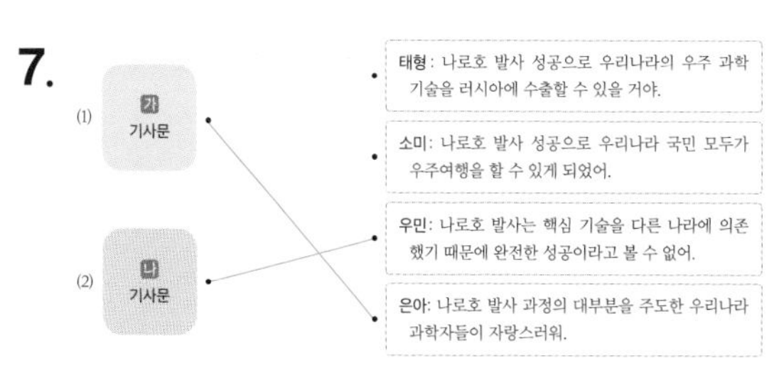


**8.** ③

**9.** ㉮ 나로호를 발사하는 과정에서 기술과 경험을 얻었기 때문이다. / ㉮ 나로호 발사의 핵심 기술이 담긴 1단 로켓이 러시아에서 들여온 것이기 때문이다.

❷ 기자의 보도에서 시베리아 호랑이의 개체 수 조사에 대한 결과와 데일 미켈 박사의 말을 통해 기자가 시베리아 호랑이를 보호해야 한다는 관점을 가지고 있음을 짐작할 수 있습니다.

❺ 기사문의 관점은 제목과 표현, 의견의 출처 등을 통해 파악할 수 있습니다. 가의 기사문에서는, 나로호의 성공이 우주 시대를 열었다는 긍정적인 제목, '힘차게', '꿈이 실현', '우주 과학 기술의 발전' 등과 같은 긍정적이고 희망적인 표현을 통하여 나로호의 발사 성공에 대한 긍정적인 관점을 파악할 수 있습니다.

❻ 나의 기사문에서는, 나로호의 성공이 러시아의 성공은 아닌지 의문을 표현한 제목, '우리가 이룬 것이 별로 없다', '거짓말'과 같은 부정적인 표현을 통하여 나로호의 발사 성공에 대한 부정적인 관점을 파악할 수 있습니다.

❼ 가는 나로호 발사 성공에 대하여 긍정적인 관점을 가지고 있으며, 나는 나로호 발사 성공에 대하여 부정적인 관점을 가지고 있습니다. 이와 같은 관점을 가진 사람이 누구인지 찾아 보도록 지도합니다. 태형이와 소미의 의견은 긍정적인 내용이지만, 기사문에 드러나지 않은 내용이므로, 가와 같은 관점으로 보기는 어렵습니다. 이를 혼동하지 않도록 주의해야 한다고 알려 주세요.

❾ 위는 긍정적인 관점, 아래는 부정적인 관점이므로 기사문에서 각 관점의 근거를 찾을 수 있도록 지도해 주세요.

## ③-3일차

1. ⑤ 2. (3) 3. 더러워졌기

4. (1) 5. ① 6. 지구 온난화, 사과

7. ④ 8. ④

9. 긍정적인, 문제(점), 온실가스

❷ 글쓴이는 휴지통을 없앴을 때 발생하는 여러 문제점을 근거로 들어 공중화장실의 휴지통을 없애는 것에 반대하고 있습니다. '은아'와 '태형'이는 휴지통을 없앤 뒤에 발생하는 문제점을 말하고 있으므로 글쓴이와 같은 관점을 가지고 있다고 할 수 있습니다. 하지만 '소미'는 휴지통을 없앤 뒤에 생긴 긍정적인 현상을 말하고 있으므로 글쓴이와 반대되는 관점을 가졌다고 볼 수 있습니다.

❼ 사과 재배 농민 1의 '양구 지역은 청정 지역으로서 밤낮의 일교차가 크다 보니 사과의 맛이 좋습니다.'라는 말에서 ①을, 기자의 '고당도로 맛이 좋은 데다가 저장성도 좋아 최고의 품질로 인정받고 있습니다.'라는 말에서 ②를, 진행자의 '날씨가 추워 사과 재배가 불가능하였던 강원도 최전방 지역에서도 고품질의 사과가 생산되고 있습니다.', 기자의 '사과 재배의 불모지였던 강원도가 지구 온난화로 농산물 재배 한계선이 북상하면서 사과 주산지로 거듭나고 있습니다.'라는 말 등을 통해 ③과 ⑤를 추측할 수 있다는 것을 알 수 있게 해 주세요.

❽ ①, ②, ③, ⑤는 지구 온난화로 인한 문제 상황을 제목에 담고 있습니다. 따라서 지구 온난화에 대해 부정적인 관점의 기사문일 것이라고 추측할 수 있습니다. 그러나 ④는 지구 온난화로 인해 과일 재배 지역이 늘어난 상황을 제목에 담고 있으므로 지구 온난화로 인한 긍정적인 영향에 대해 다룬 기사문일 것입니다. 이 뉴스에서도 지구 온난화로 사과 재배 지역이 강원도 최전방까지 올라갔다는 내용을 다루고 있으므로, ④와 관점이 비슷하다고 볼 수 있습니다.

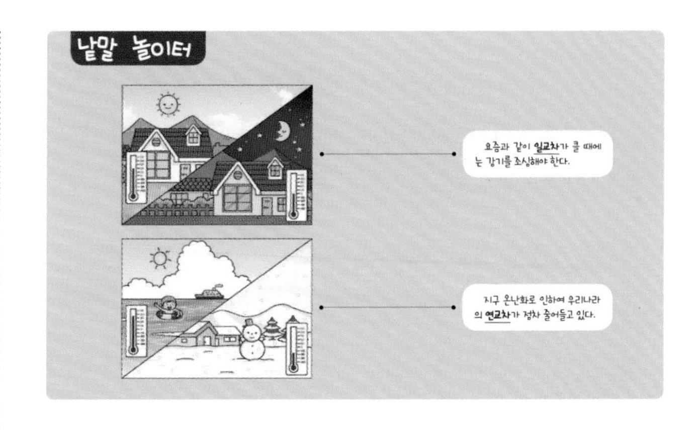


## ④-4일차

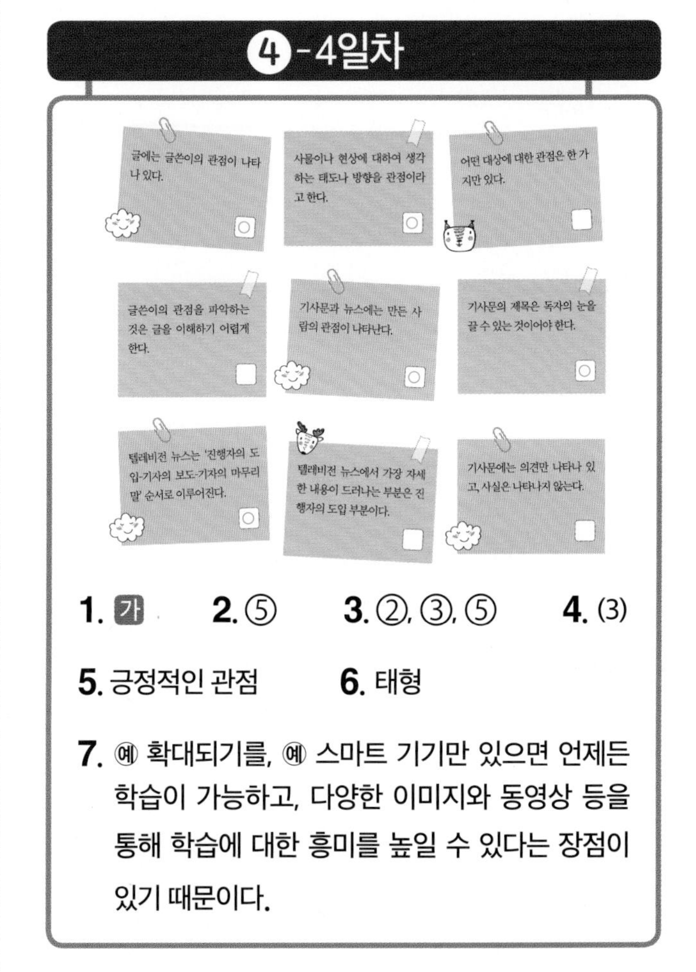


1. 가 2. ⑤ 3. ②, ③, ⑤ 4. (3)

5. 긍정적인 관점 6. 태형

7. 예 확대되기를, 예 스마트 기기만 있으면 언제든 학습이 가능하고, 다양한 이미지와 동영상 등을 통해 학습에 대한 흥미를 높일 수 있다는 장점이 있기 때문이다.

❶ 가는 기사문에서 전달하고자 하는 가장 중요한 내용을 간략하게 담고 있는 문단입니다. 나~마는 가의 내용과 관련된 구체적이고 자세한 내용을 담고 있는 문단입니다. 기사문의 목적은 정보를 정확하고 신속하게 전하는 것이기 때문에 기사문의 첫머리에는 전달하려는 내용을 간결히 정리한 내용을 넣어 독자의 관심을 끄는 경우가 많다는 것을 알려 주세요.

❹ (2) 증강 현실 기술을 사용하면 학생들이 역사 속 모습을 간접 체험할 수 있습니다.

❻ 디지털 교과서에 대한 관점이 긍정적인지, 부정적인지를 구분하여 보게 합니다. 디지털 교과서의 장점에 대해 말

하고 있다면 긍정적인 관점이라고 할 수 있고, 디지털 교과서의 단점에 대해 말하고 있다면 부정적인 관점이라고 할 수 있습니다. 은아와 소미는 주로 디지털 교과서의 장점에 대해 말하고 있으므로 긍정적인 관점이고, 태형이만 디지털 교과서의 단점에 대해 말하고 있으므로 부정적인 관점입니다. 따라서 셋 중 은아와 소미의 관점이 같고, 태형이만 관점이 다릅니다.

⑦ 디지털 교과서를 활용한 수업이 전 학년으로 '확대되지 않기를' 바란다는 것을 선택하였을 경우에는 보기에서 '시력 저하'와 '인터넷 중독, 게임 중독'을 골라, '스마트 기기의 과도한 사용으로 인해 시력이 저하될 수 있고, 스마트 기기로 인터넷 검색과 게임을 과하게 하여 중독될 수 있다는 단점이 있기 때문이다.'로 쓸 수 있습니다.

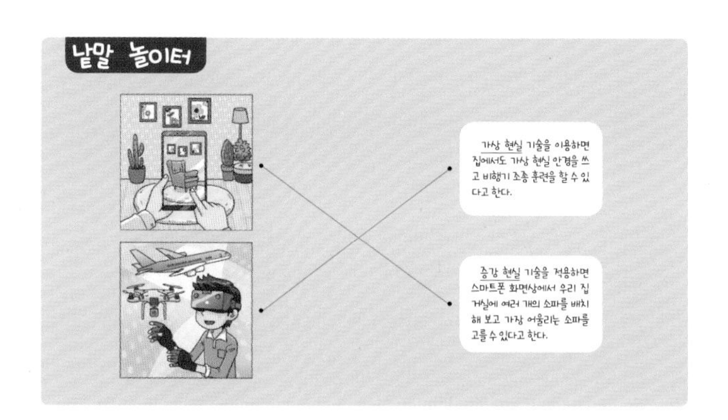


## 읽기 목표 2
## 토론의 주제에 알맞은 자료를 들어 토론하기

### ①-5일차

**1.** ⑤ **2.** 영민, 지영 **3.** ①

**4.** (2) **5.** ②, ③

**6.** (1) 찬 (2) 반 (3) 찬

② 대화를 할 때에는 주제에서 벗어나지 않는 이야기를 해야 하며, 다른 사람을 배려하지 않고 함부로 말하거나, 감정적으로 말하지 않도록 주의해야 합니다. 이 대화에서 영민이는 대화 주제에서 벗어난 이야기를 하였고, 지영이는 수민이의 의견을 무시하는 듯한 말을 하였습니다.

③ 토론의 주제는 주제에 대하여 찬성 또는 반대로 의견을 제시할 수 있는 것이어야 하므로 그에 맞는 토론 주제를 찾을 수 있도록 이끌어 주세요.

⑤ 문제에 대한 여러 가지 의견 중에서 최선의 의견을 찾는 것은 토의의 특성입니다. 토론에서는 규칙을 지켜야 하며, 판정인은 의견을 펼치는 과정이 얼마나 논리적이었는가를 기준으로 평가를 하여 판정을 합니다. 이때 판정에서 이긴 것이 더 옳다는 뜻은 아니며 토론에서 좀 더 논리적이었다는 의미임을 알려 주세요.

## ②-6일차

1. 친구의 이름 대신 별명을 불러도 좋은가

2. (1) ㉠ (2) ㉡

3. (1)

4. 주장 펼치기, 반론하기

5. ①, ③

6.

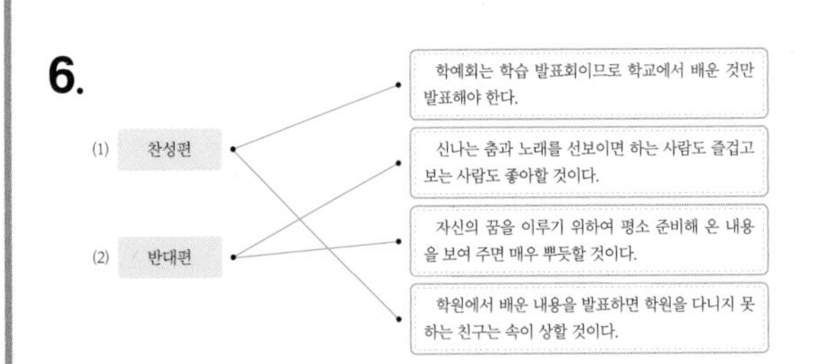


7. 설문 조사

8. ③

9. 반대편

② 근거는 주장을 뒷받침하기 위한 내용이므로, 친구들이 말한 내용에서 별명을 부르는 것에 찬성하거나 반대하는 까닭으로 든 내용을 찾도록 지도해 주세요.

④ 이 토론에서는 '주장 펼치기'를 한 후에 '반론하기'를 하였습니다. 반론 후에는 자신의 주장을 다시 한번 강조하는 '주장 다지기'를 하고, 이어서 어느 편의 의견이 더 타당했는지 판정하는 '판정하기'를 합니다.

⑤ 상대편이 펼친 주장을 듣고 궁금한 점이나 잘못된 점을 질문하고, 질문에 대하여 답을 하는 것은 '반론하기' 단계에서 하는 일입니다. 찬성편과 반대편의 잘한 점과 부족한 점을 정리하는 것은 '판정하기' 단계에서 하는 일입니다.

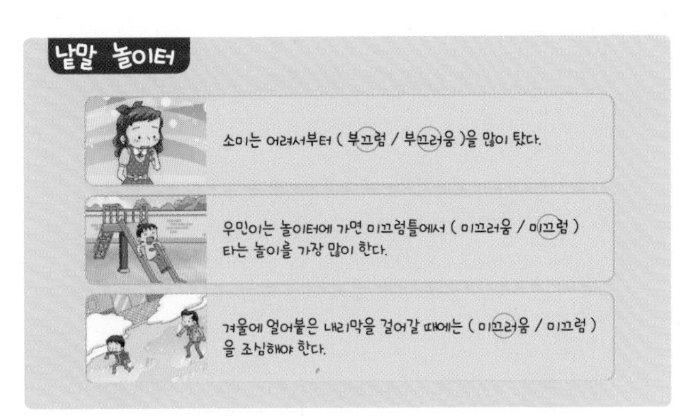


## ③-7일차

1. ⑤

2. (1) ㉡ (2) ㉢ (3) ㉥, ㉦

3. ③

4. ①, ④

5. ①

6. (1) 태형, 은아 (2) 소미, 우민

7. (1)

8. 주제, 순서, 자세

② 글쓴이는 채팅할 때 쓰이는 줄임말에 대한 자신의 의견을 표현하였습니다. 이러한 내용과 어울리는 주제를 보기 에서 찾아 보고, 그에 대한 글쓴이의 생각도 정리해 보도록 지도해 주세요.

③ '찬성편 토론자 1'은 연구 결과를 자료로 제시하였습니다. 다른 토론자들은 구체적인 자료를 제시하지 않았습니다.

⑦ 학급 홈페이지 게시판의 설문 조사 결과는 컴퓨터를 하다가 해야 할 일을 못하는 부작용에 대한 내용이므로, 찬성편에서 쓰기에 적합합니다. 문화 체육 관광부와 한국 콘텐츠 진흥원이 공개한 내용은 e스포츠 산업이 발전하고 있음을 보여 주므로 반대편에서 쓰기에 적합합니다.

## ❹-8일차

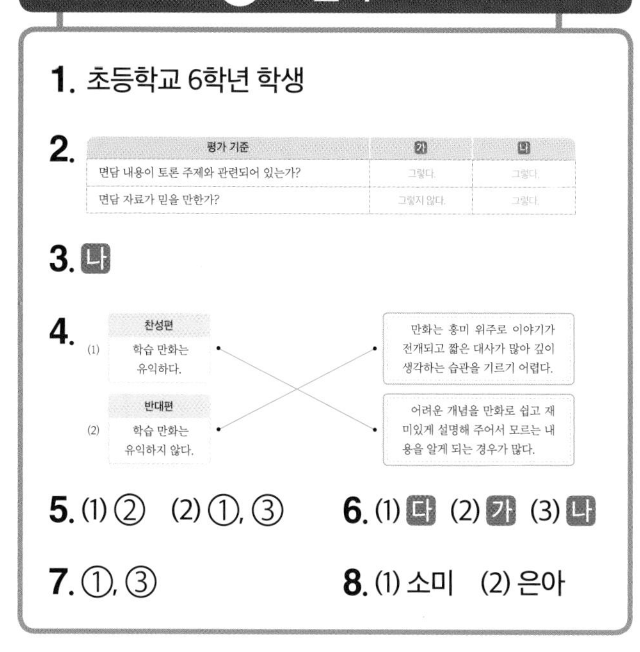

1. 초등학교 6학년 학생

2.

| 평가 기준 | 가 | 나 |
|---|---|---|
| 면담 내용이 토론 주제와 관련되어 있는가? | 그렇다. | 그렇다. |
| 면담 자료가 믿을 만한가? | 그렇지 않다. | 그렇다. |

3. 나

4.


5. (1) ② (2) ①, ③ 6. (1) 다 (2) 가 (3) 나

7. ①, ③ 8. (1) 소미 (2) 은아

❸ 가와 나 모두 토론의 주제와 관련되어 있습니다. 그러나 가에는 초등학생의 개인적인 의견이 나타나 있고, 나에는 전문가가 직접 조사한 내용이 나타나 있으므로 토론의 근거 자료로 사용하기에 더 적절한 것은 나입니다.

❺ 찬성편의 근거 자료는 출처도 명확하지 않고, 언제 조사된 것인지도 알 수 없으며, 조사의 구체적인 내용도 나타나 있지 않으므로 ②와 같이 반박할 수 있습니다. 반대편은 만화는 흥미 위주로 이야기가 전개되므로 학습 만화가 유익하지 않다고 생각한다고 하였는데, 이 주장에 대해 오히려 '만화는 흥미 위주로 이야기가 전개되므로 학습 내용에 대한 흥미'를 유발할 수 있는 장점이 있다는 내용으로 반박할 수 있습니다. 또한 반대편은 근거 자료를 제시하지 않고 자신의 주장을 말하고 있으므로 ③과 같이 질문하여 반박할 수 있습니다.

❻ 다는 전문가와 면담한 것이 아니므로 면담 자료로 사용하기 어렵고, 참여한 사람의 수가 적으므로 설문 조사 자료로 사용하기도 어렵습니다. 그러므로 토론의 근거 자료로 사용하기에 적절하지 않다고 볼 수 있습니다.

낱말 놀이터

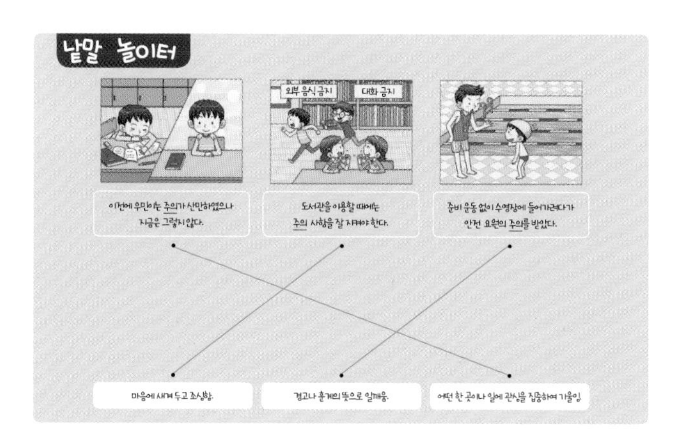


## ❺-9일차

1. (1) ㉡ (2) ㉤ 2. ④, ⑤

3. ⑤

4. 찬성편: 나, 다 반대편: 라, 마, 바

5.

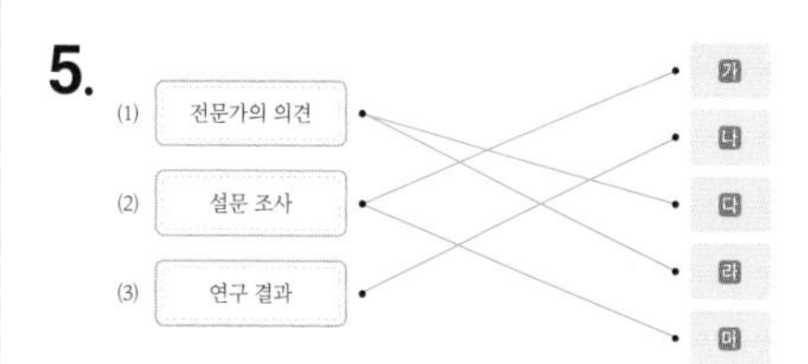


6. ⑤

7. 사람은 누구나 예뻐지고 싶어 하며, 화장을 하면 하기 전에 비하여 자신감이 높아지는 사람도 있기 때문이다.

❶ 이 자료에서는 우리나라 학생들이 공부하는 데에 너무 많은 시간을 써서 행복함을 별로 느끼지 못한다는 사실을 전달하고 있습니다. 그러므로 학원을 가지 않는 것이 좋다는 주장에 어울리는 자료라고 볼 수 있으며, 이를 뒷받침할 근거는 자신이 좋아하는 일을 할 시간이 적어진다는 내용이 알맞습니다. ㉣의 내용은 학원에 가지 않는 것이 좋다는 주장에는 어울리는 근거이지만, 주어진 자료의 내용과는 어울리지 않는 내용이므로, ㉤을 근거로 고르는 것이 알맞습니다.

❹ 나, 다는 화장품이 초등학생에게 해로울 수 있음을 보여 주는 자료입니다. 그러므로 초등학생은 화장을 해서는 안 된다는 주제에 찬성하는 편의 자료로 사용할 수 있습니다. 라는 화장을 하는 것은 당연한 욕구이므로 막아서는 안 된다고 하고 있으므로 반대편의 자료로 사용할 수 있으며, 마는 화장을 하면 예뻐져서 자신감이 생긴다는 학생들의 설문 조사 결과이므로 반대편에서 쓰기에 적절하며 바는 초등학생에게 해롭지 않은 화장품도 있으므로 화장을 해도 된다는 내용을 뒷받침할 수 있습니다.

낱말 놀이터

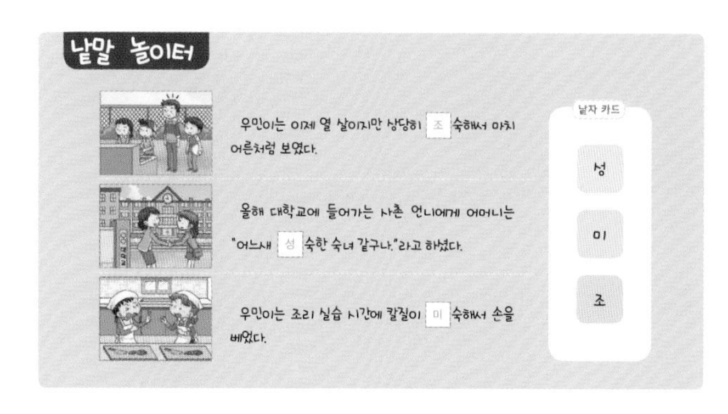

## 6-10일차

- 토론
  - 토론의 의미: 찬성편과 반대편으로 나뉘어 상대를 설득하기 위하여 말하는 것이다.
  - 토론의 방법
    - 근거를 들어 주장을 펼친다.
    - 근거에 대한 구체적인 자료를 제시한다.
  - 자료의 종류: 면담 자료, 설문 조사 자료, 관련 도서 자료, 신문 기사 자료 등이 있다.
  - 자료 평가의 기준
    - 면담 자료: 말한 사람이 믿을 만한지, 말한 내용이 객관적인지 확인한다.
    - 설문 조사 자료: 설문 문항이 적절한지, 설문 조사 기관과 설문 대상이 명확한지, 통계 수치가 의미가 있는지 확인한다.

**1.** ⑤ **2.** ㉠, ㉡ **3.** ④

**4.** 찬성편, 반대편 **5.** ⑤

**6.** 신뢰, 환경

③ 이 토론의 토론자들은 주장과 주장을 뒷받침하는 근거는 제시하였으나 구체적인 자료를 근거로 제시하지는 않았습니다.

④ 이 토론의 주제는 '동물원을 폐지하여야 한다'입니다. 기사문 가는 동물원 속 동물들이 심한 스트레스를 받고 있다고 하였으므로, 동물원 폐지에 찬성하는 편에서 활용하기에 알맞은 자료입니다. 기사문 나는 동물원이 있어서 야생말의 멸종을 막을 수 있었다고 하였으므로, 동물원 폐지에 반대하는 입장에서 활용하기에 알맞은 자료입니다.

# 읽기 목표 3 관용 표현의 의미 알기

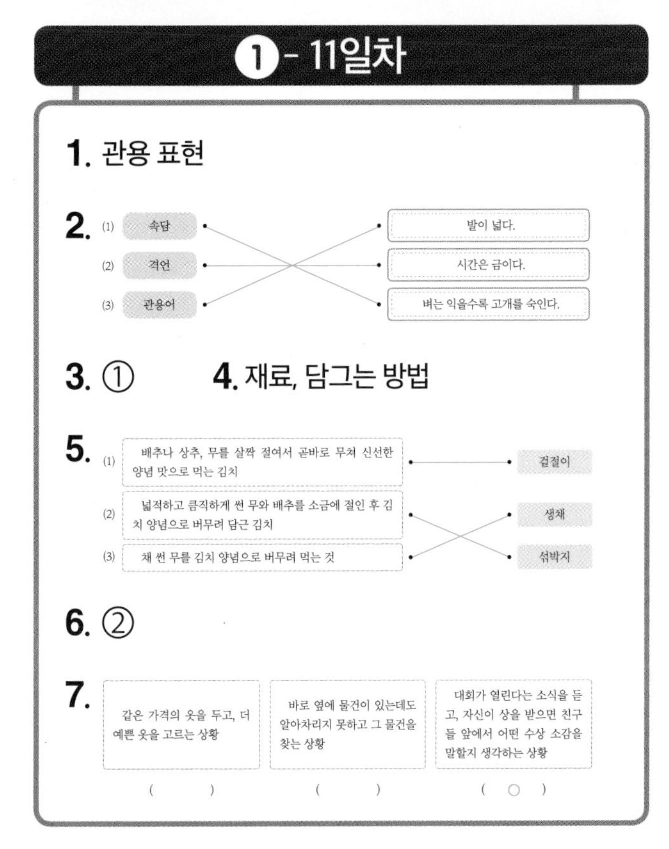

## 1-11일차

**1.** 관용 표현

**2.** (1) 속담 — 벼는 익을수록 고개를 숙인다.
(2) 격언 — 시간은 금이다.
(3) 관용어 — 발이 넓다.

**3.** ① **4.** 재료, 담그는 방법

**5.** (1) 배추나 상추, 무를 살짝 절여서 곧바로 무쳐 신선한 양념 맛으로 먹는 김치 — 겉절이
(2) 넓적하고 큼직하게 썬 무와 배추를 소금에 절인 후 김치 양념으로 버무려 담근 김치 — 섞박지
(3) 채 썬 무를 김치 양념으로 버무려 먹는 것 — 생채

**6.** ②

**7.** 같은 가격의 옷을 두고, 더 예쁜 옷을 고르는 상황 ( ) / 바로 옆에 물건이 있는데도 알아차리지 못하고 그 물건을 찾는 상황 ( ) / 대회가 열린다는 소식을 듣고, 자신이 상을 받으면 친구들 앞에서 어떤 수상 소감을 말할지 생각하는 상황 ( ○ )

③ '시치미 떼다'라는 말이 어디에서 유래했는지를 글을 통해 파악할 수 있도록 지도합니다. 매를 훔친 뒤에 누구의 매인지 알지 못하게 하기 위해 시치미를 떼어 버린 데서 유래한 말이므로, 어떤 일을 하고 난 뒤에 남이 눈치채지 못하게 하거나 모르는 척하는 일을 뜻함을 짐작할 수 있습니다.

④ 김치는 주로 주재료나 추가로 들어가는 재료에 따라 이름이 달라지고, 담그는 방법에 따라서 달리 부르기도 한다고 하였습니다.

⑥ 밑줄 친 ㉠은 젊은이가 나쁜 행동부터 하는 경우를 말해요. 아직 어린 사람이 어른보다 더 나쁜 행동을 하는 경우 쓰는 말입니다. ①은 시시한 일을 해 놓고 큰일을 한 것처럼 으스대는 것을 비유적으로 이르는 말, ③은 가지가 많고 잎이 무성한 나무는 살랑거리는 바람에도 잎이 흔들려서 잠시도 조용한 날이 없다는 뜻으로, 자식을 많이 둔 어버이에게는 근심, 걱정이 끊일 날이 없음을 비유적으로 이르는 말, ④는 어떤 일에 남보다 늦게 재미를 붙인 사람이 그 일에 더 열중하게 됨을 비유적으로 이르는 말, ⑤는 모든 일은 근본에 따라 거기에 걸맞은 결과가 나타나는 것임을 비유적으로 이르는 말입니다. ②는

사람이 장성하기도 전에 못된 버릇부터 배워 바람을 피우는 경우를 비꼬는 말로 ㉠과 비슷한 뜻을 가지고 있어요.

## ② - 12일차

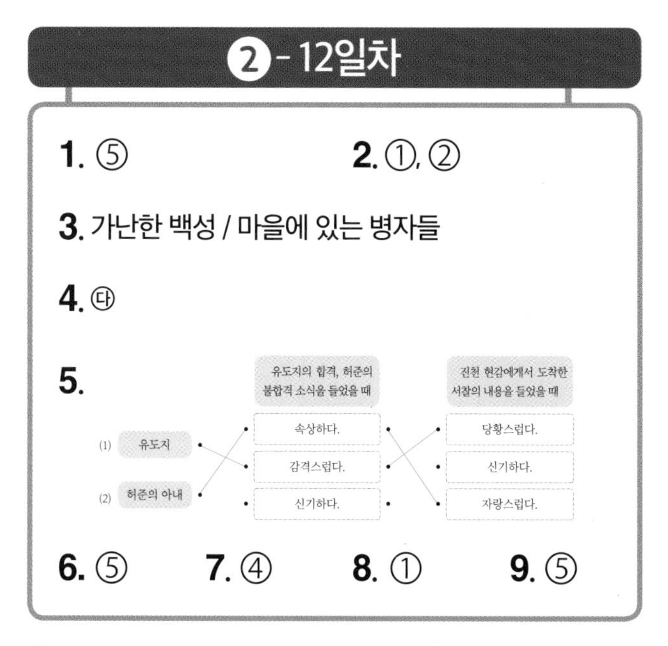

1. ⑤　　2. ①, ②

3. 가난한 백성 / 마을에 있는 병자들

4. ㉰

5.


6. ⑤　　7. ④　　8. ①　　9. ⑤

**2** ㉠에는 콜럼버스에게 나쁜 일이 연속적으로 일어나는 상황이 나타나 있습니다. 어렵거나 나쁜 일이 겹치어 일어나다의 뜻을 가진 '엎친 데 덮치다'와 어려운 일이 공교롭게 계속됨을 비유적으로 이르는 말인 '눈 위에 서리 친다'는 모두 ㉠의 상황을 표현하기에 알맞은 말입니다.

**5** 드라마나 이야기 속 인물의 마음은 상황에 따라 바뀔 수 있음을 이해하도록 지도합니다. 유도지는 합격 소식을 들었을 때 감격스러워했지만, 진천 현감에게서 파발이 도착하여 서찰의 내용을 들은 뒤에는 표정이 굳어졌다고 하였습니다. 또한 허준의 아내는 허준의 불합격 소식을 듣고 암담해하였지만, 진천 현감에게서 파발이 도착하여 서찰의 내용을 들었을 때는 감격의 눈물을 흘렸습니다.

**6** ① '티끌 모아 태산'은 아무리 작은 것이라도 모이고 모이면 나중에 큰 덩어리가 됨을 비유적으로 이르는 말, ② '쇠귀에 경 읽기'는 아무리 가르치고 일러 주어도 알아듣지 못하거나 효과가 없는 경우를 이르는 말, ③ '고생 끝에 낙이 온다'는 어려운 일이나 고된 일을 겪은 뒤에는 반드시 즐겁고 좋은 일이 생긴다는 말, ④ '밑 빠진 독에 물 붓기'는 아무리 힘이나 밑천을 들여도 보람 없이 헛된 일이 되는 상태를 비유적으로 이르는 말입니다. ⑤ '쥐 잡으려다가 쌀독 깬다'는 적은 이익이나마 얻으려고 한 일이 도리어 큰 손실을 입게 되었음을 비유적으로 이르는 말로, ㉠과 가장 비슷한 뜻을 가지고 있습니다.

**7** ㉡ '오르지 못할 나무는 쳐다보지도 말라.'는 속담은 이루기 힘든 일은 처음부터 욕심을 내지 않는 것이 좋다는 뜻입니다. ④ '열 번 찍어 아니 넘어가는 나무 없다.'는 열심히 노력하면 무엇이든 이룰 수 있다는 뜻을 가지고 있어, '오르지 못할 나무는 쳐다보지도 말라.'와 반대되는 뜻을 가지고 있습니다. ① '되로 주고 말로 받는다'는 조금 주고 그 대가로 몇 곱절이나 많이 받는 경우를 비유적으로 이르는 말, ② '사촌이 땅을 사면 배가 아프다'는 남이 잘되는 것을 기뻐해 주지는 않고 오히려 질투하고 시기하는 경우를 비유적으로 이르는 말, ③ '구슬이 서 말이라도 꿰어야 보배다'는 아무리 훌륭하고 좋은 것이라도 다듬고 정리하여 쓸모 있게 만들어 놓아야 값어치가 있음을 비유적으로 이르는 말, ⑤ '될성부른 나무는 떡잎부터 알아본다'는 잘될 사람은 어려서부터 남달리 장래성이 엿보인다는 말입니다.

## ③-13일차

| | | |
|---|---|---|
| 1. ⑤ | 2. (3) | 3. 토론 |
| 4. ④ | 5. ⑤ | 6. ㉰, ㉱ |
| 7. ⑤ | 8. ② | 9. ② |

**1** 장면 3과 4에서 태형이는 우민이의 말을 믿지 않고 자신이 생각하고 싶은 대로 생각하고 있습니다. 이와 같이 다른 사람의 말을 잘 믿지 못하는 경우에 쓰일 수 있는 관용 표현으로는 아무리 사실대로 말하여도 믿지 아니함을 비유적으로 이르는 말인 '콩으로 메주를 쑨다 하여도 곧이듣지 않는다.'가 있습니다. ① '가뭄에 콩 나듯 하다'는 어떤 것이 어쩌다 하나씩 드문드문 있는 경우를 이르는 말, ② '가까운 남이 먼 친척보다 낫다'는 이웃끼리 서로 친하게 지내다 보면 먼 곳에 있는 친척보다 더 친하게 되어 서로 도우며 살게 된다는 것을 이르는 말, ③ '개구리 올챙이 적 생각 못 한다'는 형편이 전에 비하여 나아진 사람이 지난날의 어렵던 때를 생각하지 않고 처음부터 잘난 듯이 뽐냄을 이르는 말, ④ '구슬이 서 말이라도 꿰어야 보배다'는 아무리 좋은 것이라도 다듬고 정리하여 쓸모 있게 만들어 놓아야 값어치가 있음을 이르는 말입니다.

**4** 이 글에서 참가자들이 하고 있는 대화를 '토론'이라고 합니다. 토론은 다양한 생각을 가진 사람들이 알맞은 근거를 들어 가며 서로 대화하는 과정을 통해 상대방의 생각을 이해하고 존중하는 태도를 기를 수 있는 좋은 대화 방법 중 하나입니다. 토론은 자신의 생각을 상대에게 설득하기 위함이 목적이나, 그 과정에서 다른 사람의 생각을 무시하거나 일방적으로 몰아붙이는 등의 잘못된 방법을 사용하면 안 된다는 것을 지도해 주세요.

**6** 찬성편과 반대편의 근거를 각각 구분하여 정리해 보도록 지도합니다. 찬성편에서는 평소 좋아하는 친구에게 마음을 자연스럽게 표현할 수 있고, 조금만 용돈을 아끼면 얼마든지 선물을 준비할 수 있다는 것을 근거로 내세웠습니다. 반대편에서는 사탕이나 초콜릿을 받지 못한 친구들이 섭섭함을 느낄 수 있고, 초등학생 신분에 맞지 않는 돈을 쓰는 경우가 많다는 것을 근거로 내세웠습니다.

**8** ㉠은 상대편이 말한 내용 중 '초등학생 신분에 맞지 않는 돈을 쓰는 경우가 많다.'는 것에서 반박할 점을 찾아 말한 것입니다. 초콜릿이나 사탕 등은 큰 비용이 드는 것이 아니어서 조금만 용돈을 아끼면 얼마든지 선물을 준비할 수 있다고 하였습니다.

**9** ② '배보다 배꼽이 더 크다'는 기본이 되는 것보다 덧붙이는 것이 더 많거나 큰 경우를 비유적으로 이르는 말로, 기본이 되는 초콜릿이나 사탕에 포장값이 더해져서 비싸졌다는 ㉡의 상황을 표현하기에 적절한 관용 표현입니다. ① '게 눈 감추듯 한다'는 음식을 허겁지겁 빨리 먹어 치움을 비유적으로 이르는 말, ③ '구렁이 담 넘어가듯 한다'는 일을 분명하고 깔끔하게 처리하지 않고 슬그머니 얼버무려 버림을 비유적으로 이르는 말, ④ '개똥도 약에 쓰려면 없다'는 평소에 흔하던 것도 막상 긴하게 쓰려고 구하면 없다는 말, ⑤ '고슴도치도 제 새끼가 제일 곱다고 한다'는 어버이 눈에는 제 자식이 다 잘나고 귀여워 보인다는 말입니다.

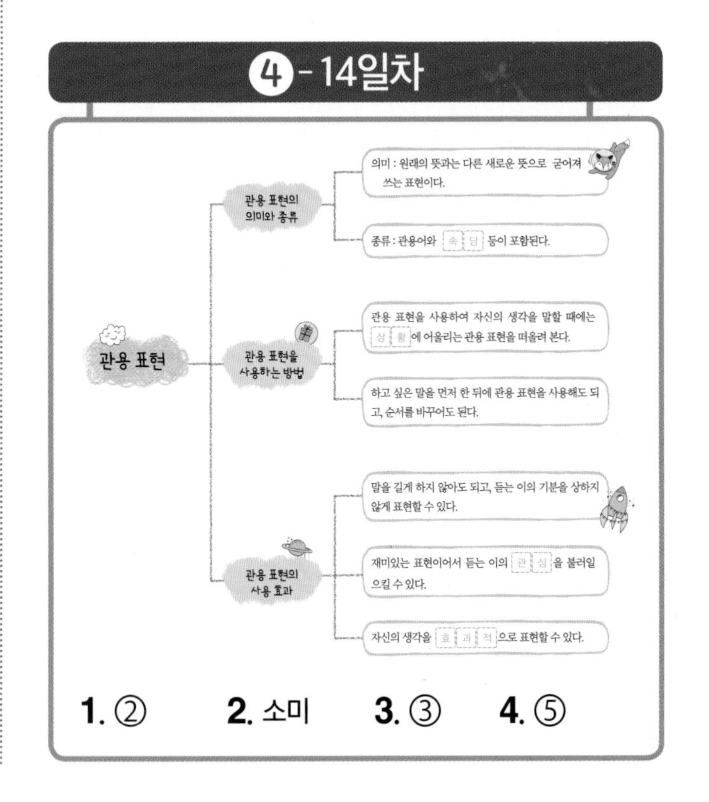

① 김 선달이 개울 가운데에서 내리라고 하자 자신더러 옷을 적시며 이 흙탕물을 건너라는 말이냐고 대답한 것에서 까닭을 짐작할 수 있도록 지도해 주세요.

③ 주어진 관용 표현의 뜻을 정리해 보도록 지도합니다. '입이 무겁다.'는 말수가 적어 함부로 말하지 않는다, '깨가 쏟아지다.'는 몹시 아기자기하고 재미가 나다, '손에 땀을 쥐다.'는 아슬아슬하여 마음이 조마조마하도록 몹시 애닳다, '귀가 번쩍 뜨이다.'는 들리는 말에 선뜻 마음이 끌리다, '머리에 피도 안 마르다.'는 아직 나이가 어리다는 뜻을 가지고 있습니다. ㉠에서 양반은 잔뜩 겁을 먹었다고 하였으므로, 이러한 상황을 나타낼 수 있는 표현을 찾을 수 있도록 이끌어 주세요.

④ ㉡이 있는 부분에서 김 선달은, 처음에 양반과 두 냥에 개울을 건네주기로 한 약속을 멋대로 지키지 않고 있습니다. 이런 상황을 나타낼 수 있는 말로는, 모르는 척하는 것을 나타내는 말 또는 뻔뻔한 모습을 나타내는 '시치미를 뚝 떼며'라는 표현이 알맞습니다. '손을 씻다'는 부정적인 일이나 찜찜한 일에 대하여 관계를 청산하다, '머리를 맞대다'는 어떤 일을 의논하거나 결정하기 위하여 서로 마주 대하다, '발 벗고 나서다'는 적극적으로 나서다, '비행기를 태우다'는 남을 지나치게 칭찬하거나 높이 추어올려 준다는 뜻을 가지고 있습니다.

읽기 목표 4

# 작품에서 말하는 이 알기

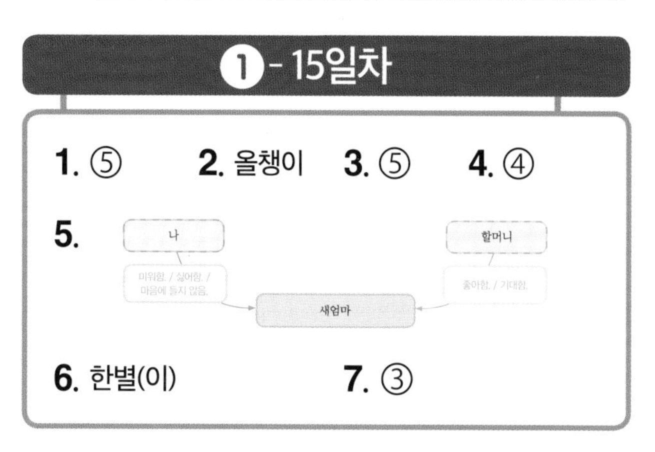

## ① - 15일차

1. ⑤ 2. 올챙이 3. ⑤ 4. ④

5.



6. 한별(이) 7. ③

③ 이 시의 말하는 이인 올챙이는 아직은 좁은 물웅덩이에 갇혀 볼품없는 꽁지를 가진 채 숨죽여 살고 있지만, 언젠가는 더 큰 세상으로 껑충 뛰어오르는 늠름한 줄무늬 개구리가 되고 싶은 꿈을 가지고 있습니다. 이와 같이 지금은 작고 보잘것없어 보이지만, 멋진 꿈을 가지고 있는 사람을 찾아보도록 지도해 주세요.

⑤ 인물의 마음은 글에 직접 드러나기도 하고 말이나 행동에 나타나기도 합니다. '나'는 새엄마가 필요 없다고 여기고 새엄마께 인사도 하지 않고 방으로 들어가 버린 것으로 보아, 새엄마를 싫어한다는 것을 알 수 있습니다. 할머니는 새엄마의 이름을 좋게 생각하시는 것 등으로 보아, 새엄마를 좋아하고 기대한다는 것을 알 수 있습니다.

⑦ 이 글에서 말하는 이는 작품 속의 한 인물인 '나'입니다. 이렇게 한 명의 등장인물인 '나'가 말하는 이인 경우, 작품 속에서 다른 인물에게 일어나는 사건을 자세히 설명하지 못할 수도 있고, 다른 인물의 마음을 직접 표현하기는 어렵지만, 말하는 이에게 일어나는 일이나 마음의 변화 등은 직접 표현할 수 있게 됩니다.

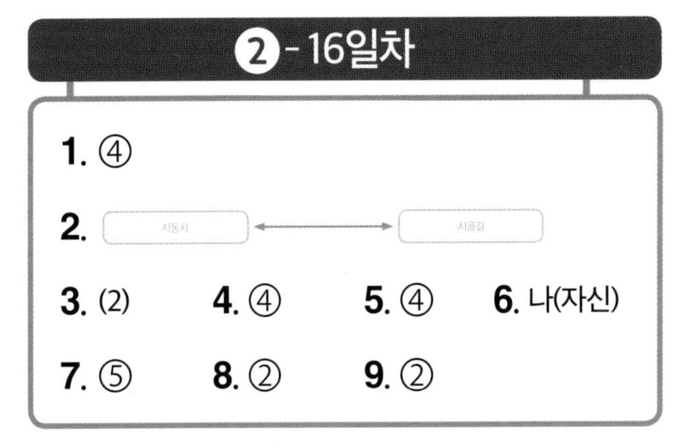


❷ 문학 작품에서의 인물은 꼭 사람이 아닐 수도 있습니다. 작품에 등장하여 사람과 같이 마음을 가지고 있고 사건을 겪는 대상이라면 모두 문학 작품 속에서의 인물에 해당할 수 있습니다. 따라서 '자동차'와 '시골길'도 이 시의 인물에 해당한다고 알려 주세요.

❽ 산중에는 어울리지 않으리만큼 커다랗고 훌륭한 양옥집이지만, 동쪽으로 5리, 남쪽으로 5리, 서쪽으로 5리를 가야 찾을 수 있으므로 찾기가 쉽다고 보기는 어렵습니다.

❾ 이 글에서 말하는 이는 '나'입니다. 이 글은 '나'가 뒷산에 갔다가 계절과 어울리지 않게 꽃이 핀 꽃나무를 발견하면서 일어난 일을 담고 있습니다. 이 글에서 말하는 이인 '나'가 작가인지 아닌지는 이 글의 내용만으로는 알기 어렵습니다.

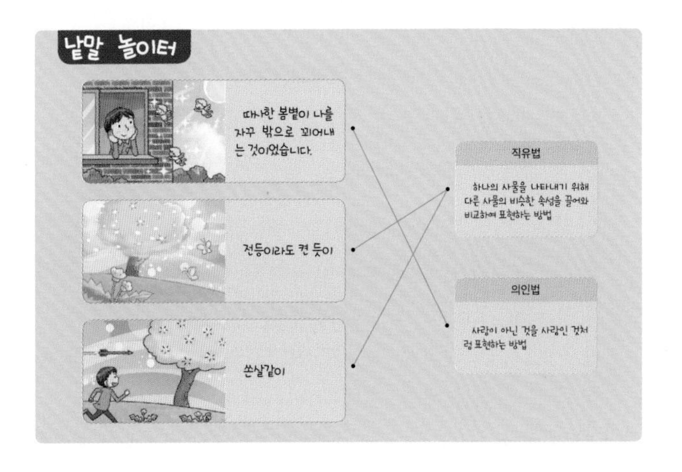


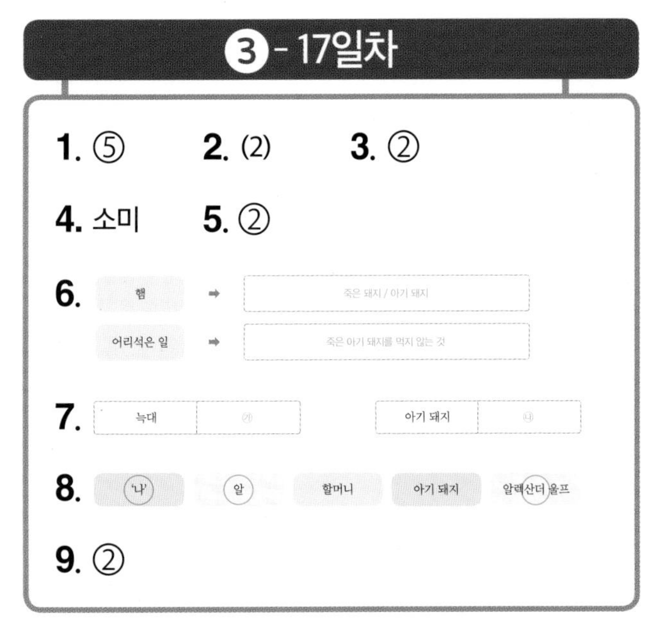


❷ 이 글에서 말하는 이는 유치원에 다니고 있는 어린아이입니다. 어린아이인 '옥희'는 어머니와 아저씨 사이에서 일어나는 일들과 미묘한 감정을 제대로 알지 못한 채 사건을 바라보게 됩니다. 따라서 어린아이를 말하는 이로 설정하면 어른의 심리를 모르는 엉뚱한 생각으로 웃음을 줄 수도 있고, 어린아이의 시선을 통해 사랑 이야기를 순수하게 그려 낼 수 있습니다.

❼ 말하는 이에 따라 인물의 성격도 다르게 표현될 수 있습니다. 이 글의 내용을 살펴보면, 늑대는 설탕을 얻으러 가면서 예의 바르게 말하고 행동하고 있으며, 아기 돼지는 지푸라기나 나뭇가지로 집을 짓는 등 머리가 나쁘다고 하였습니다. 이러한 내용을 통해 말하는 이가 생각하는 늑대와 아기 돼지의 성격을 파악해 보도록 지도해 주세요.

❾ 늑대가 돼지를 찾아간 까닭을 우리가 알고 있는 『아기 돼지 삼 형제』에서는 돼지를 잡아먹기 위해서라고 한 반면, 이 글에서는 설탕을 얻기 위해서라고 하였습니다. 그리고 『아기 돼지 삼 형제』에서는 늑대가 일부러 입김을 불어서 돼지의 집을 무너뜨리고 돼지를 잡아먹었다고 한 반면, 이 글에서는 늑대의 재채기 때문에 돼지의 집이 무너졌고, 돼지를 먹는 것은 늑대의 본능이라고 하였습니다. 이와 같이 말하는 이가 달라져 관점이 달라지면, 글의 내용도 달라집니다.

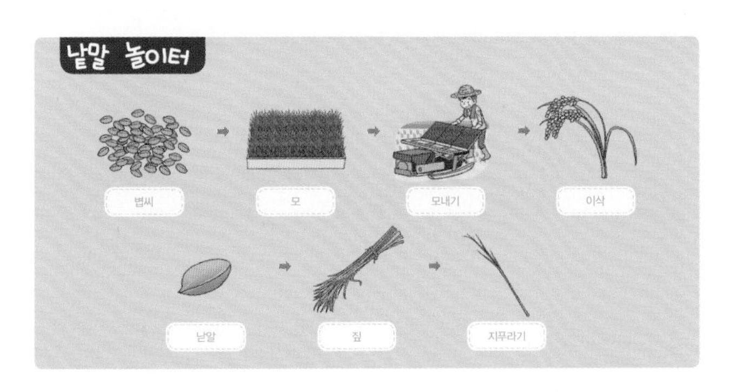

## ❹-18일차

| | | |
|---|---|---|
| **1.** ③ | **2.** ③ | **3.** (1) |
| **4.** ⑤ | **5.** ② | **6.** ②, ④ |
| **7.** 비행사 | **8.** ⑤ | **9.** 우민 |

❸ 말하는 이는 '사람이 자기 스스로 오르지 않고 산을 높다 하는구나'라고 말하며 노력도 하지 않고 일이 힘들다고만 말하는 사람들을 비판하고 있습니다.

❻ 이 글에서 '나'는 나라를 빼앗긴 조선 사람이고 여자이지만 비행사가 되고 싶은 자신의 꿈을 이룰 수 있을 것이라고 생각합니다. 공부를 할 때에는 일 등을 하기 위해 무척 노력하였고, 중국에 가서도 꿈을 이루기 위해 최선을 다했습니다. 이것으로 보아 '나'는 지는 것을 싫어하고, 자신의 꿈을 위해 노력하며 언제나 최선을 다하는 성실한 태도를 지니고 있다고 할 수 있습니다.

## ❺-19일차

| | | | |
|---|---|---|---|
| **1.** ③ | **2.** 효도 | **3.** ① | **4.** ② |
| **5.** ③ | **6.** ㉣ | **7.** (2) | |

**8.** 부끄러워졌기

**9.**

| | |
|---|---|
| 말하는 이 | '나' / 깽깽이꾼 |
| 주제 | 자신의 작은 재주만 믿고 잘난 척을 하면 안 된다. |

❸ 이 시조에서 말하는 이는 중심 생각을 직접 드러내고 있습니다. 시의 첫 행에서 어버이 살아 계실 때 섬기기를 다 하자고 하였는데, 이것은 부모님께 효도하자는 말입니다.

❻ ㉠~㉢은 모두 이야기꾼을 가리킵니다. ㉣은 깽깽이꾼을 가리킵니다.

❾ 이 글에서 말하는 이는 '나'로, '나'는 깽깽이꾼입니다. 글의 처음에서 '나'는 자신의 뛰어난 깽깽이 실력을 자랑스럽게 여기고 있었습니다. 또한 자신의 재주만 믿고 이야기꾼을 무시하는 듯한 태도도 보였습니다. 그러나 이야기꾼이 이야기를 펼치는 재주를 보자 부끄러움을 느껴 서울을 떠났습니다. 이러한 내용을 통하여 작은 재주만 믿고 잘난 척을 하면 안 되며, 항상 겸손해야 한다는 주제를 전하고 있음을 파악하도록 지도해 주세요.

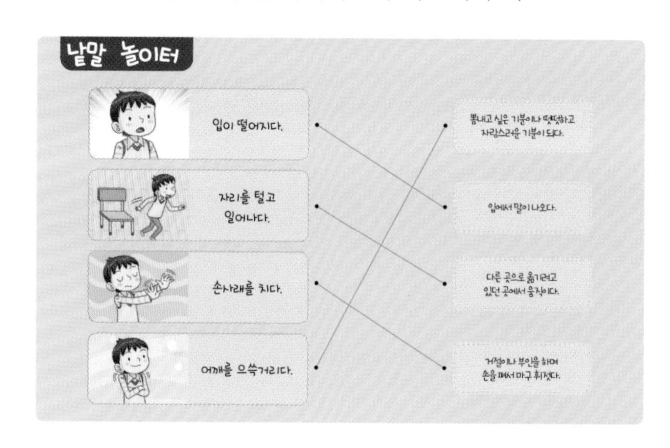

## ⑥-20일차

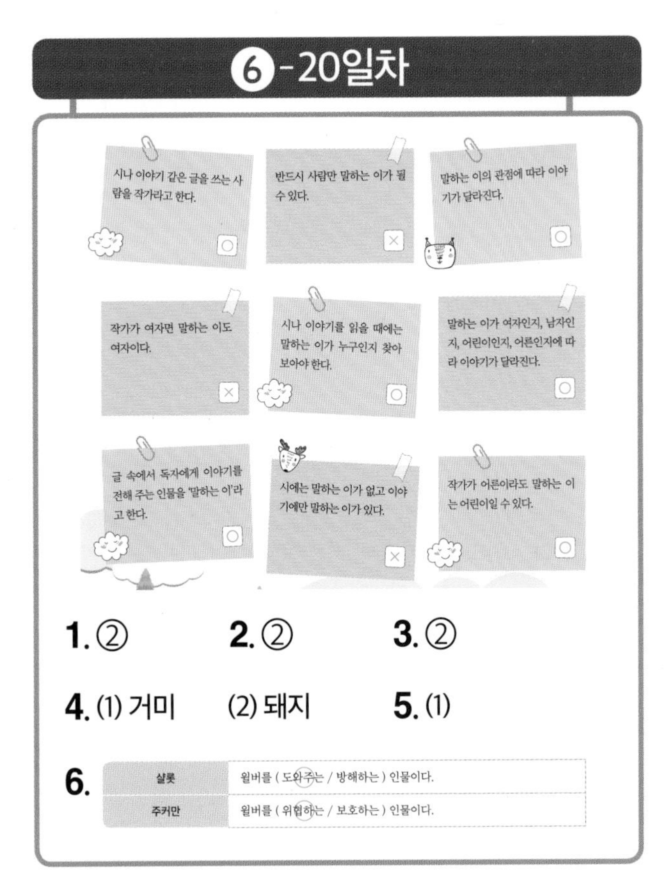


**1.** ②　**2.** ②　**3.** ②

**4.** (1) 거미　(2) 돼지　**5.** (1)

**6.**

| 샬롯 | 윌버를 ( 도와주는 / 방해하는 ) 인물이다. |
|---|---|
| 주커만 | 윌버를 ( 위협하는 / 보호하는 ) 인물이다. |

② 샬롯은 윌버를 구하기 위해서는 주커만을 속이면 된다고 생각하였습니다. 그 뒤로 샬롯은 다른 동물들이 알아채지 못하는 사이에 꾸준히 작업을 하였고, 이튿날 아침 윌버의 아침밥을 가져온 러비가 거미줄 한가운데에 선명하고도 굵게 '대단한 돼지'라는 글자가 짜여 있는 것을 발견하였습니다. 샬롯의 거미줄은 커다랗고 세심하게 잘 짜였으며 매우 아름다웠습니다.

⑤ 이야기에서 말하는 이는 글 밖에 있는 새로운 인물인 경우도 많습니다. 특히 이 글에서 말하는 이는 글 밖에 있으면서 이야기 속에서 일어나는 사건과 모든 인물의 마음까지 알고 있습니다.

읽기 목표 5

# 작품에 나타난 비유적 표현 알기

## ①-21일차

**1.** 풀잎, 바람　**2.** (1) 바　(2) 풀　(3) 바　(4) 풀

**3.** ②　**4.** 비유적 표현

**5.** (1) 바닷가 바위틈　(2) 잎 수풀 둥지 안

**6.** (1) 산　(2) 물　(3) 산　**7.** 은아

**8.** (1) ③, ⑥　(2) ④, ⑦

① 1연에서는 바람하고 엉켰다가 풀 줄 아는 풀잎의 모습이 헤어질 때 또 만나자고 손 흔드는 친구 같아서 친구를 풀잎에 비유하였고, 2연에서는 풀잎하고 헤어졌다가 되찾아 온 바람의 모습이 만나면 얼싸안는 친구 같아서 친구를 바람에 비유하였습니다.

⑦ 이 시의 3연과 4연에서는 '물새알은 ~ 미역 냄새/바람 냄새.', '산새알은 ~ 풀꽃 냄새/이슬 냄새.'라는 비유적 표현이 쓰였습니다. 이는 '……은/는 ……(이다)'의 방법으로 비유하는 은유법이 쓰인 것이므로, 직유법에 대해 설명한 은아의 말이 알맞지 않습니다.

⑧ 글쓴이는 물새알이 바닷가에 낳은 알은 바닷가의 냄새가 밸 것이라고 상상하여, 물새알을 간간하고 짭조름한 미역 냄새와 바람 냄새에 비유하였습니다. 산새알이 수풀에 낳은 알은 수풀의 냄새가 밸 것이라고 상상하여, 산새알을 달콤하고 향긋한 풀꽃 냄새와 이슬 냄새에 비유하였습니다.

## ②-22일차

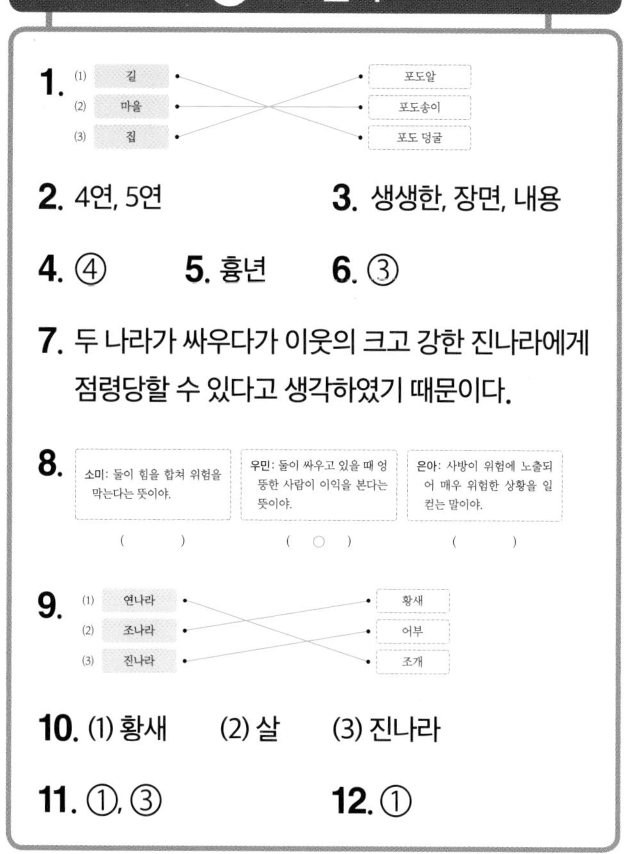

1. (1) 길 (2) 마을 (3) 집 — 포도알 / 포도송이 / 포도 덩굴

2. 4연, 5연

3. 생생한, 장면, 내용

4. ④

5. 흉년

6. ③

7. 두 나라가 싸우다가 이웃의 크고 강한 진나라에게 점령당할 수 있다고 생각하였기 때문이다.

8. 소미: 둘이 힘을 합쳐 위험을 막는다는 뜻이야. ( ) / 우민: 둘이 싸우고 있을 때 엉뚱한 사람이 이익을 본다는 뜻이야. ( ○ ) / 은아: 사방이 위험에 노출되어 매우 위험한 상황을 일컫는 말이야. ( )

9. (1) 연나라 (2) 조나라 (3) 진나라 — 황새 / 어부 / 조개

10. (1) 황새 (2) 살 (3) 진나라

11. ①, ③

12. ①

❷ 은유법은 '길'을 '포도 덩굴'에 비유한 1연에 나타나 있습니다. 또, 직유법은 '마을'을 '포도송이'에 비유한 4연과 '집'을 '포도알'에 비유한 5연에 나타나 있습니다.

❽ '어부지리'는 두 사람이 이해관계로 서로 싸우는 사이에 엉뚱한 사람이 애쓰지 않고 가로챈 이익을 이르는 말임을 짚어 주세요.

⓬ ② 비유적 표현에 등장하는 두 대상 사이에는 공통점이 있는 것이지, 차이점이 없는 것은 아닙니다. ③ 두 대상을 '……은/는 ……(이다)'로 표현하는 방법은 '은유법'입니다. ④ 어떤 현상이나 사물을 비슷한 현상이나 사물에 빗대어 표현합니다. ⑤ '……같이', '……처럼', '……듯이' 등으로 표현하는 방법이 '직유법'입니다.

## ③-23일차

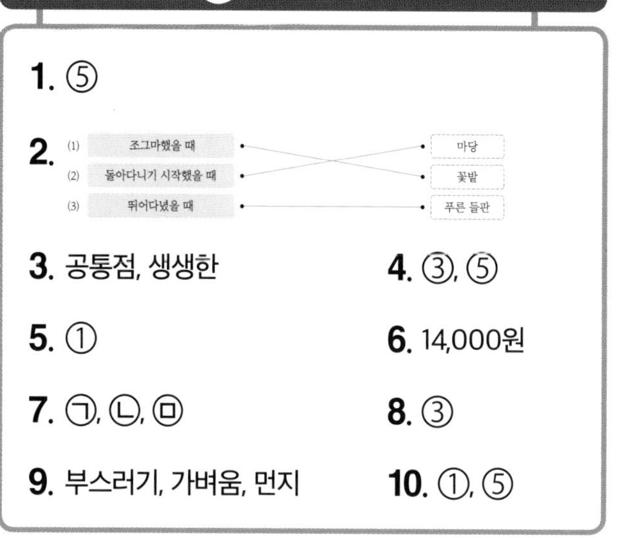

1. ⑤

2. (1) 조그마했을 때 (2) 돌아다니기 시작했을 때 (3) 뛰어다녔을 때 — 마당 / 꽃밭 / 푸른 들판

3. 공통점, 생생한

4. ③, ⑤

5. ①

6. 14,000원

7. ㉠, ㉡, ㉤

8. ③

9. 부스러기, 가벼움, 먼지

10. ①, ⑤

❶ 파란 하늘은 '내 집'을 빗댄 대상 중 하나입니다.

❻ 손바닥에 만 원짜리 지폐 한 장과 천 원짜리 지폐 네 장을 올려놓았다고 하였으니 14,000원입니다.

❽ '~처럼 맑았다'라고 하였으므로 '맑다'는 공통점이 있는 대상을 찾아야 합니다. '호수', '유리알', '아침 이슬', '쪽빛 가을 하늘'과 달리 '흙탕물'은 맑은 성질을 지니고 있지 않으므로 ㉥에 들어가기에 알맞지 않음을 알 수 있도록 지도해 주세요.

❿ 종이 할머니의 특징을 파악해 보고, 종이 할머니와 공통점을 가진 대상을 떠올려 볼 수 있도록 지도해 주세요.

## ④-24일차

비유적 표현

의미: 어떤 현상이나 사물을 비슷한 현상이나 사물에 빗대어 표현한 것

종류: 은유법: '……은/는 ……(이다)'로 표현하는 방법 / 직유법: '……같이', '…… 같은', '……처럼' 등으로 표현하는 방법

효과: 두 대상 사이의 공통점을 찾을 수 있다. / 글의 장면이 마음속에 쉽게 떠오른다. / 생생한 느낌이 든다.

비유적 표현을 사용할 때 주의할 점: 두 대상 사이의 공통점을 찾아 비유한다.

**1.** ①, ④, ⑤ **2.** ② **3.** ㉠, ㉣, ㉤

**4.** ① **5.** (1) 직유법 (2) 은유법

**6.** 공통점 **7.** (3)

**2** 거대 바위가 멈추었을 때 사람들이 함성을 지르고 박수를 친 것을 통해 짐작할 수 있도록 지도해 주세요.

**3** ㉠에서는 '거대 바위와 불도저'를 '황소'에 비유하였고, ㉣에서는 '바윗돌'을 '풍선'에 비유하였으며, ㉤에서는 '불도저'를 '장난감'에 비유하였습니다. 세 부분 모두 직유법으로 표현하였음을 알 수 있도록 지도해 주세요.

**5** ㉮는 리어카에 쌓인 폐지 더미를 산봉우리에 비유하였고, ㉯는 할머니의 굽은 등을 또 다른 산에 비유하였습니다. ㉮에서는 '~처럼'을 사용한 직유법이, ㉯에서는 '……은/는 ……(이다)'를 사용한 은유법이 사용되었습니다.

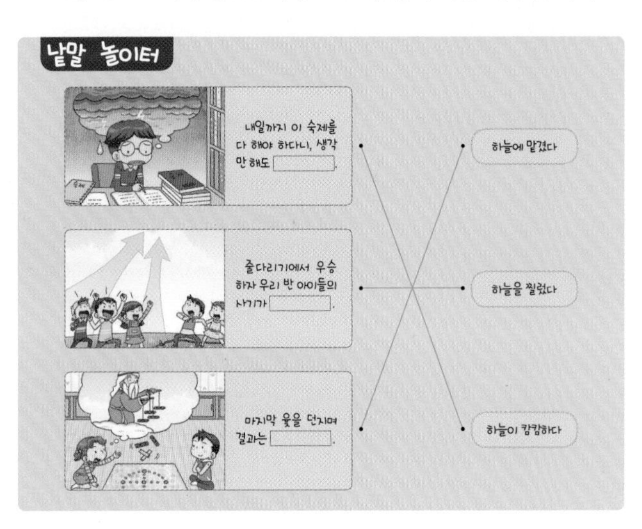


# 읽기 목표 6
# 문학 작품의 갈래 알기

## ①-25일차

**1.** 2연 **2.** ③ **3.** 태형

**4.** 스크루지, 하녀

**5.** ③ **6.** ① **7.** 지문

**1** 2연에서 달빛을 받으며 흘러가는 시냇물의 모습을 '반짝반짝 은 부스러기 흘러가며'라고 비유하여 묘사하고 있습니다.

**3** 시에는 운율감을 살리기 위해서 같은 말의 반복이나 소리의 반복이 있으나, 반드시 모든 시에 있는 것은 아닙니다.

**5** ㉠의 앞에 '문을 열어 준 하녀에게 스크루지가 물었다.'라는 말이 있으므로 스크루지의 말이 들어가야 합니다. 그리고 **나**에 "얘야, 주인아저씨 계시냐?"라고 묻는 스크루지의 대사가 나오므로 쉽게 짐작할 수 있습니다.

**7** 이야기에서는 인물의 표정과 행동, 말투 등을 글로 설명하듯이 쓰고, 희곡에서는 대사 앞이나 뒤의 괄호 안에 넣어 지문으로 나타낸다는 것을 알 수 있도록 지도해 주세요.

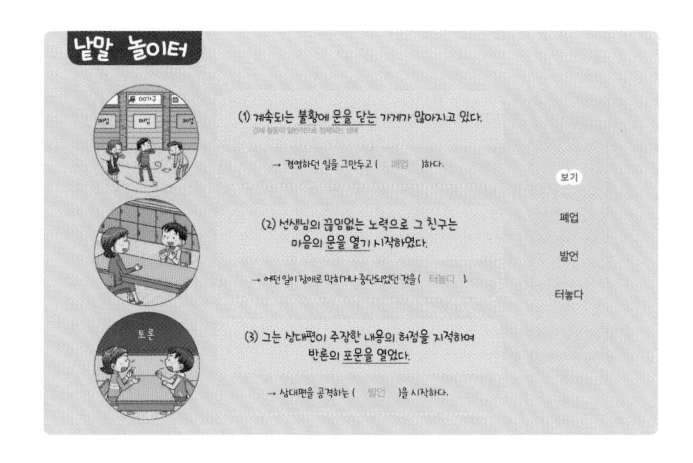

## ❷-26일차

**1.** ② **2.** 소미 **3.** ⑤ **4.** ②

**5.** 사진관, 뒷동산 **6.** (3) **7.** ⑤

❷ 해설, 대사, 지문이 있고, 대사와 지문으로 인물이나 사건을 표현하는 것은 희곡의 특성임을 알 수 있도록 지도해 주세요.

❸ 사진 속 순이는 열두 살 그대로인데, 나만 여덟 해 나이를 먹어 스무 살로 찍혀 있었기 때문에 깜짝 놀랐다고 하였습니다.

❼ 동화는 글쓴이가 있음직한 이야기를 상상하여 글로 쓴 문학입니다. 동화에 나오는 인물이나 사건은 글쓴이가 그럴듯하게 꾸며 낸 것이며, 때로는 현실에서 일어날 수 없는 환상적인 내용도 동화의 사건이 된다는 것을 지도해 주세요.

## ❸-27일차

**1.** ②

**2.**

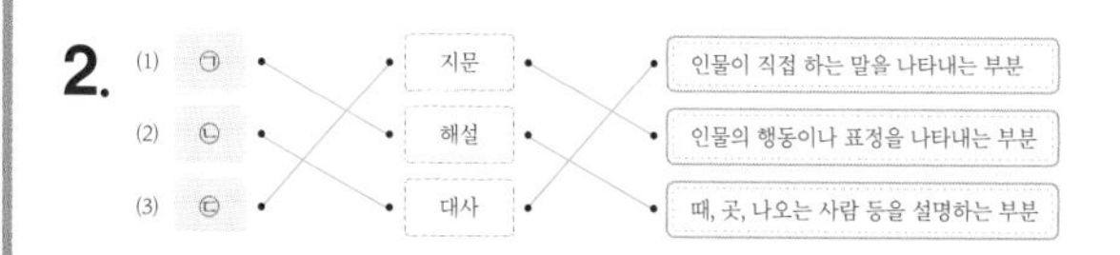


**3.** ③ **4.** ③ **5.** ③, ⑤ **6.** ⑤

**7.** (2) **8.** 태형 **9.** ① **10.** 대사

❶ 삐삐는 말을 아저씨라고 부르고 원숭이를 닐슨 씨라고 부르며, 말과 원숭이를 사람인 것처럼 대하고, 말을 걸고 있습니다.

❷ 희곡의 구성 요소는 해설, 대사, 지문임을 기억할 수 있도록 짚어 주세요.

❸ 희곡은 연극을 하기 위하여 등장인물이 하는 말과 동작이나 표정 등에 대하여 자세히 써 놓은 글입니다.

❹ 할머니와 어린 소년에 대하여 '옷차림이 남루하고, 얼굴에는 궁기가 흐른다.'라고 설명하였으므로 가난하고 어려운 기색이 있다고 할 수 있습니다.

❺ ㉠은 희곡의 구성 요소 중 '해설'에 해당하며, 해설은 등장인물을 소개하거나 때와 장소, 무대 장치 등을 설명해 준다는 것을 알 수 있도록 지도해 주세요.

❼ 할머니와 소년이 국밥집에 들어와 국밥을 한 그릇만 시켰을 때 자신이 국밥집 주인인 강 씨 아저씨라면 어떤 표정을 지을지 생각해 보아야 합니다. 희곡에서 지문은 등장인물의 표정과 행동을 나타내는 부분으로 괄호 안에 나타내며, 연기를 더 실감 나게 할 수 있도록 자세하고 정확하게 써 주어야 한다는 것을 알 수 있도록 지도해 주세요.

❾ 동화와 희곡에는 인물, 사건, 배경, 줄거리가 있습니다. 지문은 희곡에만 있는 특성입니다.

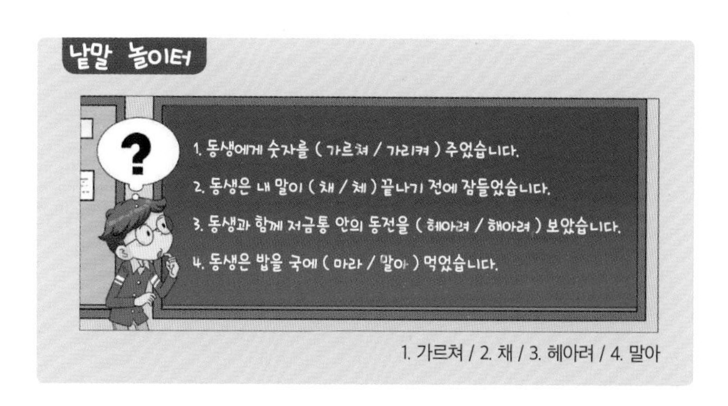

## ④-28일차

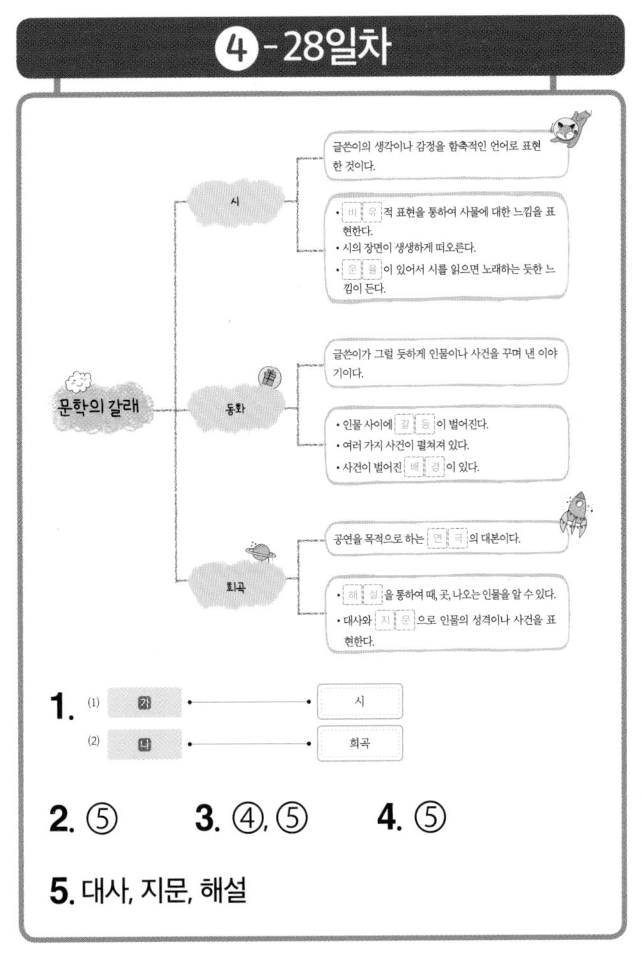


**1.** (1) 가 — 시 (2) 나 — 희곡

**2.** ⑤ **3.** ④, ⑤ **4.** ⑤

**5.** 대사, 지문, 해설

❷ 나의 공간적 배경은 유럽의 어느 도시이며, 그중에서 제1장의 배경은 '광장'입니다.

❸ 리듬감을 살린 반복적인 낱말이 많은 것은 시의 특징이고 등장인물의 행동과 표정을 지시하는 부분인 '지문'이 있는 것은 희곡의 특징입니다.

## 읽기 목표 7
# 읽기의 과정 이해하기

## ①-29일차

**1.** ① **2.** 태형 **3.** ⑤

**4.** 양서류, 파충류 **5.** ②

**6.** ⑤ **7.** (2)

**8.** (1) 체온 (2) 생김새 (3) 물 (4) 살갗

❷ 제목을 보고 배경지식을 활성화하도록 합니다. 배경지식을 활성화할 때에는 아는 내용이나 겪은 일을 떠올리는 것이 중요한데, 여기서는 '인생의 교훈'이라는 제목을 통해 담임 선생님의 가르침을 떠올린 태형이가 관련된 내용을 잘 떠올렸다고 할 수 있습니다.

❸ 포도주를 흘리지 않기 위해 앞만 보고 걸은 청년에게 그것이 '인생의 교훈'이라고 하였으므로 옆도 뒤도 돌아보지 않고 집중하여 해야 할 일에 매진하는 것이 '인생의 교훈'임을 알려 주고 있습니다.

❹ 대상을 설명하는 글의 제목에 설명하는 대상이 드러나는 경우가 많음을 지도해 주세요.

❻ 양서류가 물고기에서 진화하여 물에서 땅으로 가장 먼저 올라온 동물입니다.

❼ 이 글은 양서류와 파충류가 어떻게 같고, 어떻게 다른지를 설명하고 있습니다. 이는 공통점과 차이점을 중심으로 설명하는 비교와 대조의 짜임입니다.

❽ 글의 내용을 요약한 것을 살펴보면서 글의 중심 내용을 파악할 수 있도록 지도해 주세요.

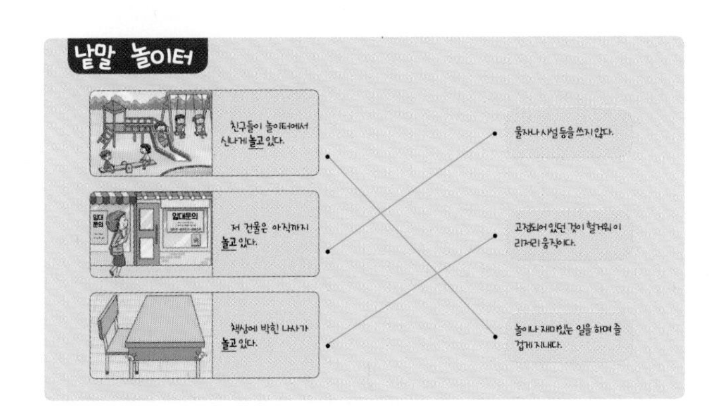

## ❷-30일차

1. ① 2. (2) 3. ④

4. (1) 씨름 (2) 그네뛰기

5. ① 6. ① 7. ① 8. ④

9.

| 새롭게 알게 된 내용을 정리하며 글을 읽고 있어. | 알고 있는 내용이나 겪은 일을 떠올리며 글을 읽고 있어. | 모르는 내용은 사전을 찾아가며 글을 읽고 있어. |
| --- | --- | --- |
| (  ) | ( ○ ) | (  ) |

10. ①

❷ 소미는 글에서 설명하는 '김치'와 관련된 경험으로 할머니가 김치 담그시던 모습을 떠올렸고 은아는 새롭게 알게 된 내용을 말하였습니다. 알고 있는 내용이나 보고, 듣고, 읽은 것 즉 겪은 일과 관련지어 글을 읽을 수 있음을 지도해 주세요.

❺ 가의 제목에 '씨름'이 나와 있으므로 '씨름'과 관련된 아는 내용이나 경험한 일(보고, 듣고, 읽은 것 등)을 말해야 합니다. 그러므로 체육 시간에 씨름을 해 본 경험을 떠올린 ①번이 가장 적절합니다.

❽ 처음에는 남녀 모두 그네뛰기를 하였지만 점차 여자들만의 민속놀이로 바뀌었다고 하였습니다.

❾ 친구는 도서관에서 책을 읽은 경험을 바탕으로 글을 읽고 있습니다. 알고 있는 내용을 떠올리며 글을 읽은 것입니다. 이렇게 글을 읽으면 글의 내용을 더 깊이 있게 이해할 수 있다는 것을 지도해 주세요.

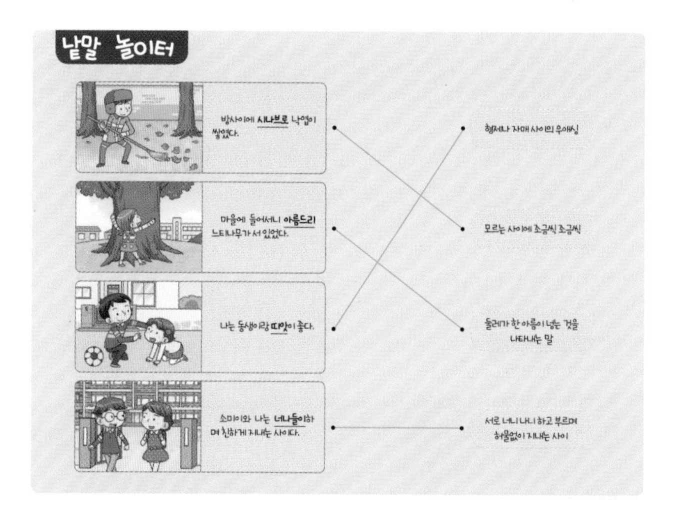


## ❸-31일차

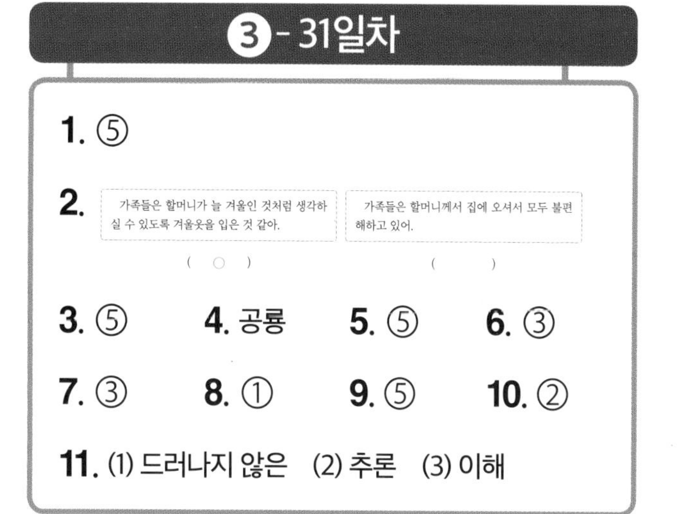

1. ⑤

2.

| 가족들은 할머니가 늘 겨울인 것처럼 생각하실 수 있도록 겨울옷을 입은 것 같아. | 가족들은 할머니께서 집에 오셔서 모두 불편해하고 있어. |
| --- | --- |
| ( ○ ) | (  ) |

3. ⑤ 4. 공룡 5. ⑤ 6. ③

7. ③ 8. ① 9. ⑤ 10. ②

11. (1) 드러나지 않은 (2) 추론 (3) 이해

❷ 담당 의사의 말을 들은 가족들은 겨울이 가고 봄이 온 뒤에도 할머니 방에 들어갈 때마다 늘 겨울인 것처럼 옷차림을 해서 할머니가 봄이 온 것을 눈치채지 못하고 늘 겨울인 것처럼 생각하실 수 있도록 노력하였음을 추론할 수 있습니다. 할머니를 사랑하고 아끼는 가족의 마음이 극진함도 함께 추론할 수 있도록 지도해 주세요.

❾ 백선행이 앞뒤에서 한 말을 통해 남긴 음식을 버리지 않았다는 내용이 들어갈 것임을 짐작할 수 있습니다. 따라서 손님이 지켜보는 가운데 냉면 그릇을 깨끗이 비우는 행동이 어울립니다.

❿ 백선행이 학교에 많은 땅을 기부하였다는 내용입니다. 학교는 교육과 관련된 곳입니다. 백선행은 교육의 중요성을 인식하여 학교에 땅을 기부하였습니다. 따라서 백선행이 교육에 힘써야 한다는 생각을 가지고 있었음을 짐작할 수 있습니다. 이렇게 글의 내용을 바탕으로 드러나지 않은 내용을 추론할 수 있도록 지도해 주세요.

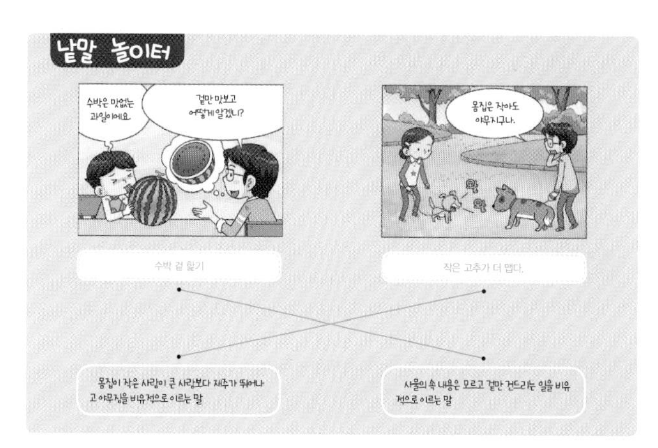

## ④-32일차

1. 씨앗, 바람, 털　　2. (3)　　3. ②

4. ㉢㉡㉠　　5. ③　　6. ㉠

7. (1) 순서 (2) 문제와 해결

8. (1) 나열 짜임 — 첫째 / 둘째 / 셋째
(2) 순서 짜임 — 맨 처음에 / 나중에 ……한 뒤에
(3) 비교와 대조 짜임 — ……과/와 비교하면 ……과/와는 달리

9. ③

❶ 하나의 문단에는 보통 한 개의 중심 내용이 들어 있습니다. 따라서 중심 문장을 찾으면 문단에서 말하고자 하는 중심 내용을 쉽게 파악할 수 있음을 지도해 주세요.

❷ 이 글은 식물이 씨앗을 퍼뜨리는 방법을 첫째, 둘째, 셋째, 넷째의 방식으로 전개하고 있습니다. 즉, 하나의 주제에 대하여 몇 가지 내용을 늘어놓는 방식인 나열 짜임입니다.

❻ ㉡'문제를 해결하기 위해서는'이나 ㉢ '또 다른 방법이 될 것이다.', ㉣ '해결할 수 있다.'는 문제와 해결 방안에 대한 내용을 드러내고 있음을 알 수 있습니다. 그러나 ㉠ '많은 사회라는 뜻이다.'는 내용을 설명하는 부분입니다.

❼ 가는 한지를 만드는 과정을 순서에 따라 전개한 글이므로 순서 짜임이고, 나는 저출산 문제를 제시하고 그에 따른 해결 방안을 제시하고 있으므로 문제와 해결 짜임입니다.

❽ 글의 짜임에는 비교와 대조 짜임, 문제와 해결 짜임, 나열 짜임, 순서 짜임 등이 있는데 글의 짜임을 드러내는 말은 글의 짜임을 파악하는 데 중요한 역할을 합니다.

❾ 글의 짜임을 알면 글의 내용을 잘 이해할 수 있고 글의 중요한 내용을 쉽게 요약할 수 있음을 지도해 주세요.

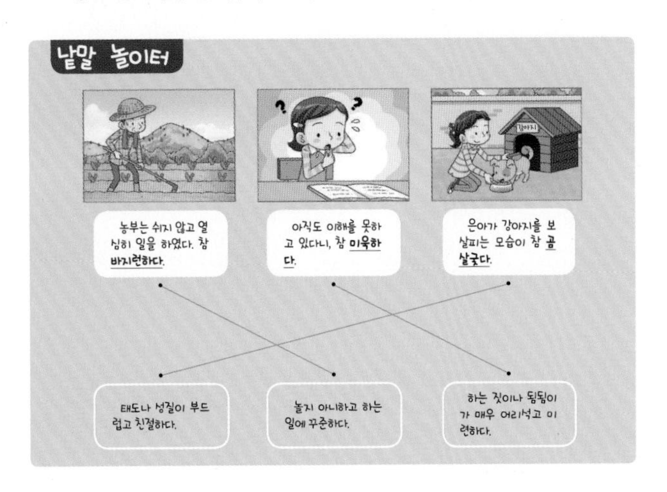


## ⑤-33일차

1. (1) ㉠ (2) ㉢ (3) ㉡

2. 자원, 환경　　3. 은아

4. 아리스토텔레스　　5. ②, ④, ⑤

6. (2)　　7. 월식, 곡선, 높아진다

8.

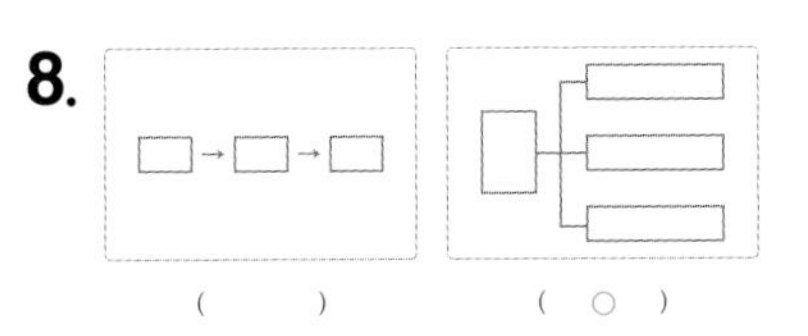

( 　 )　　( ○ )

9. 먼 바다에서 항구로 들어오는 배가 돛대부터 보인다는 점이다

10. ⑤

❷ 각 문단의 중심 내용을 정리한 후 그 내용을 바탕으로 간결하게 글의 내용을 요약할 수 있도록 지도해 주세요.

❸ 제목으로 보아 지구가 둥근 증거 몇 가지를 늘어놓는 짜임의 글일 것임을 유추할 수 있도록 이끌어 주세요.

❻ '첫 번째', '두 번째', '세 번째'를 통해 글의 짜임을 파악할 수 있도록 지도해 주세요.

❽ 글의 내용을 요약할 때 알맞은 틀을 사용하면 더욱 보기 좋게 정리할 수 있습니다. 이때 알맞은 틀은 글의 짜임에 맞게 선택해야 합니다. 이 글은 지구가 둥근 증거를 첫 번째, 두 번째, 세 번째로 제시하는 나열 짜임이기 때문에 두 번째의 틀이 가장 적절합니다. 첫 번째는 시간이나 공간의 변화에 따라 설명하는 순서 짜임에 적합합니다.

❿ 요약할 때에는 중요하지 않은 내용은 삭제하고 반복되는 내용도 삭제해서 간결하게 정리해야 합니다. 그러므로 세부 내용도 꼼꼼히 정리해야 한다는 은주의 말은 적절하지 않습니다.

## ⑥-34일차

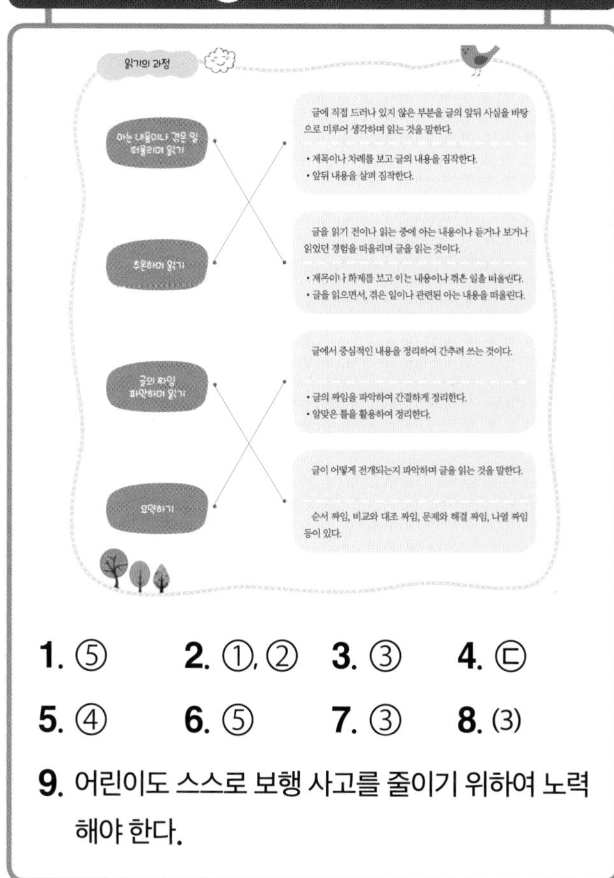


**1.** ⑤　**2.** ①, ②　**3.** ③　**4.** ㉢

**5.** ④　**6.** ⑤　**7.** ③　**8.** (3)

**9.** 어린이도 스스로 보행 사고를 줄이기 위하여 노력해야 한다.

④ '방법을 찾아야 한다.'라는 말에서 해결할 문제와 그에 대한 해결 방법을 제시하는 글의 짜임임을 짐작할 수 있도록 이끌어 주세요.

⑥ 이 글은 보행 중에 어린이 교통사고가 가장 많이 일어난다는 문제점을 제시하면서 그에 대한 해결 방안을 이야기하고 있습니다. 그러므로 이 글과 관련된 경험을 떠올려 알맞게 말한 친구는 민우입니다. 민우는 텔레비전에서 이 글의 내용과 관련된 초등학생의 교통사고를 본 경험을 떠올렸기 때문입니다.

⑨ 이 글은 어린이 보행 사고가 많이 일어난다는 문제점과 그에 대한 해결 방안을 이야기하고 있습니다. 해결 방안으로 운전자 교육, 어린이 보행 안전시설 확보, 어린이 스스로의 노력을 제시하였습니다. 이렇게 글의 짜임을 바탕으로 요약한 내용을 완성하였다면 정답으로 인정합니다.

### 낱말 놀이터

## 읽기 목표 8
# 글쓴이의 관점 파악하기

## ①-35일차

**1.** (1) ㉠　(2) ㉣　**2.** ②　**3.** ③

**4.** ⑤　**5.** ②　**6.** 소미

① ㉠은 겉보기에는 먹음직스러운 빛깔을 띠고 있지만 맛은 없는 개살구라는 뜻으로, 겉만 그럴듯하고 실속이 없는 경우를 비유적으로 이르는 말입니다. 장식하는 것에 시간을 들이기보다는 떡 케이크를 맛있게 만들 수 있는지에 대해 정성을 들여야 한다는 시민의 관점을 잘 드러내는 표현입니다. ㉣은 겉모양새를 잘 꾸미는 것도 필요함을 비유적으로 이르는 말로 겉모양새를 잘 꾸미는 것도 맛만큼 중요하다고 생각하는 유미의 관점을 잘 드러내는 표현입니다. ㉡은 남의 물건이 제 것보다 더 좋아 보임을 비유적으로 이르는 말입니다. ㉢은 사람답지 못한 자가 교만하고 까다롭게 군다는 말입니다.

③ 모를 기른 지 40~45일이 지나 10여 센티미터 정도 자라면 논에 옮겨 심어야 한다고 하였습니다.

⑤ 이 글은 모를 심어 벼로 키워 내고 쌀로 만들기까지의 과정을 농부의 관점에서 쓰고 있습니다. 글에서 말하는 '우리'가 누구인지 생각해 보도록 이끌어 주세요.

⑥ 글쓴이는 글에서 알려 주고 있는 내용, 생각을 나타내는 표현, 글의 제목 등을 통하여 일관된 관점을 드러내므로 글에 나타난 글쓴이의 관점을 파악하기 위해서는 글을 다양한 측면에서 생각해 보는 것이 좋습니다.

### 낱말 놀이터

## ②-36일차

1. ⑤　2. (1) 정 (2) 이　3. 이해하는

4. (1) 가 – 영어 학원 원장 선생님 / (2) 나 – 아동 심리 상담가

(보기: 아동 심리 상담가, 학교 교장 선생님, 영어 학원 원장 선생님)

5. ①　6. ④

7. (1) 조기 교육 (2) 적기 교육

8. (1) ② (2) ④　9. ③, ④, ⑤

② 고려 말, 이성계를 왕으로 세우려던 이방원은 고려의 충신인 정몽주를 자기 편으로 끌어들이기 위하여 「하여가」를 지었습니다. 굳이 이것저것 지키면서 고단하게 사느니 자기와 함께 새 왕조 편이 되어 오래오래 살아가자는 의도를 담은 시입니다. 정몽주는 일백 번 죽더라도 '임' 즉, 고려 왕조를 향한 충심을 버릴 수 없다는 굳센 의지를 「단심가」에 담아 답하였습니다.

⑤ ㉠은 조기 교육이 특정한 과목을 실제 공부할 나이보다 앞서 가르치는 교육이라는 '사실'을 알려 주는 내용임을 짚어 주세요.

⑦ 가는 영어 공부를 빨리 시작하면 할수록 좋다는 영어 조기 교육 찬성의 관점에서 글을 썼습니다. 글쓴이인 영어 학원 원장은 어린아이라도 조기 교육을 위해 학원으로 많이 오기를 설득하고 있습니다. 반면, 나는 아동의 정신적 어려움을 보듬어 주는 아동 심리 상담가의 입장에서 조기 교육에 반대하고, 아동이 받아들일 준비가 된 적절한 시기에 공부를 시작해야 한다는 적기 교육 찬성의 관점에서 글을 썼습니다. 가와 나는 서로 반대되는 관점에서 쓴 글임을 짚어 주세요.

⑨ 글쓴이는 자신의 처지나 입장, 의도, 가지고 있는 정보 등에 따라 다른 관점을 갖고 글을 쓴다는 것을 알 수 있도록 지도해 주세요.

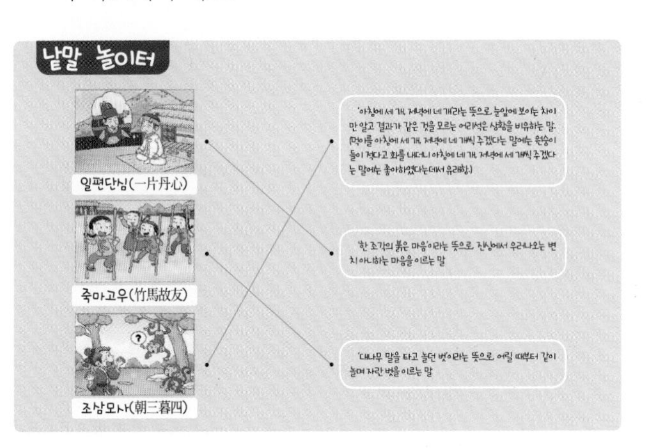


## ③-37일차

1. ①　2. ⑤　3. '빨리빨리'

4. ④　5. ③　6. ④　7. ④

8. (1) ⑤ (2) ①　9. (1) 생각 (2) 태도

① 글쓴이는 ①이 '빨리빨리' 사회에서 필요한 지혜라고 말하고 있습니다. ②는 복권을 발표 직전에 사서 바로 확인하려 한다는 측면에서 '빨리빨리' 문화를 보여 준다고 할 수 있습니다.

② '빨리빨리'보다 사람을 보고, 한 번 더 생각하는, '급할수록 돌아가는 지혜'가 더욱 절실하게 필요하다는 것이 글쓴이의 관점입니다. ㉠, ㉡, ㉢, ㉣은 글쓴이가 문제라고 생각하는 현상으로, 글쓴이는 이러한 상황에 대하여 비판하는 입장입니다.

③ 가와 달리 나는 '빨리빨리' 정신의 장점을 말하면서 이 정신을 잘 활용하는 것이 무한 경쟁 시대에 살아남는 전략이 될 수 있다는 관점을 드러내고 있음을 짚어 주세요.

④ 가와 나는 쌀 소비량이 해가 갈수록 줄어드는 추세에 대하여 서로 다른 관점에서 쓴 글입니다.

⑥ 가의 글쓴이는 벼농사만 고집하는 것보다 벼농사 위주의 농업 정책에서 벗어나 새로운 시대 요구에 적합한 다른 작물 재배가 필요하다고 보는 관점으로 글을 썼습니다. ④는 나의 글쓴이의 생각에 더 가깝습니다.

⑧ 글에 드러난 글쓴이의 생각을 잘 나타낼 수 있는 제목을 붙일 수 있도록 지도해 주세요.

⑨ (1)과 (2)를 바꾸어 써도 정답입니다. 글쓴이가 사물이나 현상에 대해 생각하는 태도나 방향을 '관점'이라고 합니다. 따라서 대상에 대한 생각이나 태도가 다르다면 관점이 달라질 수 있습니다.

## ④-38일차

**1.** (우리의) 형제　**2.** (1) 원　(2) 백

**3.** ③　**4.** ⑤　**5.** ①　**6.** ④

**7.** ③　**8.** (1) 때　(2) 장소　**9.** ②

**10.**

(1) 가 — 복이 오도록 많이 웃자.

(2) 나 — 웃음에도 때와 장소를 가려야 있다.

- 복이 오도록 많이 웃자.
- 웃음에도 때와 장소를 가려야 있다.
- 웃음 속에 칼이 있으니 웃음을 조심해야 한다.
- 웃음 끝에 눈물이 오는 것이 세상의 이치이다.

② '우리는 이 땅의 일부이고 이 땅은 우리의 일부', '그 모두가 한가족'이라는 시애틀 추장의 말에서 그의 생각을 알 수 있습니다. 그리고 시애틀 추장의 연설문 내용으로 미루어 백인은 땅을 '돈으로 살 수 있다', '사람의 것이다.', '소유하는 것이다.'라고 생각하고 있음을 알 수 있습니다.

⑥ 가에서 설명한 웃음의 생리적 효과를 정리할 수 있도록 합니다. 웃음은 근육에 산소 공급을 감소시키는 것이 아니라 증가시킨다고 하였습니다.

⑧ '때', '장소'를 서로 바꾸어 써도 정답입니다. '때'를 '시간'으로, '장소'를 '곳'으로 쓰는 것도 정답이 될 수 있으나 되도록 지문에 나온 대로 쓸 수 있도록 이끌어 주세요.

⑩ 가를 쓴 선생님은 학급을 운영하는 입장에서 공부에 지치고 힘들어하는 반 친구들에게 '복이 오도록 많이 웃자.'고 하였고, 나를 쓴 할아버지는 때와 장소를 가리지 않고 웃는 손자를 걱정하며 '웃음에도 때와 장소를 가려야 한다.'고 하였습니다.

## ⑤-39일차

**1.** 선의의 거짓말은 해도 된다: 가
선의의 거짓말도 해서는 안 된다: 나

**2.** 선의의 거짓말이 사람에게 상처를 주지 않고 관계를 돈독하게 해 주기 때문이다.

**3.** ④　**4.** ③　**5.** ④　**6.** ⑤

**7.** (1) ④　(2) ③　**8.** 태형

② 관점을 드러내는 글을 쓸 때에는 자신의 관점을 뒷받침할 수 있는 타당한 까닭이나 근거를 제시해야 함을 지도해 주세요.

③ 가와 나의 글쓴이는 행복시 산업 단지 조성 문제에 대하여 글을 썼습니다.

⑤ 산업 단지 조성으로 우리 지역 세금 수입이 확대된다고 하였습니다.

⑥ 나의 글쓴이는 행복시 산업 단지 조성으로 인한 경제적 이익보다 더 소중한 가치를 생각해 보아야 한다고 하였습니다.

⑦ 제목은 글 전체의 내용을 포괄해야 합니다. 글의 일부에 해당하는 제목은 적절하지 않음을 알려 주세요.

⑧ 글쓴이의 관점에 대하여 은아는 글쓴이가 생각하지 못한 부분을 비판적으로 판단하며 비교하고 있습니다. 그러나 태형이는 객관적인 근거 없이 단순히 개인적인 입장에서 글쓴이의 관점에 동의하지 않고 있습니다. 글쓴이의 관점과 나의 관점을 비교할 때에는 자신의 관점을 뒷받침할 수 있는 타당한 까닭이나 근거를 제시해야 함을 지도해 주세요.

## ❻-40일차

사물이나 현상에 대하여 생각하는 방향이나 태도를 뜻한다.

관점의 뜻

글쓴이가 전달하려는 내용이 무엇인지 알 수 있다.

글쓴이의 관점 파악하기

제시된 정보의 신뢰성, 정확성을 판단하고, 숨겨진 정보를 추측할 수 있다.

글쓴이가 알려 주고 있는 내용을 알아본다.

관점이나 의도를 찾는 방법

관점을 파악하면 좋은 점

글쓴이의 생각을 나타내는 표현을 찾아 본다.

대상을 다양하게 바라볼 수 있다.

글쓴이가 글에 제목을 붙인 까닭을 생각한다.

**1.** ③ **2.** ③

**3.** (1) ②, ③, ⑤ (2) ①, ④ **4.** ②

**5.** (1) 가 — 청나라를 치고 명나라와의 의리를 지키자.
(2) 나 — 현실적 여건을 고려하여 청나라와 평화롭게 지내자.

**6.** 우민

❶ 조선은 임진왜란과 정묘호란을 겪으면서 국력은 바닥나 있고 백성의 살림은 어려운 반면, 청나라(오랑캐)의 병력은 강하기만 하였습니다. 과거 임진왜란 때에 명나라가 20만 명의 군사를 보내 주어 일본을 물리쳤다고 하였습니다.

❷ 가와 나의 글쓴이는 청나라와 어떻게 지낼 것인가의 문제를 고민 중입니다. 명나라를 배신하고 청나라와 화친할 것인가, 청나라와 전쟁을 할 것인가에 대한 서로 다른 관점을 가지고 있습니다.

❹ 임진왜란 때 우리가 명나라의 도움을 받아 일본을 물리칠 수 있었다는 것은 글쓴이가 알려 주는 사실입니다.

**낱말 놀이터**

읽기 목표 9

# 광고의 설득 전략 파악하기

## ❶-41일차

**1.** '피자'를 주문하라는 것이다.

**2.** (2) **3.** ①, ③ **4.** ② **5.** ④

**6.** ② **7.** 예방 주사, 손

❸ 나는 음식을 세 번 주문하면 공짜로 한 번의 음식을 주겠다는 내용을 사람들에게 알려 자신의 가게에서 피자를 주문하게 하려고 "3번 주문하면 1번이 공짜!"라는 글자를 크게 쓴 것입니다. 이렇듯 광고에서는 글자의 크기를 통해서도 사람을 설득한다는 사실을 지도해 주세요.

❺ 광고에 이용되는 화면, 소리, 문자 등은 서로 긴밀하게 관련이 되어 있다고 하였습니다.

❻ 광고는 다양한 표현 방법을 통하여 사람들을 설득한다는 특징이 있습니다.

**낱말 놀이터**

## ❷-42일차

**1.** 빨대 **2.** ⑤

**3.**

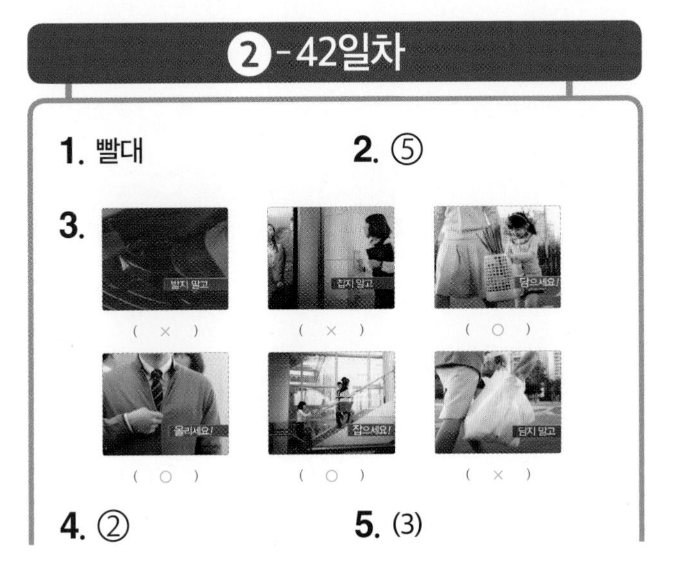


( × ) ( × ) ( ○ )
( ○ ) ( ○ ) ( × )

**4.** ② **5.** (3)

1 이 광고의 특징은 공장의 굴뚝을 빨대로 표현한 것입니다. 빨대는 우리가 음료수 등을 마실 때에 사용하는 도구이므로 공장의 굴뚝이 빨대라는 것은 우리가 공장의 굴뚝에서 나온 연기를 마신다는 의미로 해석할 수 있습니다. 우리가 알고 있는 익숙한 장면을 다른 것으로 대체함으로써 보는 이에게 광고의 의도를 정확하게 인식할 수 있도록 하였음을 알려 주세요.

2 '우리가 마시는 것은 물뿐만이 아닙니다'라는 글과 공장 굴뚝을 빨대로 표현한 그림을 통해 우리가 오염된 공기를 마신다는 것을 표현하여 '공기를 깨끗하게 할 수 있도록 노력하자.'고 말하고 있습니다.

3 이 광고에서 장면 ①, ③, ⑤, ⑦, ⑨는 권장하지 않는 것이고, 장면 ②, ④, ⑥, ⑧, ⑩은 권장하는 것임을 알 수 있도록 지도해 주세요.

6 이 광고는 사람들의 생활 모습에서 권장하지 않는 것과 권장하는 것을 대비시켜 강하고 인상적으로 표현하였고, 광고가 쉽게 눈에 띄도록 하기 위하여 글자는 하얀색으로 표현하였습니다. 권장하지 않는 내용은 글자의 바탕색을 빨간색으로, 권장하는 내용은 글자의 바탕색을 초록색으로 표현하였습니다.

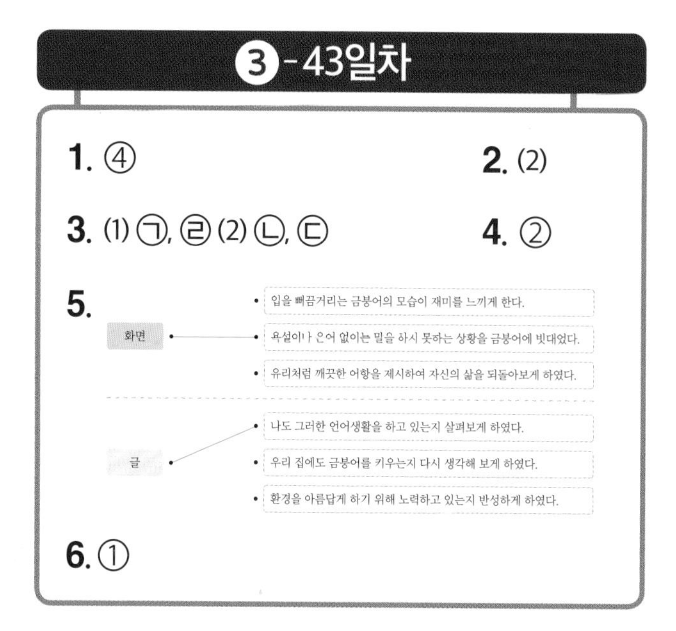

## ③-43일차

1. ④

2. (2)

3. (1) ㉠, ㉣ (2) ㉡, ㉢

4. ②

5.
화면 — 욕설이나 은어 없이는 말을 하지 못하는 상황을 금붕어에 빗대었다.
- 입을 뻐끔거리는 금붕어의 모습이 재미를 느끼게 한다.
- 욕설이나 은어 없이는 말을 하지 못하는 상황을 금붕어에 빗대었다.
- 유리처럼 깨끗한 어항을 제시하여 자신의 삶을 되돌아보게 하였다.

글 — 나도 그러한 언어생활을 하고 있는지 살펴보게 하였다.
- 나도 그러한 언어생활을 하고 있는지 살펴보게 하였다.
- 우리 집에도 금붕어를 키우는지 다시 생각해 보게 하였다.
- 환경을 아름답게 하기 위해 노력하고 있는지 반성하게 하였다.

6. ①

2 플러그가 설치된 나무의 사진을 광고에 사용하여 우리가 에너지를 아낀다면 그만큼 자연을 보호할 수 있다는 것을 말하고, 그것을 설명하는 문구를 덧붙여 광고의 내용을 보다 잘 이해할 수 있도록 구성하였습니다.

4 장면 ⑤~⑦의 학생들이 말문이 막힌 까닭은 평소에 자주 사용하던 욕설이나 은어 등의 거친 말을 사용하지 않고 말하려다 보니 말이 잘 안 나와서입니다.

5 장면 ④와 ⑧은 내용을 전환시키는 효과를 가지고 있습니다. 장면 ④는 이 광고가 무엇에 대해 이야기를 하는 것인지를 드러내는 목적이 있습니다. 반면 장면 ⑧은 앞에서 본 장면들에 대해 자신의 언어생활을 되짚어 보게 하는 목적이 있습니다. 하지만 단지 "당신은 어떻습니까?"와 같은 문구만 드러내지 않고 금붕어가 담긴 어항을 보여 주고 있다는 점을 생각해 볼 필요가 있습니다. 입이 있으나 말을 잘 하지 못할 때 금붕어처럼 뻐끔거린다는 말을 쓴다는 점을 고려하면 욕설이나 은어가 없는 우리의 언어생활도 그와 마찬가지라는 비유적 표현을 제시한다고 할 수 있습니다.

6 이 광고에서 말하고자 하는 것은 '욕설이나 은어 등의 거친 말을 사용하지 말고 아름다운 우리말을 사용하자.'임을 파악할 수 있도록 이끌어 주세요.

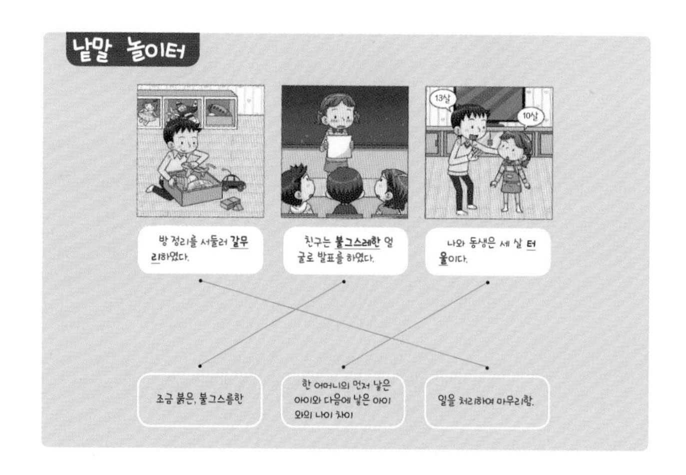

## ④-44일차

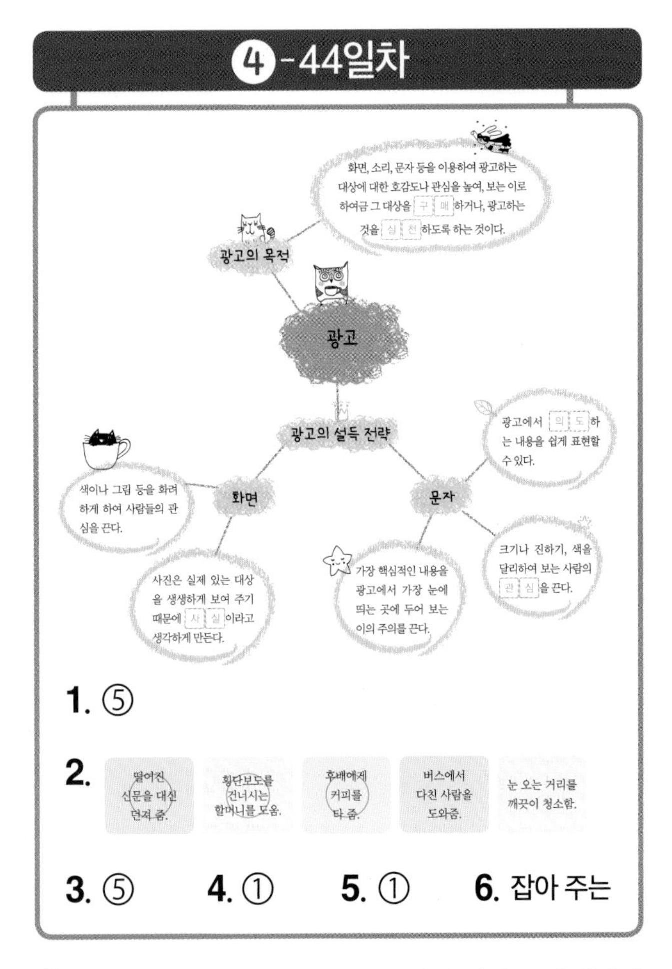


1. ⑤

2. 떨어진 신문을 대신 던져 줌. / 횡단보도를 건너시는 할머니를 도움. / 후배에게 커피를 타 줌. / 버스에서 다친 사람을 도와줌. / 눈 오는 거리를 깨끗이 청소함.

3. ⑤ 4. ① 5. ① 6. 잡아 주는

③ 장면 ②~⑥에서 숫자를 다른 글자에 비해 크게 제시한 까닭은 그러한 행동을 하는 데 우리가 생각하는 것만큼 긴 시간이 필요하지 않다는 점을 강조하기 위한 것입니다.

④ 광고에서 코트를 입은 남자가 한 일을 통해 '세상을 아름답게 하는 시간'은 다른 사람을 배려하고 위하는 시간임을 알 수 있도록 이끌어 주세요.

읽기 목표 10

# 주제 파악하기

## ①-45일차

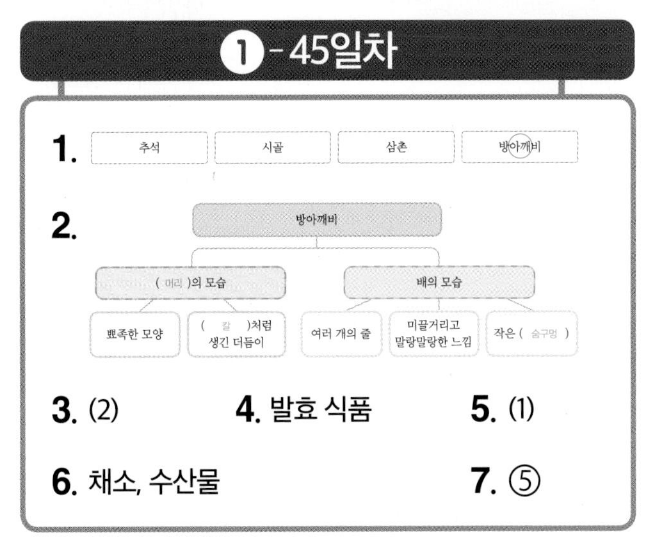


1. 방아깨비

3. (2) 4. 발효 식품 5. (1)

6. 채소, 수산물 7. ⑤

① 소개하는 대상이란 곧 이 글의 화제를 의미합니다. 화제를 다른 말로 '이야깃거리'라고 합니다. 화제는 '방아깨비'와 같은 하나의 낱말로 표현할 수도 있고 '방아깨비의 모습'과 같은 구나 절로 표현할 수도 있습니다.

③ 대체로 설명문에서의 중심 생각은 글의 화제에서 글쓴이의 의도를 덧보태는 방법으로 파악할 수 있습니다. 가령 제시된 글의 화제는 '방아깨비'이고 글쓴이는 그 모습을 소개하고 싶어 합니다. 따라서 이 글의 중심 생각은 '방아깨비의 머리와 배의 모습'이 될 수 있습니다.

⑤ '음식 맛은 장맛이다'는 우리나라 음식의 맛을 낼 때 장맛이 중요하다는 말입니다. 모두 장맛에 의해서만 좌우된다는 말은 아닙니다.

⑦ 나에서 이 글의 주제를 알 수 있는 말을 찾아 볼 수 있도록 지도해 주세요.

## ②-46일차

1. ㉡

2. 아파트에서 애완동물을 기르지 말아야 한다.

3. ③　4. ①, ③

5. (3)　6. ③　7. ①　8. ⑤

9. 음식물 쓰레기

② 글쓴이가 이 글을 쓴 까닭은 아파트에서 애완동물을 기르지 말아 달라는 부탁을 하기 위해서 입니다. 따라서 이 글의 주제는 '아파트에서 애완동물을 기르지 말자.'가 될 것입니다.

⑤ 이미 많은 사람들이 알고 있는 사실을 더 강조하기 위하여 묻는 문장의 형태로 문장을 제시하는 경우가 있습니다. ㉠과 (3)은 같은 의미이지만 ㉠처럼 묻는 형태로 문장을 제시하면 그 의미를 더욱 강조하는 효과가 있습니다. 따라서 ㉠은 음식물 쓰레기로 큰돈이 버려진다는 것을 강조하기 위한 것임을 알려 주세요.

⑦ '노래로 깨끗한 세상 만들기' 대회는 혼자서 참가할 수도 있고, 2~4명이 단체로 참가할 수도 있다고 하였습니다.

⑧ 이 글의 처음에는 '노래로 깨끗한 세상 만들기' 대회에 대한 내용이 나오지 않습니다. 글의 처음 부분에 음식물 쓰레기가 많이 버려지고 있다는 사실을 제시하였습니다. 대회의 취지를 먼저 설명하여 대회에 참여하려는 의지를 높이는 방법을 사용한 것입니다.

## ③-47일차

1. ⑤　2. 강치, 까닭

3.

| 환경 오염 | 먹이의 부족 | 일본 어부들의 무분별한 포획 |
|---|---|---|
| (　　) | (　　) | ( ○ ) |

4. ②　5. ⑤　6. ①　7. (2)

8. ④　9. ⑤　10. 효과

① 사람들은 강치를 독도의 수호 동물이라고 여겼기 때문에 강치를 함부로 공격하지 않았다고 하였습니다.

⑤ '속임약 효과'는 실제로 치료 효과가 없음에도 불구하고 환자가 효과가 있다고 믿으면 실제로 그러한 효과가 나타나는 것을 뜻합니다. 머리가 아픈 사람에게 필요한 것은 두통약이지 비타민이 아닙니다. 그런데 비타민을 약효가 좋은 두통약이라고 알리면 머리가 아픈 사람은 그것을 그대로 믿게 되고 결국 이 믿음으로 인해 두통이 사라지는 효과가 나타날 수 있습니다.

⑥ ㉠에서의 '손'은 손가락이 달린 손을 지칭하는 것이 아니라 일할 사람을 뜻하는 말입니다. 손이 부족하다는 것은 일할 사람이 부족하다는 것으로 일할 사람이 부족하여 어머니가 밭일을 혼자 하다 보니 손이 거칠어졌다는 것을 의미합니다.

## ④-48일차

**1.** ② **2.** ⑤ **3.** 화해 **4.** ④

**5.** ③ **6.** ② **7.** ① **8.** ③

**9.** 벌, 겁, 칭찬 **10.** ⑤

**1** 바람이 몹시 부는 날 잎이 다 떨어진 나무를 보면 쓸쓸함과 외로움이 느껴집니다. 이 시에서 말하는 이는 자신을 '바람찬 언덕 위 앙상한 겨울나무'에 빗대어 친구와 다툰 후의 쓸쓸함과 외로움을 표현하고 있습니다.

**3** 시에서의 주제는 시의 중심 생각이나 정서 등을 의미합니다. 설명하는 글이나 주장하는 글처럼 시 역시 작가가 읽는 이에게 알리고 싶은 내용이 바로 시의 주제가 됩니다.

**6** ㉠은 반의적 표현입니다. '잘한다.'가 실제로 칭찬하는 것이 아니라 잘못한 일을 은근히 빗대어 표현할 때처럼 '참도 근사하겠다.'는 진짜로 근사할 것이라는 뜻보다는 그렇지 않을 것이라는 의미를 담고 있습니다.

**8** ㉡은 이중 부정으로 부정을 두 번 반복하여 긍정을 표시하는 문장입니다. 따라서 ㉡을 긍정적인 표현으로 바꾸면 '칭찬을 해 주면 우리가 원하는 것을 범고래가 하기를 바랄 수 있다.'입니다.

**10** 이 글의 주제는 사육사의 말에서 찾을 수 있습니다. 사육사는 어떤 해양 동물이든 먹어 치울 수 있는 범고래를 훈련시키는 방법은 범고래를 벌주거나 겁주는 것이 아니라 잘한 일을 칭찬하는 것이라고 말하였습니다.

## ⑤-49일차

**1.** ④ **2.** (2) **3.** 집중

**4.** ④ **5.** 꽃다발

**6.**

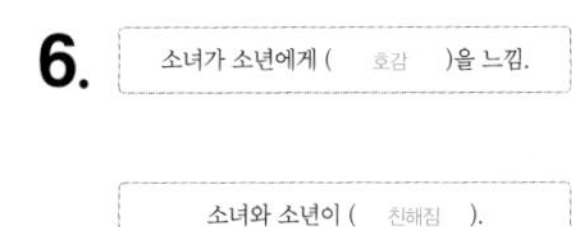


**7.** ② **8.** 친해지게, 수숫단 **9.** ⑤

**2** 밑줄 친 ㉠의 '틈'은 '겨를'을 뜻합니다. 다시 말해 어떤 일을 하다가 다른 일을 할 수 있는 '시간적 여유'를 의미합니다. (1)~(4)의 문장 중 시간적 여유를 의미하는 '틈'이 쓰인 문장은 (2)번입니다.

**3** 글쓴이가 스위트 씨를 언급하며 편지를 쓴 까닭은 어떤 일을 할 때 다른 일에 정신을 흐트러뜨리지 않고 한 가지 일에 확실히 집중하여 하게 되면 정확하게 많은 일을 할 수 있으니 그렇게 행동하기를 당부하기 위함입니다.

**5** 소녀가 소년에게 조약돌을 던진 까닭은 친해지고 싶어서입니다. 소녀가 던진 조약돌을 소년이 유심히 살펴보는 장면에서 소녀가 소년에게 조약돌을 던진 까닭을 짐작할 수 있습니다. 소녀가 소년과 친해지고 싶어 조약돌을 던진 것처럼 소년은 소녀와 친해지고 싶어 소녀에게 꽃다발을 줍니다.

**7** 장면 ❺는 아픈 기색을 보이는 소녀와 그런 소녀를 걱정스럽게 바라보는 할아버지의 모습입니다. 전체적인 이야기로 미루어 보아 이 할아버지는 소녀를 돌보아 주는 윤초시일 것입니다. 이 장면에서 소녀는 지금 건강하지 못하다는 것을 짐작할 수 있습니다.

**9** 이 글의 주제는 소년과 소녀의 우정 혹은 사랑이라고 할 수 있습니다.

## 6-50일차

글의 주제

- 주제의 의미와 특징
  - 의미 : 글에서 가장 중요하게 드러내려는 중심 생각이다.
  - 특징 : 주제가 제시되는 위치는 글의 형식에 따라 다를 수 있다.
- 주제를 파악하는 방법
  - 글에서 소개하는 대상, 화제가 무엇인지 찾는다.
  - 글쓴이가 읽는 이에게 가장 알려 주고 싶은 내용이 무엇인지 찾는다.
  - 글쓴이가 읽는 이에게 그 대상을 소개하는 목적을 생각한다.
  - 글쓴이가 그 대상에 대해 어떤 관점을 가지는지 생각한다.
  - 화제에 글쓴이의 의도를 덧보태면 주제를 파악할 수 있다.

**1.** ②　**2.** (2)　**3.** (1)　**4.** ④

**5.** 못　**6.** ④　**7.** ③　**8.** ④

**9.** 태형

**2** '엄두'란 감히 무엇을 하려고 마음을 먹는 것 또는 그 마음을 뜻하는 말로, 흔히 '엄두를 내지 못하였다.'와 같이 부정적인 표현과 함께 쓰입니다. 즉, 엄두를 내지 못하였다는 것은 어떤 일을 하려는 마음조차 가지기 어려웠다는 뜻으로, 아주 힘들거나 어려운 일을 시도하려는 것이 어려움을 나타낼 때 쓰는 말입니다.

**5** 저수지는 '물을 모아 두기 위하여 하천이나 골짜기를 막아 만든 큰 못'을 뜻합니다.

**7** ① '등잔 밑이 어둡다.'는 가까이에 있는 것을 도리어 알아보지 못한다는 말, ② '도둑이 제 발 저리다.'는 지은 죄가 있으면 자연히 마음이 조마조마하여짐을 비유적으로 이르는 말, ③ '백지장도 맞들면 낫다.'는 쉬운 일이라도 협력하여 하면 훨씬 쉽다는 말, ④ '발 없는 말이 천 리 간다.'는 말은 비록 발이 없지만 천 리 밖까지도 순식간에 퍼진다는 뜻으로, 말을 삼가야 함을 비유적으로 이르는 말, ⑤ '콩 심은 데 콩 나고 팥 심은 데 팥 난다.'는 모든 일은 근본에 따라 거기에 걸맞은 결과가 나타나는 것임을 비유적으로 이르는 말입니다.

**8** 비록 각자 한 치씩 땅을 파는 것이었지만 결국 이 행동이 모여 큰 저수지를 만들 수 있었습니다. 이 이야기를 통해 글쓴이는 아주 크고 힘든 문제도 서로 힘을 모으면 해결할 수 있다는 것을 알려 주고 싶어 합니다.

**9** 주제는 글쓴이가 글에서 가장 중요하게 드러내려는 중심 생각을 말합니다. 따라서 글을 통해 글쓴이가 하고 싶은 말이 무엇인지 생각하는 것은 주제를 찾는 올바른 방법입니다.

## 하루 한 장 독해 ⓫권 제재 출처

| 일차 | 제재명 | 지은이 | 출처 |
|---|---|---|---|
| 1일-2쪽 | 공룡 멸종에 대한 새로운 주장 나와 | | 『연합뉴스』 2008. 1. 7. |
| 1일-3쪽 | '교육용 게임' 뜬다 | | 『KBS 뉴스 광장』 한국방송공사, 2009. 5. 18. |
| 2일-2쪽 | 대한민국, 우주 시대 열렸다 | | 『중앙일보』 2013. 1. 31. |
| 2일-2쪽 | 나로호 성공, 러시아의 성공? | | 『조선일보』 2013. 1. 31. |
| 3일-2쪽 | 지구 온난화로 고랭지 사과 재배 | | YTN 2009. 09. 22. 뉴스 |
| 11일-3쪽 | 한국의 김치 이야기 | 이영란 | 『한국의 김치 이야기』 풀과 바람, 2012. |
| 12일-1쪽 | 개척자 콜럼버스 | 이경수 | 『세계사 눈뜨기』 동녘, 1996. |
| 15일-2쪽 | 언젠가는 나도 | 권영상 | 『구방아, 목욕 가자』 (주)사계절출판사, 2008. |
| 15일-3쪽 | 바다 건너 불어온 향기 | 한아 | 『하늘 목장』 금성출판사, 2008. |
| 16일-1쪽 | 시골길 | 문삼석 | 『우산 속』 아동문예, 2009. |
| 16일-2쪽 | 꿈을 찍는 사진관 | 강소천 | 『꿈을 찍는 사진관』 웅진씽크빅, 2007. |
| 17일-1쪽 | 사랑손님과 어머니 | 주요섭 | 『조광』 1936. |
| 17일-2쪽 | 늑대가 들려주는 아기 돼지 삼 형제 이야기 | 존 셰스카 글, 황의방 옮김 | 『늑대가 들려주는 아기 돼지 삼 형제 이야기』 (주)보림출판사, 2008. |
| 18일-2쪽 | 니 꿈은 뭐이가? | 박은정 | 『비행사 권기옥 이야기, 니 꿈은 뭐이가?』 웅진주니어, 2013. |
| 19일-2쪽 | 깽깽이꾼 이야기 | 김기정 | 『조선에서 가장 재미난 이야기꾼』 (주)비룡소, 2013. |
| 20일-2쪽 | 샬롯의 거미줄 | 엘윈 브룩스 화이트 글, 김화곤 옮김 | 『샬롯의 거미줄』 시공주니어, 2010. |
| 21일-2쪽 | 풀잎과 바람 | 정완영 | 『가랑비 가랑가랑 가랑파 가랑가랑』 (주)사계절출판사, 2007. |
| 21일-3쪽 | 물새알 산새알 | 박목월 | 『산새알 물새알』 (주)푸른책들, 2016. |
| 22일-1쪽 | 길 | 김종상 | 『꽃 속에 묻힌 집』 창작과비평사, 1979. |
| 22일-2쪽 | 어부지리 | 장연 엮음 | 『말 힘·글 힘을 살리는 고사성어』 고려원북스, 2004. |
| 23일-1쪽 | 내가 채송화꽃처럼 조그마했을 때 | 이준관 | 『내가 채송화꽃처럼 조그마했을 때』 푸른책들, 2003. |
| 23일-2쪽 | 우주 호텔 | 유순희 | 『우주 호텔』 해와나무, 2012. |
| 24일-2쪽 | 내 서랍 | 엄기원 | 『동시여행』 도서출판 우리책, 2017. |
| 24일-2쪽 | 해바라기 마을의 거대 바위 | 김종렬 | 『창비 어린이』 통권 25호, 창비, 2009. |
| 24일-2쪽 | 폐지 줍는 할머니 | 박방희 | 『참새의 한자 공부』 (주)푸른책들, 2009. |
| 25일-2쪽 | 달 | 이원수 | 『새소년』 1968. |
| 25일-3쪽 | 크리스마스 캐럴 | 찰스 디킨스 글, 한상남 옮김 | 『크리스마스 캐럴』 (주)지경사, 2005. |
| 26일-1쪽 | 샘물 | 유경환 | 『유경환 동시선집』 지식을만드는지식, 2015. |
| 26일-2쪽 | 꿈을 찍는 사진관 | 강소천 | 『꿈을 찍는 사진관』 웅진씽크빅, 2007. |
| 27일-1쪽 | 삐삐는 언제나 마음대로야 | 아스트리드 린드그렌 글, 김라합 옮김 | 『삐삐는 언제나 마음대로야』 우리교육, 2006. |
| 27일-2쪽 | 백 번째 손님 | 김병규 | 『백 번째 손님』 세상모든책, 2012. |
| 28일-2쪽 | 엄마의 장바구니 | 엄기원 | 『개구쟁이 편지 쓰는 날』 대한인쇄사. 2001. |
| 28일-2쪽 | 행복한 왕자 | 오스카 와일드 원작, 주평 글 | 『주평 아동극 전집』 제7권, 신아출판사, 2004. |
| 29일-3쪽 | 우리나라의 양서류와 파충류 | 보리편집부 | 『양서 파충류 도감』 (주)도서출판 보리, 2014. |
| 30일-2쪽 | 으라차차, 씨름 / 밀어라 굴러라, 그네뛰기 | 서해경 | 『들썩들썩 우리 놀이 한마당』 현암사, 2012. |
| 31일-1쪽 | 아름다운 이별 | 이철환 | 『연탄길』 (주)알에이치코리아, 2013. |
| 31일-2쪽 | 먹기 싫은 것 먹고, 입기 싫은 옷 입고, 하기 싫은 일 하고 | 신현배 | 『아름다운 부자 이야기』 현문미디어, 2009. |
| 32일-2쪽 | 닥나무의 선물, 한지 | 책빛 편집부 | 『교과서 속 생활 과학 이야기』 책빛, 2012. |
| 32일-2쪽 | 노인은 늘고, 아이는 줄고 | 박정애 | 『질문을 꿀꺽 삼킨 사회 교과서 - 한국 지리 편 -』 주니어 중앙, 2013. |
| 33일-2쪽 | 지구가 둥근 증거 | 정효진 | 『맛있는 과학 - 36 지구와 달 -』 주니어김영사, 2012. |
| 37일-2쪽 | 벼농사를 지키자 | | 전라북도 농업기술원 어린이 농업 교실(http://www.jbares.go.kr) |
| 38일-1쪽 | 우리는 모두 형제이다 | 수잔 제퍼스 글, 최권행 옮김 | 『시애틀 추장』 한마당, 2004. |
| 41일-4쪽 | 공중 보건 -엄마 손- | | 한국방송광고진흥공사, 2005. |
| 42일-1쪽 | 우리가 마시는 것 | | 한국방송광고진흥공사, 2005. |
| 42일-2쪽 | 모습은 비슷해도 결과는 정반대입니다 | | 한국방송광고진흥공사, 2010. |
| 43일-1쪽 | 플러그의 휴식 | | 한국방송광고진흥공사, 2004. |
| 43일-2쪽 | 어서 말을 해 | | 한국방송광고진흥공사, 2012. |
| 44일-2쪽 | 1분의 배려 | | 한국방송광고진흥공사, 2005. |
| 45일-2쪽 | 방아 찧는 방아깨비 | 김일준(학생 작품), 김영진 엮음 | 『오빠 얼굴에 난 여드름』 청솔 출판사 2001. |
| 47일-2쪽 | 엄마 손은 약손 | 전용훈 | 『물구나무 과학』 문학과지성사, 2000. |
| 48일-1쪽 | 싸움한 날 | 김종영 | 『사랑의 아이』 설악출판사, 2000. |
| 48일-2쪽 | 칭찬은 고래도 춤추게 한다 | 켄 블랜차드 글, 조천제 옮김 | 『칭찬은 고래도 춤추게 한다』 21세기북스, 2002. |
| 49일-1쪽 | 사랑하는 아들아 너의 인생은 이렇게 살아라 | 체스터필드 글, 오금용 옮김 | 『사랑하는 아들아 너의 인생은 이렇게 살아라』 유한문화사, 1992. |

Mirae-N Edu
Book List

## 수학 학습

깊고 단단한 교육, 미래엔이 그리는

# 수학의 큰 그림

### 연산 완성

하루쏙 한장셈

1~6학년 학기별[총12책]

*하루에 한 장씩 쏙 뽑아 셈한다!*

- 하루 한 장(4쪽), 50장 구성으로 10주 완성 연산 프로그램
- 수·연산, 도형·측정 영역까지 학교 수업에 맞는 구성
- 숨은 그림 찾기, 마무리 연산 퍼즐 등으로 수학적 창의력까지 완성

### 통합 기본서

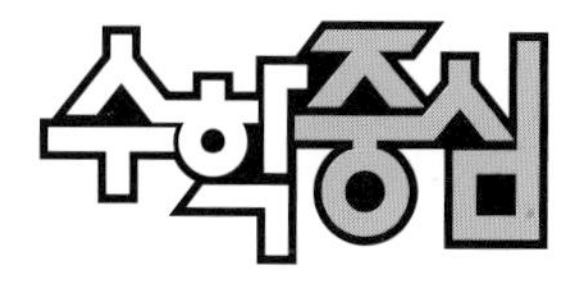


1~6학년 학기별[총12책]

*수학 실력의 중심을 꽉 잡는다!*

- 학교 수업에 맞춰 개념과 유형을 한 번에!
- 하루 4쪽 학습으로 개념, 기본, 실전까지
- 실생활 문제를 단계별로 해결하며 개념 이해
- 서술형, 통합교과, 스토리텔링 문제로 수학적 사고력 강화

### 유형 기본서

1~6학년 학기별[총12책]

*수학과 당당하게 맞짱 뜬다!*

- 학교 수업에 맞춘 예습과 복습을 편리하게!
- 하루 4쪽 학습으로 개념별, 난이도별, 유형별 문제 공략
- 개념 익힘 → 유형 공략 → 문제 해결의 3단계 학습 구성
- 서술형, 통합교과, 스토리텔링 문제로 수학적 사고력 완성

### 사고력 기본서

문제 해결의 길잡이

원리 1~6학년 학기별[총12책]
심화 1~6학년 학년별[총6책]

**원리**

- 4단계 문제 해결 전략 학습
- 8가지 문제 해결 전략으로 처음 보는 문제도 척척 해결하기
- 수학의 영역별 구성으로 수학적 창의력 향상
- 어려운 문장제와 서술형 문제까지 자신감 상승

**심화**

- 문제 해결의 핵심 전략 완성
- 최고 수준의 문장제 및 서술형 문제도 척척 해결하기
- 교내외 각종 수학 경시대회를 완벽하게 대비
- 응용부터 심화 유형까지, 수준 높은 문제해결력 완성